6가지 키워드로 읽는
# 오늘의 베트남

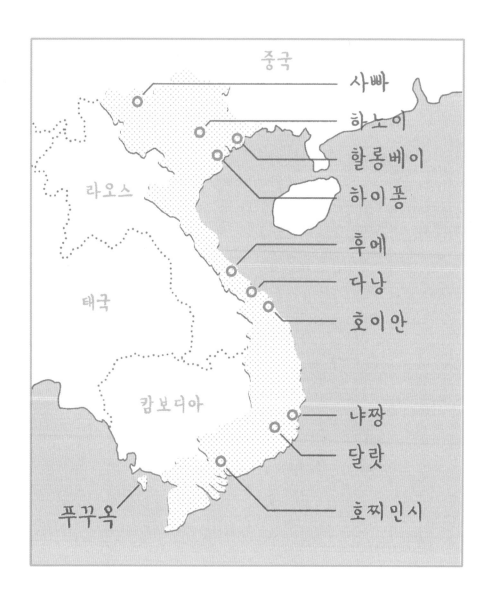

중국

사빠

하노이

할롱베이

하이퐁

후에

다낭

호이안

라오스

태국

캄보디아

냐짱

달랏

푸꾸옥

호찌민시

# 6가지 키워드로 읽는
# 오늘의 베트남

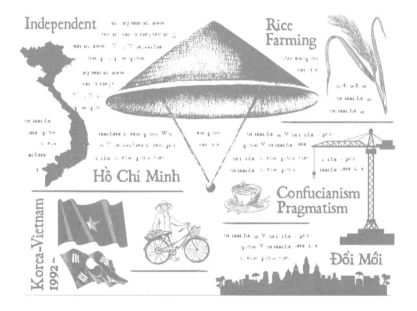

안경환 지음

**일러두기**

1. 베트남의 인명, 지명 등은 기본적으로 현지 발음 기준으로 표기했고, 필요한 경우 베트남어를 병기했다. 한국에서 한자로 잘 알려진 경우에는 한자 표기를 추가했다.
2. 본문에 사용된 사진은 저자가 제공한 경우를 제외하면 위키피디아와 셔터스톡의 사진을 인용했다.

# 오래됐지만 새로운 친구

대한무역투자진흥공사(이하 '코트라') 홈페이지의 해외 시장 뉴스 코너에서는 한국과의 무역 규모가 가장 큰 세 국가의 정보를 보여준다. 바로 미국, 베트남, 중국이다. 흔히들 생각하기 쉬운 일본이나 서구 유럽의 국가가 아니라 바로 베트남이 한 자리를 차지하고 있다. 이는 베트남과 한국 사이의 무역 규모가 얼마나 성장했는지를, 아니 베트남이 우리의 무역에서 차지하고 있는 비중이 얼마나 큰지를 보여주는 사례라 할 수 있다. 그도 그럴 것이 베트남은 한국의 제3위 수출국이기 때문이다. 뿐만 아니라 한국으로 이주한 외국인 가운데 베트남 출신은 중국 다음으로 많은 비중을 차지하고 있다. 그런 까닭에 혹자는 베트남을 '사돈의 나라'라고도 부를 정도다.

그런데 안타까운 사실은 이처럼 우리와는 떼려야 뗄 수 없는 이웃나라인 베트남에 대해 한국인들이 아는 정보가 극히 제한적이라는 것이다. 1960~1970년대의 월남전 파병으로 연상되는 '월남에서 돌아온 새카만 김 상사', 고엽제, 그리고 '라이다이한'의 서글픈 기억이 대부분이다. 물론 최근에는 한국 기업의 진출이 본격화되고, '가성비' 좋은 관광지로 각광받고 있지만 오랜 역사 속에서 유난히 우리와 유사한 점이 많은 베트남에 대한 이해가 부족한 현실은 여러모로 아쉬운 일이 아닐 수 없다.

지리적으로 두 나라 모두 아시아에 속하고, 베트남은 오랜 기간 프랑스의 식민지배를 받았으며, 같은 유교문화권으로 문화적 동질성도 강하다. 또한 우리와 비슷한 건국신화를 가지고 있는 독립 지향적인 나라다. 실제로도 중국 대륙의 끊임없는 침략을 물리치며 독립을 지켜냈으며, 근대에는 프랑스와 일본의 식민지배를 무력으로 물리친 경험도 있다. 한때 남북으로 분단되었던 점도 한국과 똑 닮았다. 비록 동족상잔의 비극을 겪었지만 베트남판 개혁개방인 '도이머이정책'을 펼치며 빠르게 경제 성장을 이루었다는 점도 비슷하다. 2010년부터 3년간 주한 베트남 대사를 역임했던 쩐쫑또안이 "전 세계 80여 개국을 돌아다녀 보았지만 한국만큼 베트남과 유사한 문화를 가진 나라는 없다"고 할 정도로 한국과 베트남은 문화적 유사성이 아주 많다.

이토록 한국과 비슷한 역사와 문화 그리고 정서를 가진 나라, 베트남. 포괄적 전략 동반자 관계를 맺을 만큼 정치적·경제적으로 긴밀한 나라, 베트남. 그럼에도 불구하고 여전히 잘 모르는 나라, 베트남. 이 책은 우리와 같이 5천 년 역사를 자랑하는 이웃나라 베트남에 한 발 더 가까이 다가가기 위한 안내서라 할 수 있다.

6

개인적으로 베트남과 인연을 맺은 지 어언 35년이 되었다. 1975년 4월 30일 베트남은 통일과 함께 우리와 외교관계가 단절되었고, 1992년 12월 22일 외교정상화가 되기까지 무려 17년 8개월 동안 한국과 베트남은 서로 쉽사리 통할 수 없는 사이였다. 그러나 냉전 종식의 밑거름이 된 1988년 서울올림픽 이후 오랜 세월 대립해왔던 동서 진영 간에 화해 분위기가 조성되었다. 특히 올림픽을 성공리에 마친 한국 정부는 이른바 '북방정책'을 추진하면서 동구권 국가들과 교류하기 위한 물밑 접촉을 시작했다. 이윽고 정부는 새로운 시장 개척과 수출 활성화를 위해 1989년 1월 대기업을 중심으로 시장개척단을 모집해 당시 국교를 맺고 있지 않았던 베트남에 파견하기로 했다. 당시 현대종합상사 직원으로 있던 필자는 베트남어를 전공했다는 이유를 들어 베트남 파견을 자원했다. 이게 바로 정식 수교 이전에 베트남과 직접 인연을 맺게 된 까닭이다. 길고도 긴, 베트남과의 인연이 시작되는 순간이었다.

　　하지만 시장개척단으로 파견될 때만 해도 국내에서는 베트남에 대한 정보를 거의 접할 수 없었던지라 막막하기 그지없었다. 정글에 독사가 숨어 있듯이 어떤 어려움이 도사리고 있을지 예측하기 어려웠기에 다시는 돌아오지 못할 수도 있겠다는 심정이었다. 출국 전에 조상들의 묘를 찾아 심각한 마음으로 인사를 올릴 정도로 각오를 단단히 했다. 그렇게 막연하고 불안한 마음으로, 어설프게 첫 발을 내딛었다. 다행히도 베트남에 체류한 지 몇 년 뒤인 1992년 12월에 한국과 베트남의 외교관계가 정상화되었고, 뒤이어 1995년에 미국과 베트남도 수교를 맺게 된 이후로 분위기가 바뀌었다. 이후 한국 기업의 베트남 투자가 가파르게 성장했다.

이제 베트남은 중국, 미국에 이어 세 번째로 큰 규모의 교역국이 되었다. 2022년 당시 한국의 대對베트남 수출액은 609억 8천만 달러, 수입액은 267억 2천만 달러로 무역수지 흑자가 무려 342억 6천만 달러(약 43조 원)였다. 베트남이 사상 처음으로 미국을 제치고 한국의 최대 무역흑자국이 된 것이다.

이런 결과는 우리 기업이 활발하게 베트남으로 진출하고, 양국이 포괄적 전략 동반자 관계로 발전한 것과 무관치 않다. 한국이 추구하고 있는 '글로벌 중추국가' 구상과 '자유·평화·번영의 인도·태평양 전략' 및 '한·ASEAN 연대 구상' 이행 과정에서 앞으로 베트남이 갖는 중요성은 아무리 강조해도 지나치지 않을 것이다.

2021년에 베트남이 한국어를 제1외국어로 편입시킨 것은 두 나라의 교류사에 획기적인 사건이었고, 향후 양국은 경제와 안보 분야는 물론 모든 분야에서 협력의 지평을 넓힐 것이라고 확신한다. 2022년 12월 응우옌쑤언푹 주석이 한국을 국빈 방문했을 때, 양국 정상은 서로 주요 무역 대상국으로서 지위를 유지하고, 2023년 총 교역액 1,000억 달러, 2030년 1,500억 달러를 목표로 잡고 이를 달성하기 위해 노력하기로 합의했다. 1992년 외교정상화 당시의 교역 규모는 5억 달러였는데, 그 200배인 1,000억 달러를 눈앞에 두고 있는 것이다. 이와 같은 경제적인 협력관계 발전에 못지않게 교육·문화·체육·관광 분야의 교류를 강화하는 것도 필요하며, 한국—베트남 다문화 가정과 그 자녀들의 교육 문제도 앞으로 풀어가야 할 숙제 가운데 하나다.

이처럼 과거의 그 어느 때보다도 한국과 베트남 두 나라는 가까운 관계가 되었으며, 이제 양국은 손을 맞잡고 함께 미래로 나아가기 위한 도움닫기를 꾸준히 해나가고 있다. 필자는 이러한 변화의 국면에서 베트남을 조금이라도 더 알리기 위해 이 책을 썼고, 6개의 장으로 구성해 독자들에게 다가가려 한다.

1장은 베트남 사람들이 식민지의 역사를 어떻게 극복하고 자주의식을 가지게 되었는지를 다룬다. 베트남 민족의 기원과 역사, 고대부터 현재에 이르기까지 외세의 침략과 이를 극복한 과정, 나라를 구한 영웅들의 이야기를 통해 베트남 사람들의 가장 근본적인 부분부터 들여다본다.

2장은 한국과 같이 문화 전반적으로 유교적 요소를 공유하고 있는 베트남 사람들의 가치관과 문화를 중점적으로 살핀다. 유교적 가치가 베트남 고유의 문화와 어떻게 조화를 이뤘으며, 베트남 사람들의 일반적인 삶 속에서 어떻게 나타났는지를 보고 결혼, 문학, 교육 등의 예시를 통해 이해해보려 한다.

3장은 베트남이 어떻게 사회주의국가로 재탄생했는지 그 과정과 큰 역할을 담당했던 인물들에 대해 알아본다. 남북으로 분단된 현실에서 호찌민 주석과 보응우옌잡 장군 같은 리더들의 역할이 얼마나 컸는지를 돌아보고, 사회주의정부 수립 이후에 국가를 안정적으로 발전시키는 데 도움을 준 선거 시스템 등 표층적인 정보로만 알고 있었던 사회주의국가 베트남의 정체성과 제도 등에 대해 이야기한다.

4장은 베트남판 개혁개방인 도이머이정책의 내용과 그 이후의 급속한 경제 성장, 그로 인한 국제 무대에서 베트남의 위상 변화에 대해 살핀다. 외국 자본이 베트남에 어떻게 투자를 하고 오늘날 한국 기업이 베트남에서 어떤 역할을 하는지, 베트남이 산업화와 수출을 통해 어떠한 변화를 겪고 있는지를 다룬다. 또한 베트남의 노동법과 건축 관련 법제도를 통해 한국인들이 베트남을 진정한 '기회의 땅'으로 만들려면 무엇을 유의해야 하는지도 담아보았다.

5장은 쌀농사에 기반을 둔 베트남의 생활문화 전반에 대해 다룬다. 기본적으로 한국을 비롯한 동아시아 국가들처럼 쌀농사를 짓는 것부터 시작해 음력설을 쇠는 풍습, 명절과 새해를 어떻게 맞이하는지를 들여다본다. 베트남은 여전히 전체 인구의 62%가 농촌에 살고 있는 세계 3위의 쌀 생산 국가이기도 하다. 거기에 더해 세계인의 음식이 되어가고 있는 국수 퍼phở를 비롯한 음식문화와 베트남인의 차茶 문화, 의복과 종교에 대해서도 생각해본다.

마지막 장에서는 한국과 베트남의 오랜 역사적 인연과 오늘에 대해 들여다본다. 각자의 역사에 뿌리 내린 혈연의 흔적과 교류의 실질적 사례를 살펴보고, 양국 관계의 현재와 이를 넘어 미래에 더욱 건강하고 생산적인 관계로 나아가기 위해 무엇을 해야 할지에 대해 고민해볼 것이다.

또한 '베트남 속으로 한 발 더'를 통해 본문에서 미처 다 말하지 못했지만 흥미로운 이야기들을 골라 담았다. '여행자를 위한 정보' 코너에서는 베트남으로 여행을 가는 이들에게 도움이 되는 실질적인 관광 정보와 추천할 만한 지역 등을 알려드릴 것이다. 2023년에 베트남을 방문한 한국인 관광객은 360만 명으로 외국인 관광객의 28%가 한국인이다.

필자가 베트남에 진출했던 초창기와 달리 지금은 정보의 홍수 시대라고들 한다. 하지만 오랜 세월 '베트남통'으로 살아오며 보고 들은 나만의 경험이 독자들로 하여금 베트남을 더 이해하고 사랑하게 하는 데 조금이나마 도움이 된다면 더할 나위 없이 큰 기쁨을 느낌과 동시에 베트남학을 공부한 세월에 보람을 더하게 될 것 같다. 이 책은 필자가 그동안 《아주경제신문》에 기고했던 칼럼이 기초가 되었다. 이를 단행본으로 묶고 보완하여 독자들에게 다가갈 수 있는 기회를 주신 세종서적의 정소연 주간님께 감사드린다.

2024년 봄

하노이에서 안경환

# 오늘의 베트남 현황

| | |
|---|---|
| 국명 | 베트남사회주의공화국Socialist Republic of Vietnam |
| 국기 | 황성홍기黃星紅旗 |
| 수도 | 하노이 |
| 위치 | 동남아시아, 인도차이나반도(중국, 라오스 캄보디아와 접경) |
| 시차 | GMT+7, 한국보다 2시간 늦음 |
| 면적 | 331,212㎢(한반도 면적의 약 1.5배) |
| 기후 | 북부 지역은 아열대기후, 남부 지역은 열대 몬순기후 |
| 국화 | 홍련紅蓮이라고 알려져 있으나,<br>베트남은 정식 국화를 지정한 적이 없음 |
| 인구 | 99,221,322명(2024년 1월 24일 기준),<br>세계 인구의 1.23% 점유율, 세계 15위 |
| 민족 | 낀족(85.3%)외 53개 소수민족 |
| 언어 | 베트남어 |
| 화폐 | 동(VND), 1USD=24,730동, 1원=19.27동<br>(Vietcom Bank 2024년 1월 24일자 매도 기준) |
| 종교 | 불교, 천주교, 개신교, 까오다이교, 호아하오교, 회교 |

# 베트남 문자표

| A a | Ă ă | Â â | B b | C c |
|---|---|---|---|---|
| a | á | ớ | bê/bờ | xê/cờ |
| [a] | [a/a:] | [ə] | [ɓ/ʔb] | [k] |
| D d | Đ đ | E e | Ê ê | G g |
| dê/dờ | đê/đờ | e | ê | giê/gờ |
| [z] | [ɗ/ʔd] | [ɛ] | [e] | [ʒ/ɣ] |
| H h | I i | K k | L l | M m |
| hắt | i ngắn | ca | (e-)lờ | (em-)mờ |
| [h] | [i] | [k] | [l] | [m] |
| N n | O o | Ô ô | Ơ ơ | P p |
| (en-)nờ | o | ô | ơ | pê/pờ |
| [n] | [ɔ] | [o] | [ə:] | [p] |
| Q q | R r | S s | T t | U u |
| cu/quy | (e-)rờ | ét-sì/sờ | tê/tờ | u |
| [k] | [z] | [ʂ] | [t] | [u] |
| Ư ư | V v | X x | Y y | |
| ư | vê/vờ | ích-xì/xờ | i dài/i-cờ-rét | |
| [ɨ] | [v/j] | [ʂ~ɕ] | [i:] | |

1. 첫 번째 큰 글씨는 베트남어 알파벳
2. 두 번째 작은 글씨는 베트남어 문자 이름
3. 세 번째 [ ] 안의 알파벳은 발음기호
4. 베트남어의 한글 표기법은 358쪽 참고

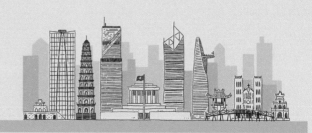

# 베트남에 관한 소소하지만
## 중요한 여덟 가지 사실

## 1. 베트남 사람들의 성격과 외세에 대한 저항정신

베트남 사람들은 어떤 사람들인가? 근면하고 성실하며 인내심이 강하고 친절하고 용감하다. 베트남은 5천여 년의 세월 동안 끊임없이 외침을 받아오면서도 이를 성공적으로 물리친 역사를 간직한 나라다. 외세에 대한 저항정신이 뿌리 깊다는 점과 자존심이 센 민족이라는 점이 국민성의 특징이다.

직장이나 이웃에 사는 베트남 사람들을 대할 때마다 이들의 친절함을 몸으로 느낀다. 하지만 그렇다고 방심해 그들의 자존심을 훼손해서는 안 된다. 이들은 외국인으로부터 자존심이 손상되었다고 생각하면 금방 얼굴을 붉힌다. 베트남에서 개방화 초기에 발생했던 노사분규의 원인 대부분이 개인의 자존심을 건드려서 발생한 것이다. 외국인 관리자와의 사소한 마찰도 은근히 외세와의 투쟁선상에서 해석하고자 하는 사람들이 의외로 많다. 오랜 역사적 경험에서 오는 외세에 대한 배타성과 뿌리 깊은 피해의식이 원인이다. 그래서일까. 이들은 서로 반목하다가도 외국인과 얽힌 일에 관해서는 자기들끼리 쉽게 뭉치는 경향이 있다.

베트남은 남북으로 1,650킬로미터에 걸쳐 길게 뻗어 있는 나라로 남북 간에 지역감정이 존재한다.(한반도는 남북으로 1,100킬로미터이다.) 1954년 지배자 프랑스에 맞서 서북부의 디엔비엔푸전투에서 거둔 대승리와 하노이 해방, 1975년 북베트남군에 의한 남부 사이공(지금의 호찌민시)의 통일 이후 두 차례에 걸쳐 북부의 사람들이 남쪽으로 이주했다. 1954년에는 대부분 북쪽의 공산정권이 싫어서 자유를 찾아 남쪽으로 이주해 온 사람들이고, 통일 후에는 남부 지역을 통치하기 위해 파견된 사람들이 대부분이었다. 이런 이유로 이 두 부류는 같은 북부 출신이면서도 서로 싫어한다. 1975년 이후 남부에 이주해 온 북쪽 사람들은 정부 부처, 국영기업체의 고위직에 포진해 있다. 석유공사, 은행, 항공사 등 베트남 경제에서 노른자위라고 할 수 있는 분야에서 요직을 독차지하고 있다. 이러한 사실은 남부 사람들이 북쪽 사람들에게 불만을 품는 큰 이유 중의 하나다. 북부 사람들은 남부 사람들을 '자본주의의 때가 아직 남아 있고, 자신들이 혁명을 위해 고생하는 동안 호의호식하며 편안하게 살아온 자들'이라고 폄하한다.

그러다 보니 어쩔 수 없이 남과 북의 미묘한 갈등이 존재할 수밖에 없었지만 통일이 된 지 반세기가 지나고, 경제가 발전하고 외국과의 교류가 빈번해지면서 오늘날 이러한 남북 간 지역감정은 찾아보기가 어려워졌다. 다만 다민족국가라 지역마다 민족 분포 정도가 다르고, 민족별로 전통문화도 달라 여전히 지역적인 문화적 특성은 있다.

베트남 사람들은 출신 지역에 따라서도 그 기질이 다르다. 즉, 북부 출신은 근면하고 인내심이 남다른데, 호찌민 주석을 비롯해 베트남 혁명가 대부분이 이 북부 지역 출신이다. 한편, 남부 사람들은 천혜의 자연조건 영향인지 개방적이고 낙천적이며 서구 자본주의에 쉽게 호응할 수 있는 자유분방한 성향이 있다.

## 2. 베트남에서 가장 긴 강과 가장 높은 산은 어디일까?

베트남의 대표적인 강줄기로 남부 메콩강과 하노이를 관통하는

인도차이나를 관통하는 메콩강

홍강이 있다. 이들 양대 하천은 오늘날 베트남인의 주요 생활 중심지가 되고 있다. 특히 메콩강은 티벳에서 발원해 4,220킬로미터에 달하는 인도차이나의 젖줄로서 베트남 남부에 삼각주를 형성한다. 메콩델타라고도 하며 총면적은 2만 2,000제곱킬로미터에 달한다. 수천만 년에 걸쳐 운반된 부사토가 쌓인 메콩델타는 쌀농사에 아주 적합해

아시아인의 주식인 쌀의 곡창지가 되고 있으며, 메콩강 유역의 개발은 국제적인 관심사로 떠오른 지 오래다.

베트남에는 천여 개에 달하는 크고 작은 강이 있는데 일반적으로 메콩강이 가장 길다고 알려져 있다. 하지만 사실은 동나이강이 586킬로미터로 가장 길고, 510킬로미터의 홍강이 그 뒤를 잇는다. 동나이강은 크메르어로 농나이강으로 불렸던 데서 유래되었으며, 럼동, 닥농, 빈프억, 동나이, 빈즈엉성과 호찌민시를 관통하여 동해로 흐른다. 홍강은 '큰 강'이란 뜻으로 송까이, 송까, 송타오, 니하라고도 하며, 중국 운남성에서 발원하여 총 1,149킬로미터에 이르며 북부 홍강 델타 지역의 11개 성과 광역시, 즉, 빈푹, 하노이, 박닌, 하남, 흥엔, 하이즈엉, 하이퐁, 타이빈, 남딘, 닌빈, 꽝닌성을 관통해 동해로 흐른다. 그다음으로 마강이 426킬로미터로 뒤를 잇고 있으며, 가장 많이 알려진 메콩강은 총 길이 4,220킬로미터 중 200킬로미터 정도만 메콩델타 지역을 통과하고 있을 뿐이다. 그리고 베트남에서는 메콩강을 지류별로 띠엔장, 허우장 등으로 부른다. 강江은 베트남어로 송Sông으로 동나이강은 '송 동나이'라고 한다. 따라서 박영한의 장편소설 《머나먼 쏭바강》은 문법에 맞게 말하자면 '머나먼 바강'이 되어야 한다.

가장 높은 산은 북부 라오까이성에 있는 인도차이나반도 최고봉인 판시빵산으로 높이가 무려 3,143미터이다. 두 번째로 높은 산은 중국과 국경을 맞대고 있는 라이쩌우성에 있는 뿌시룽산이며 높이가 3,083미터이며, 세 번째 높은 산 역시 라이쩌우성에 있는 3,049미터 높이의 뿌딸렝산이다. 네 번째 높은 산은 라이쩌우성과 라오까이성의 경계를 이루고 있는 박목르엉뜨산으로 높이는 3,046미터이고, 사람들이 끼꽌산으로 부르며 등산가들로부터 판시빵에 버금가는 인기를 얻고 있다. 다섯 번째 높은 산 역시 라이쩌우성에 있는 판리엔산으로 3,012미터 높이다. 그 외에 옌바이성에 있는 푸르엉산(또는 뿌루옹산)은 2,985미터, 룽꽁산이 2,913미터로 베트남에는 2,900미터 이상 되는 산이 무려 11개나 있다. (백두산이 2,744미터이다.)

### 3. 왜 '인도차이나반도'인가?

베트남은 인도차이나반도Indochinese peninsula 국가 중의 하나다. 서북쪽에 미얀마, 동쪽에 베트남, 중앙에 태국이 있고 태국과 베트남 사이에 라오스와 캄보디아, 남쪽에 말레이시아 등 총 6개국이 있는 이 지역을 인도차이나반도라고 한다. 가장 넓은 미얀마, 태국, 베트남이 전체 면적의 80%를 차지하고 있다.

'인도차이나'라는 용어는 독일의 한 학자가 자신의 저서에서 이 지역을 'Hinter Indien(인도의 뒤쪽)'으로 표기한 것이 시작이었다. 당시 유럽 사람들이 인도를 중심으로 동남아시아를 인식했던 것을 반영한다. 한편 프랑스에서는 'Hinter Indien'을 'Indochine'으로 번역해서 사용했다. 이후 베트남, 라오스, 캄보디아 3국이 프랑스의 식민지배를 받으며 프랑스령 인도차이나로 불리었다. 인도차이나는 프랑스 식민지 시대의 명칭에서 유래한 것이지만, 현재는 정치적 의미보다는 지리적, 문화적 개념으로 사용된다.

그러나 이 세 나라는 사실 인도나 중국 어디에도 속하지 않으며, 단지 두 나라 사이에 위치해 있을 뿐이다. 인도와 중국 양 대국이 종교·정치·사회·문화 모든 분야에서 베트남에 영향을 끼친 것은 사실이지만 베트남 문화는 결코 인도 문화 혹은 중국 문화의 복사판이 아니다. 인도차이나라는 용어는 외부에서 쓰는 명칭일 뿐, 정작 베트남에서는 쓰지 않는다. '대륙부 동남아시아'로 부르자는 학자들도 있다.

### 4. 활발한 여성의 사회활동으로 여성 고위층 많아

베트남 여성들의 사회활동은 매우 활발해 정치, 경제, 사회 각 분야에 걸쳐 큰 영향을 미친다. 베트남전 당시 여성 베트콩들의 활약상은 널리 알려진 사실이거니와 현재 공산당 중앙위원회, 국회, 내각, 지방 당위원장에도 상당수의 여성이 포진하고 있으며, 행정기관이나 기업체에도 여성들이 근무하는 모습을 흔히 볼 수 있다.

한 통계에 따르면 호찌민시 전체 근로자 중 약 51%가 여성으로서 주로 봉제, 신발, 식품 가공업에 종사하고 있는 것으로 조사되었다. 여성들의 사회활동이 활발한 것은 모계사회의 유풍이 남아 있기 때문이기도 하다. 정부는 여성 근로자를 고용하는 기업에게 인센티브를 제공하고 있으며, 공립 유아원과 유치원이 곳곳에 있어 아이를 맡기고 직장에 다닐 수 있는 사회적 여건이 갖춰져 있는 것이 그 요인이다. 또한 여성의 사회활동이 활발한 것과 특별한 인과관계는 없을 것 같지만 경제적인 자립이 가능해 혼자 사는 여성들이 많다는 점이 특이하다.

### 5. 베트남 성씨의 유래

사료에 따르면 베트남 사람들은 기원전 2세기 전부터 성과 이름을 사용했다고 한다. 베트남 인구의 85% 이상을 점하고 있는 낀족들은 대부분 약 11세기에 걸친 중국에의 북속기간 동안 중국의 관리와 상인들이 베트남에 정착하면서부터 그 성을 따라 쓰기 시작했다고 한다. 북속이란 베트남의 중국 식민지 시대를 지칭하는 용어다. 기타 소수민족들은 동식물의 이름을 가진 마을 이름에서 유래했다고 한다. 예를 들어 쩌우(물소)마을, 져우(뽕나무)마을에서 쩌우와 져우를 따 와서 자신의 이름으로 삼는 것이다.

현재 베트남에는 769개의 성씨가 있는 것으로 조사되고 있다. 베트남 사람의 이름은 기본적으로 우리나라와 같이 성이 맨 앞에 오며, 부를 때는 성씨가 아닌 끝 이름으로 부른다. 베트남 사람들의 이름 중간에 티Thi가 들어 있으면 반드시 여자 이름이며 반면 반Vãn이 있으면 남자 이름이다. 그러나 요즘은 사회가 발전하고 인구가 증가함에 따라 베트남어 이외의 문자로 작명하는 사람들이 많이 늘고 있다. 아기의 이름을 짓는 시기는 민족마다 상이하지만 가장 많은 수를 차지하고 있는 낀족은 대개 출산 후 7일 이내에 작명한다.

특이한 점은 베트남 신분증에는 출신 민족이 표시되어 있다는 점이다. 이는 소수민족을 차별하기 위해서가 아니라 민족별로 문화가 서로 다르니 국가적인 지원이 필요한 경우 각자에 맞는 대처를 하기 위함이며, 이를 관리하는 행정적 필요성에 의한 것으로 보인다.

---

1    인력거와 자전거가 합쳐진 베트남의 교통수단.

## 6. 왜 베트남 사람들은 나이를 물어볼까?

베트남 사람들은 나이를 자주 묻는다. 만나서 명함을 주고 서로 인사를 나누고 차를 마시게 되면 반드시 상대방의 나이를 물어본다. 심지어 택시기사나 씩로[1] 운전사까지 나이를 물어보는 게 매한가지다. 어째서 베트남 사람들은 상대방의 나이를 물어보는 것일까?

이유는 베트남의 언어 때문으로 인칭대명사는 모두 친족 명사를 사용하기 때문이다. 대화를 하기 전에 상대방을 어떻게 호칭할 것인가를 정해야 하는데, 친족 간의 호칭은 자신의 나이와 부모와의 관계에 따라 정해지는 것이니 자연스레 상대방의 나이를 묻지 않을 수밖에 없는 것이다 상대방의 나이를 알아야 자신을 어떻게 지칭할 것인지 기준을 잡을 수 있기 때문이다.

영어의 Mr. 혹은 Mrs.에 해당하는 아인 Anh, 찌 Chị는 형과 누나를 뜻한다. 1인칭 용어 앰 Em은 나(혹은 저)를 뜻하지만, 가족관계에서는 동생을 뜻한다. 따라서 상대방보다 자기가 나이가 많거나 같으면 자신을 지칭할 때 앰 Em을 쓰지 않고 영어의 'I'에 해당하는 또이 Tôi를 쓴다. 그리고 서로 친근해질수록 끝 이름 대신 상대방의 출생 순서를 붙여 몇째 형님, 몇째 누님과 같이 호칭하는데 북부와 남부가 서로 부르는 방법이 달라 혼동하기 쉽다. 북부에서는 숫자 그대로 부르면 되는데, 남부에서는 숫자 하나를 더한다.

예를 들면, '아인사우'에서 아인은 '형님'에 해당하고 사우는 '숫자 6'인데, 북부에서는 형제자매 중 여섯째를 말하고 남부에서는 다섯째를 뜻한다. 이처럼 남과 북이 호칭하는 방법도 약간 상이해 처음 베트남어를 접하는 사람들은 혼란스러울 수 있다.

총리가 장관을 호칭할 때도 김 장관, 이 장관처럼 성에 직책을 붙여 부르는 대신 가족 내 출생 순서에 따라 부르기도 한다. 물론 공식 문서나 공석에서는 정식 이름을 써서 호칭한다.

### 7. 베트남에 언론의 자유는 있는가?

최근 베트남 당국은 가짜뉴스와 온라인 사기 범죄를 단속하고자 SNS 사용자들의 신원 확인을 의무화하겠다고 발표했다. 전자상거래, 페이스북, 베트남의 토종 메신저 서비스 잘로ZALO 등 SNS 사용이 활성화됨에 따라 늘어나는 익명 계정의 활동을 막겠다는 것이다. 앞으로 SNS 플랫폼 내에서 검증되지 않은 계정은 사라질 것이고, 사용자들을 대상으로도 제한 조치가 있을 것으로 예상된다.

예를 들면 전에는 SNS 플랫폼에서 가짜뉴스로 보이는 뉴스 게시물을 48시간 이내에 삭제해야 했으나 2022년부터는 24시간 이내로 삭제하도록 규정이 바뀌었다. 또한, 구글이나 페이스북 같은 기업은 사용자의 데이터를 현지 서버에 저장해야 한다는 법도 국회를 통과했다. 이번 조치로 국내외 모든 SNS 플랫폼은 반드시 베트남 내 개인 및 단체 사용자의 신원을 확인해야 한다. 이로 인해 정부가 기업들을 더욱 압박할 수 있는 여지가 생겼으며, 표현의 자유, 단체 결사의 자유, 사생활의 자유 등이 침해될 가능성이 있다.

2023년 '세계 언론 자유지수'에서 베트남은 겨우 북한이나 중국보다 조금 더 나은 수준이었다. 어찌 보면 당연한 현상인데 아무리 시장경제체제를 도입했다 하더라도 베트남은 본래 사회주의국가이며, 베트남공산당의 일당만이 존재한다. 사전 검열로 국가가 원하는 방향과 일치하는 의견만이 목소리를 낼 수 있는 구조다. 하지만 이는 오늘날 전 세계의 흐름과는 맞지 않는 것으로 앞으로 이 문제를 어떻게 해결하느냐가 중요한 화두가 될 것으로 보인다.

### 8. 베트남은 안전한 나라인가?

베트남은 대도시 등으로 인구가 옮겨 가는 도시화 진행 정도가 50% 수준이라고 한다. 아직 주택 보급률은 낮고 인구밀집도가 높다. 아침저녁, 비 오는 날, 금요일 출퇴근 시간의 교통체증은 상상을 초월한다. 이 시간대 유치원과 학교 주변 도로는 자녀를 태워다 주는 오토바이와 차들로 항상 북새통이다.

베트남의 치안 상태는 비교적 안전한 편이다. 시내의 치안 상태는 좋은 편이지만 시장처럼 관광객이 몰리는 곳에서는 손가방, 휴대전화 등의 소지품을 잃어버리지 않도록 주의할 필요가 있다. 오토바이를 타고 행인의 물건을 날치기하는 사례가 종종 발생하고 있기 때문이다. 앞으로 경제 개발이 좀 더 고도화되고 평균소득이 올라간다면 이러한 문제들도 조금씩 완화될 것이라고 조심스럽게 예상해본다.

# 1장

# 5천 년을 지켜낸
# 자주의식과 자존심

# 역사를 되새기며
# 지켜나간다

**일상생활 속에서 역사를 반추하는 베트남**

내가 하노이에서 살고 있는 집 앞을 가로지르는 도로의 이름은 꽝쭝로다. 또한 내가 근무하는 하노이 응우옌짜이대학교 앞을 지나는 도로는 레쫑떤로이다. 각각 베트남의 독립에 크게 기여한 꽝쭝 황제와 레쫑떤 장군의 이름을 사용했다.

꽝쭝光中은 1771년 중부 떠이선 지방에서 형제들과 민중봉기를 일으켜 레黎 왕조를 종식시키고 떠이선 왕조를 세운 인물이다. 이를 빌미로 1788년 10월 청나라는 29만 명의 군사를 보내 베트남을 침공했다. 하지만 꽝쭝 황제는 이듬해 1월 10만 명의 병력만으로 구정을 즐기고 있던 청나라 군대를 불시에 기습 공격하여 격퇴했다. 이는 몽골군의 침략을 막아낸 쩐흥다오陣興道 장군의 승리와 함께 베트남 역사상 가장 위대한 승리로 꼽히고 있다.

레쫑떤은 베트남인민군의 장군으로 육군사관학교 교장, 고급군사학원 원장, 베트남인민군 참모장, 국방부차관, 남부해방군 부사령관을 역임했다. 대장 계급으로 보임될 당시 그는 70세로 최고령 대장이었는데, 재임 기간은 343일로 최단기였다. 그는 베트남 통일에 큰 역할을 했다. 1975년 4월 30일 당시 남베트남의 수도였던 사이공(오늘날의 호찌민시)을 함락할 당시 대통령궁인 독립궁 정문을 밀고 들어간 탱크 두 대가 레쫑떤 장군 휘하의 230기갑여단 소속이었다. 이날 대통령궁을 점령한 탱크는 현재 베트남군사박물관에 보관되어 있다. 현재 당시의 실제 무대였던 통일회관(구 독립궁)에는 같은 기종의 탱크 두 대가 전시되어 있다.

이처럼 앞서 언급한 도로는 모두 조국을 위해 헌신한 왕이나 호국영웅, 애국열사에게서 이름을 따왔다. 마치 임진왜란의 위기에서 조선을 구한 이순신 장군의 시호를 빌린 충무로와 수나라의 대군을 물리친 고구려의 을지문덕의 성을 사용한 을지로처럼 말이다. 헌데 베트남은 우리보다 한술 더 뜬다. 이들 도로뿐만 아니라 전국의 모든 도로가 조국 독립에 헌신한 이들의 이름이나 역사적인 사건과 관련하여 작명되었기 때문이다. 이렇듯 베트남 사람들은 일상생활 속에서 끊임없이 역사를 되새기고 있다.

전 세계에서 베트남만큼 오랫동안 이민족의 식민지배를 받은 나라는 없다. 기원전 111년부터 서기 938년까지 1049년의 세월 동안 중국의 지배를 받았던 이른바 북속北屬시대를 거쳤고, 이후로도 중국의 여러 왕조로부터 수차례 침략을 당했다. 그뿐만 아니라 19세기에는 프랑스의 식민지가 되었고, 제2차 세계대전 당시에는 일본의 지

베트남 통일 당시 전차부대가 점령했던 독립궁의 현재 모습. 지금은 통일회관으로 이름이 바뀌었다.

배를 받기도 했다. 마치 시시때때로 중국과 북방민족, 일본의 침략과 지배로 고통받았던 우리네 역사와 같다. 베트남의 역사는 식민지 극복의 대장정인 동시에 자주의식을 널리 떨친 투쟁의 연속이었다.

이와 같은 역사 때문인지 베트남인들은 월드컵 예선이나 아시안컵 등 국가대표 축구 경기에서 "비엣남 보딕(무적 베트남)!"을 목 놓아 외친다. 이런 식으로 베트남 사전에 패전이란 없다. 싸우면 이겨야 직성이 풀리는 민족이다. 황성홍기를 온몸에 두르고, 얼굴에는 국기 스티커를 붙이고 목이 터져라 응원한다. 그야말로 승부욕과 나라에 대한 자부심이 대단한 민족이다.

하지만 유사한 식민지배의 아픈 경험을 갖고 있더라도 이들에게는 우리와는 다른 독특한 정서가 있다. 베트남 사람들은 민족 생존을 위해 "과거의 문을 닫고 미래를 향해 나가자Let's close the door of the past and look for the future"라고 주장한다. 베트남 사람들의 사고방식과 행동 양식을 볼 때 이 말은 깊이 음미해볼 필요가 있다. 일차적으로는 사회주의혁명의 완수를 위해서, 경제 발전을 위해서, 외국인 투자 유치를 위해서 '잠깐 과거의 문을 닫아두자'는 의미로 해석될 수 있다. 하지만 바꾸어 생각해보면 이 말은 필요할 때는 언제라도 과거의 문을 열고 하나씩 하나씩 들추어낼 수도 있다는 말이다. '과거를 잊자'고 말하는 게 아니라 '과거의 문을 닫자'는 것은 달리 표현하자면 '결코' 과거를 잊을 수 없다는 말이기도 하다. 미래를 위해 과거를 거론하지 않는 베트남 사람들의 실용주의적인 사고방식을 유념해야 할 이유다.

그런 까닭에 베트남은 전국을 역사의 교육장으로 삼아 과거를 잊지 않게 하고 있다. 앞서 말한 대로 베트남의 모든 도로가 호국 영웅과 애국열사, 역사적인 기념일을 이용해 작명된 이유다. 이러한 살아 있는 역사 교육은 강대국의 침략을 받을 때마다 싸워 이길 수 있는 베트남의 저력이 되었다. 그 결과 내부적으로는 강한 단결력을 지니고 외세에 배타적인 민족이 되었다.

따라서 베트남 사람들을 대할 때 함부로 그들의 자존심을 건드리면 안 된다. 특히 외국인에 대한 배타성은 외세에게 당한 피해의식에서 기인하기 때문에 반드시 주의해야 한다. 외국인에 대한 이러한 배타성은 내부적으로는 단결력과 구심력으로 작용한다. 만약 외국인이 베트남에서 운전하다가 현지인과 가벼운 접촉사고라도 나면 주변을 지나가던 거의 모든 사람이 몰려와 잘잘못을 떠나 우선 베트남 사람을 변호하고 옹호한다. 경제 개방 초창기에 외국인 투자 기업에서 발생한 대부분의 노사분규는 베트남 직원들에게 손찌검을 하거나 인격을 무시해서 발생한 일이다.

## 새해부터 시작하는 정신 무장

베트남 사람들은 새해를 여는 기준이 여전히 음력 정월 초하루, 즉 구정이다. 베트남에서는 구정이 가장 중요한 명절이자 전통문화의 총화라 할 수 있다. 구정이 되면 집안의 번성을 위해 황금 열매가 잔뜩 달린 금귤나무, 분홍 꽃이 만개한 복숭아나무, 노란 꽃이 활짝 핀 매화나무 등으로 내부를 장식하고 이 꽃들을 남에게 선물도 한다. 그래서 구정이 되면 곳곳에 꽃시장이 반짝하고 열린다.

섣달그믐날 자정은 새해의 첫 시간과 교차하는 송구영신의 시간이다. 베트남인들은 이때를 그해의 복을 결정하는 매우 중요한 시간으로 여겨 귀한 손님을 모신다. 이를 쏭덧xông đất이라고 한다. 쏭덧은 그믐날 자정부터 새해 아침까지 복 많은 사람이 집에 방문하면 '운수가 대통한다'고 믿어 가장家長과 띠가 서로 맞고, 건강하고 덕망 높은 남성을 초대하여 새해의 복을 비는 것이다.

예를 들면 2024년은 갑진년 용띠해로 가장이 용띠라면 돼지띠, 소띠, 원숭이띠, 개띠 남성을 초대하여 쏭덧을 한다. 방문자는 약 20분 정도 머물며 조상의 위패를 모신 제대에 분향을 하고, 차를 마시며 덕담하고, 아이들에게 세뱃돈을 주고 돌아간다. 한번은 최북단 하장성에 출장을 갔다가 그곳에서 구정을 맞이하게 되었는데, 외국과의 협력 업무를 담당하는 외사국에 근무하는 친구가 나를 쏭덧에 초대한 적이 있다. 말로만 듣던 쏭덧을 경험하게 되어 급하게 빨간 세뱃돈 봉투를 구하느라 고생한 기억이 있다. 세뱃돈을 받아 쥐던 아이들의 눈망울이 지금도 선하다. 베트남에서는 구정 때 빳빳한 지폐와 세뱃돈 봉투를 여유 있게 넉넉히 준비하는 혜안이 필요하다.

역사를 중히 여기는 베트남 사람들은 여기서 그치지 않는다. 민족의 명절 구정 연휴를 지내고 음력 정월 초엿새부터 열흘 사이에 국가가 주도하는 하이바쯩축제를 개최한다. 이 축제에는 중국의 지배에 대항한 최초의 독립운동을 기념하기 위해 매해 국가주석이 참석하며 이 축제가 열려야만 본격적으로 한 해가 시작된다는 것을 의미한다. 새해 벽두부터 거의 2천 년 전에 일어난 역사상 최초의 독립운동을 기념하는 축제를 열어 자주독립정신을 일깨우는 일종의 대국민 정훈교육을 실시하는 셈이다.

'하이바쯩'은 베트남어로 '2'를 의미하는 '하이Hai'와 'Mrs.'를 의미하는 '바Bà'가 이름 '쯩' 씨 앞에 붙은 말로 쯩짝徵側과 쯩니徵貳 두 자매를 일컫는다. 하이바쯩 사당은 전국적으로 9개 성省과 중앙직할시에 걸쳐 103개에 이른다. 그 가운데 하노이 중심에서 서북쪽으로 약 25킬로미터 거리의 메린현, 하로이 마을에 있는 사당이 가장 장엄하며, 이 시설은 국가유적으로 지정되어 있다. 다른 지역의 사당과 구분하기 위해 하로이 사당이라고도 부른다.

### 독립전쟁을 일으킨 여성 영웅들, 쯩 자매

메린현은 쯩 자매가 성장하고, 독립운동의 깃발을 들고 태수가 있는 관아를 습격해 한나라 세력을 몰아낸 이후 비록 짧은 기간이나마 왕조를 세우고 도읍으로 정했던 곳이다. 응오시리엔吳士連이 1697년에 편찬한 《대월사기전서大越史記全書》는 두 자매 중 쯩짝을 '쯩여왕徵女王'으로 기술하고 있다. 웬만한 베트남의 도시 중심에는 '하이바쯩거리'가 있으며, 전국적으로 이들의 이름을 딴 사당이 103개나 있는

데, 초·중·고등학교나 행정 단위에도 마찬가지다. 이런 방식으로 일상생활 속에서 자연스럽게 민족 독립의식을 고취하게 되는 것이다.

그렇다면 쯩 자매는 중국을 상대로 어떻게 독립투쟁을 펼쳤을까? 기원전 111년, 중국의 한무제는 남비엣南越을 멸망시키고 일곱 개의 군을 설치하는데, 그 가운데 세 개를 베트남 영내에 설치한다. 마치 고조선을 정벌한 뒤에 한사군을 설치한 것과 같은 방식이었다. 한나라는 여기에 태수를 파견해 통치하고 있었다.

그러던 중 서기 14년 8월 1일, 하노이 메린 지역의 락장雒將(지도자)이 쌍둥이 딸 둘을 얻었는데, 이들이 바로 쯩 자매다. 락장은 고대 군사 조직의 우두머리를 일컫는데, 언니 쯩짝은 26세가 되면 아버지와 마찬가지로 쭈지엔현(현재의 하노이 뜨리엠군)을 근거지로 삼은 락장의 아들 티사익詩索과 결혼할 예정이었다.

신랑과 신부 모두 지방 세력가인 락장의 집안이었던지라 태수 또딘蘇定은 두 지방 세력이 힘을 합쳐 반기를 들면 통치에 어려움이 있을 것이라 우려했고, 이들이 통혼通婚으로 연합하는 것을 막고자 티사익을 살해해버렸다. 이에 쯩짝은 동생 쯩니와 함께 군사를 일으켜 또딘을 공격했다. 급습을 당한 또딘은 본국인 한나라로 도망갔고, 65개 성을 장악한 쯩짝은 메린에 도읍을 정하고 스스로 왕위에 올라 국호를 찌에우趙라 했다. 이때가 서기 40년이다.

이 소식을 전해 들은 한나라 광무제는 41년 복파장군伏波將軍 마비엔馬援을 사령관으로 삼아 2천 척의 배와 군사 2만을 보내 쯩 자매가 주도했던 베트남의 독립운동을 진압했다. 광무제는 중국 역사에서 많은 치적으로 떠받드는 황제다. 후한의 초대 황제로, 군사와 지

동호 민화에 그려진 쯩 자매의 모습이다. 대개 쯩 자매는 코끼리를 타고 있는 모습으로 그려진다.

략으로 중원의 혼란기를 모두 평정하고 한 왕조의 부활을 선포한 사람이다. 이처럼 막강한 힘을 가진 황제가 군대를 파견했으니 쯩짝과 쯩니를 따르는 군사들은 이들에 맞서 최선을 다해 싸웠으나 중과부적으로 패하고 말았다. 결국, 쫓기던 두 자매는 홍강의 지류인 하노이 푹토현 핫몬면을 흐르는 핫강에 투신해 생을 마감했다. 이때가 43년으로 쯩짝의 나이 29세였다.

이로써 쯩 자매의 3년 천하는 막을 내렸으나, 이들의 독립운동은 중국의 지배에 대한 베트남 최초의 조직적인 대규모 저항운동이라는 점에서 역사적인 의미가 있다. 쯩 자매의 독립운동은 그 뒤로도 이어진 중국 태수들의 악정과 수탈에 대한 지속적인 항쟁운동에 도화선으로 작용했다.

국가가 주관하는 연초의 하이바쯩축제 외에도 베트남 독립의 상징인 이 두 자매를 기리는 행사들이 여럿 열린다. 쯩 자매의 탄생일인 8월 초하루와 남편 티사익의 기일인 10월 열흘에도 전통적인 기념의식이 거행된다. 이 모든 의식은 국가의 주권을 회복한 것에 대한 자부심의 표현이자 긍지를 강화하기 위한 것이다.

지구상에 베트남만큼 오랜 독립운동 역사를 갖고 있으며, 이를 기념하는 나라가 또 있을까? 무려 1984주년이다. 이처럼 베트남은 역사를 되새기며 지켜나간다. 역사 교육은 유비무환의 첫걸음이고 국가의 존립과 주권 수호를 위해서 헌신한 민족 영웅들에 대한 최선의 보훈이기 때문이다. 하노이에 있는 하이바쯩 사당은 외국인들도 많이 방문하는 인기 있는 유적지다. 만약 하노이에 들른다면 베트남에서 가장 존경받는 두 여성 영웅 쯩 자매의 의협심을 떠올려보시길 바란다.

## 우리와 비슷한 베트남의 기복문화

모든 베트남 사람들은 집에 조상의 위패를 모시는 제대상祭臺床인 반터 bàn thờ를 갖고 있다. 반터 위에 부모의 사진을 올려놓고 그 앞에 향로와 꽃을 꽂은 화병, 고인이 생전에 즐겨 들던 과일, 과자, 술 등을 진설하고 집안의 대소사를 보고하며 복을 빈다. 사회적으로 성공한 사람들은 더 나아가 사당을 별도로 짓기도 한다. 단독주택에는 대개 반터를 모시는 방이 따로 마련되어 있고, 아파트는 주로 거실에 둔다. 이곳에 늘 향을 피우고 음식을 차려 놓는데, 손님으로 다른 사람의 집에 방문할 때에는 먼저 이곳에 분향하는 게 예의다. 손

집 안에 설치한 반터(제대상)

님이 가져온 선물도 조상님이 먼저 시식하라는 의미로 반터에 놓았다가 먹는다.

이렇게 집집마다 반터를 갖고 있다 보니 아파트 단지마다 소각로가 있다. 제사를 지내고 나서 부적이나 제물을 소각하여 연기를 하늘로 올려 보낸다. 조상님들이 하늘에서 사용하시라는 의미로 종이 제수용품이나 가짜 달러를 태우기도 한다. 또한 늘 반터에 올리는 꽃은 새것으로 꽂기 때문에 시장 골목이나 슈퍼마켓 어디든지 꽃집을 흔하게 찾아 볼 수 있다.

반터에는 조상뿐만 아니라 자신이 숭배하고 싶어 하는 신도 모신다. 숭배하는 신은 사람마다 다르기 때문에 집안의 귀신, 부엌신, 가업을 돌봐주는 신, 마을 수호신, 여신 부처, 공자, 노자 등 다양하기 그지없다. 그중에서도 베트남을 여행할 때 호텔이나 상점에서 우리가 많이 접하게 되는 반터는 취보당聚寶堂이라고 한다. 보물을 취한다는 뜻인데 재물신을 모시는 것으로 쉽게 말해 복 많이 받고 돈 많이 벌게 해달라고 비는 곳이다. 자신이 경영하는 상점이나 회사 문 앞, 심지어 학교에도 설치해 꽃과 과일을 놓고 분향하며 손님이 벌과 나비 드나들 듯 사업이 잘되게 해달라고 기구한다.

개인적으로도 반터와 관련된 잊지 못할 일화가 있다. 아파트를 구해 이사를 가게 되었는데, 짐을 들여놓기 전 집도 확인할 겸 찾아간 적이 있다. 그런데 빈집에 반터가 덩그러니 놓여 있는 게 아닌가. 집주인이 이사 가면서 반터를 미처 철거하지 못한 것이다. 집 안에 향냄새가 배어 있고, 천장은 연기로 그을려 까맣게 변해 있었다. 이에 사람을 사서 청소를 시켰는데, 인부들이 귀신이 무서워서 반터에 있는 제기를 치우지 못하겠다고 했다. 하는 수 없이 직접 향로를 비우고 제기를 깨끗이 씻어 따로 보관해 두었다. 그리고 집주인에게 연락하여 반터를 철거해달라고 했다.

그런데 다음 날 방문한 집주인은 반터가 정리된 것을 보더니 이내 안색이 표가 나게 변했다. 제기를 철거하기 전에 제사를 올려야 하는데 내가 맘대로 그 위에 놓인 것들을 치워버렸으니 큰일 났다는 것이다. 집주인은 슈퍼마켓에서 양초, 과일, 맥주를 사 오고 우리 집 쌀을 한 사발 요청하여 제대에 두고 초를 피우고 제를 올리고서야 반터를 철거해 갔다. 제를 올릴 때 그가 중얼거리는 소리를 들어 보니 "비나이다! 비나이다! 용서를 비나이다. 집을 세놓아 주었더니 한국인이 무지하여 제를 올릴 시간도 없이 말도 없이 무단으로 철거했음을 용서하여 주시기를 비나이다. 다시는 이런 일이 없도록 하겠나이다"라고 했다. 금방 끝날 줄로만 알았던 철거 신고식은 한 시간이나 걸렸다. 알고 보니 긴 선향이 다 탈 때까지 제를 올려야 한다고 했다. 이처럼 반터에 대한 베트남 사람들의 기복문화는 특별하다.

# 쯩 자매처럼 강인한 여성들

## 세계에서 여성의 정치활동이 가장 활발한 나라

베트남 여성들은 강인하다. 외적의 침략을 당할 때도 남성들과 똑같이 전
선에 투입되어 싸웠다. 여성들은 생산활동, 자연재해의 복구, 외침을 막는
데 사회 구성원의 일원으로서 그 역할을 다해왔다. 인구의 51%를 점하고
있는 베트남 여성들은 농사를 짓고, 가사, 자녀 출산과 교육에 중요한 역할
을 한다.

UN의 보고서에 따르면 베트남 여성은 세계에서 가장 많이, 그리고 활발
하게 정치활동에 참여하고 있다. 여성 국회의원 수는 전체 의원의 27%를 차
지하고 있다. 직전 국회의장 응우옌티낌응언도 여성이었다. 통계에 의하면
고등학교 졸업생의 54%, 대학 졸업생의 36%, 석사 학위자의 34%, 박사 학
위자의 26%가 여성이다.

베트남 역사 속에서 여성들은 나라와 사회를 위해 큰 역할을 맡아왔다.
쯩 자매는 비록 3년 천하(서기 40~42년)로 끝났지만, 구국 독립항쟁에서 베
트남 여성들이 가진 불굴의 정신을 보여주었다. 찌에우티찐은 3세기에 중
국 동오東吳의 잔악한 통치에 항거한 여성 수령이었다. 즈엉번응아 태후는
농촌 출신이었지만 딘丁 왕조와 전 왕조인 레 왕조의 최고 권력자가 되었다.
후인쩐 공주는 쩐陳 년똥仁宗의 딸로 짬빠 왕과 결혼하여 짬빠국의 2개 주州

를 얻음으로써 베트남의 영토 확장에 공헌했다, 안뜨 공주는 쩐 타인똥聖宗의 막내딸로 몽골의 장수와 결혼함으로써 몽골군의 침략을 늦춰 전쟁에 대비할 시간을 벌어주었다. 응옥헌 공주는 레 히엔똥의 딸로 문장이 뛰어나 꽝쭝 황제의 황후가 되었고, 부이티쑤언은 떠이선 왕조의 여걸로 용맹을 떨쳤다.

### '홍강의 기적'을 이루는 데 원동력이 될 여성들의 힘

중국에서 유래한 유교문화의 영향으로 남존여비男尊女卑와 삼종지도三從之道의 관습 속에서 제대로 대접받지 못하는 와중에서도 쯩 자매의 후예들인 베트남 여성들은 이에 굴하지 않고 프랑스로부터의 독립투쟁과 남북 통일전쟁에 적극적으로 참여해 혁혁한 공을 세웠다. 이에 호찌민 주석은 베트남 여성이 영웅적이며 불굴의 의지와 중후한 인품을 지녔으며, 무슨 일이든 할 수 있는 능력의 소유자들이라고 극찬했다. 20세기에도 응우옌티민카이, 보티사우, 호앙응언, 막티브어이, 응우옌티찌엔 등 많은 쯩 자매의 후예들이 뒤를 이어 애국열사의 길을 걸었다. 그들은 '한 손에 쟁기, 한 손에 총'을 들고 논밭을 전쟁터처럼 누비고 다녔다.

이런 전통으로 베트남 사회는 여성들의 사회활동이 활발하고 영역이나 업무에 남녀 구별이 없다. 이런 기상이 더 많은 여성들을 사회라는 무대로 인도하고, 여성 기업가를 탄생시키고 있음은 두말 할 나위가 없다. 그리고 이러한 사회 분위기는 베트남이 '홍강의 기적'을 이루는 원동력이 될 것임이 분명하다.

# 용자선손의 자부심을 담은
# 건국신화

## 훙브엉 왕조, 신화가 아닌 전설로 남다

1989년 시장개척단의 일원으로 처음 베트남에 발을 들였을 때 나는 말 그대로 무역시장을 개척해야 하는 상황이었던지라 베트남 사람들과 많이 만나야 했다. 하지만 당시만 해도 대학에서 배운 베트남어와 베트남에 대한 얄팍한 정보만을 바탕으로 사람들을 만날 수밖에 없었으니 매번 새로운 경험을 하게 되었다. 그때 들었던 말 가운데 인상 깊은 말이 있다.

"나무는 뿌리가 있고, 물은 근원이 있다." 다시 말해 "물을 마실 때 수원水源을 생각하라", 즉 음수사원飮水思源 하라는 말이다. 뿌리가 있어야 나무가 있고 샘이 있어야 물이 있듯이 조상이 있음으로 '나'가 있다는 마음가짐과 조상 숭배 정신이 베트남 사람들의 기저에 녹아 있다.

그들의 뿌리를 생각하는 마음을 가장 잘 보여주는 예가 바로 베트남의 건국신화다. 베트남도 우리의 단군신화와 유사한 건국신화가 있다. 한 가지 다른 점이 있다면 베트남은 건국신화를 실재했던 역사적 사실로 가르치고 배운다는 것이다. 다만 기원전 3천여 년 전의 일이고 기록이 남아 있지 않은지라 사료보다는 민간에 전해 내려오는 전설을 연구하여 성역화했으며, 이를 민족 단결의 구심점으로 삼고 있다.

유네스코는 2012년 12월 6일 전설을 중심으로 한 훙브엉雄王 신앙을 인류무형문화재와 구전문학의 걸작으로 공인했다. 베트남 사람들은 이 역사화한 신화를 근거로 자신들을 '용자선손龍子仙孫', 용의 아들과 선녀의 손자로 칭한다. 베트남의 건국신화는 한국의 동명왕, 탈해왕, 박혁거세, 수로왕의 신화처럼 알에서 영웅이 태어나는 난생신화이다. 그러나 베트남은 이를 실제로 있었던 사실로 믿기 때문에 신화가 아닌 전설이라고 한다. 1955년부터 1987년까지 32년 동안이나 재임해 베트남 역사상 최장수 수상인 팜반동范文同은 "역사의 가장 귀중한 뿌리는 민간 전설이다. 민간 전설에는 역사적인 사실의 핵심이 있다"고 할 정도였다. 베트남 사람들은 훙브엉 왕조의 존재를 믿기에 푸토Phú Thọ성의 비엣찌시의 퐁쩌우현에 있는 훙브엉 사당에 제례를 지내고, 향을 피우기 위해 매년 음력 3월 10일이면 해발 175미터의 응이어린義靈산으로 향한다. 음력 3월 10일은 국조國祖 훙브엉의 기일로 베트남의 공휴일이며, 이를 기념하기 위한 훙브엉축제가 열린다. 훙사당 유적지에는 훙브엉의 묘가 있고, 그가 살아 있을 때 팠다는 샘도 있다.

## 100개의 알에서 100명의 아들들이 탄생하다

베트남의 전설에 따르면 베트남 민족 최초의 왕은 중국인의 시조 중 하나로 일컫는 농경의 신(턴농, 神農)의 4대 후손인 록뚝祿續으로, 베트남 최초의 국가인 씩꾸이국赤鬼國을 다스린 낀즈응브엉涇陽王이다. 씩꾸이국은 북으로는 중국의 장강, 남으로는 베트남 중부의 찌엠타인국(현 다낭 지역의 중심), 서쪽으로는 중국 쓰촨성, 동쪽으로는 바다에 이르는 광대한 영토를 가진 나라였다.

낀즈응브엉은 동해 바다를 다스리는 용왕인 동딘꿘洞庭君의 딸 턴롱神龍을 부인으로 삼아 숭람崇纜을 낳았다. 숭람은 후일의 락롱꿘駱龍君²으로, 2대 왕 홍히엔브엉雄賢王이다. 어느 날 락롱꿘은 지방을 순시하다가 랑쓰엉동굴에 이르렀고, 다강의 제방에서 뽕잎을 따는 '산신의 딸' 어우꺼를 만나 부부의 연을 맺고, 응이어린산으로 데리고 왔다. 어우꺼는 무려 3년 3개월 동안이나 임신했는데 출산이 임박하자 신비한 징조가 나타나기 시작했다. 다섯 가지 색의 구름이 하늘을 뒤덮더니 이윽고 어우꺼는 무려 100개의 알을 낳았다. 3일 후에 그 알이 부화했는데, 그 안에서 튼튼하고 준수하게 생긴 아들 100명이 나왔다.

알에서 나온 100명의 아들은 하루 만에 장성하여 키가 3척 7촌(약 1미터 12센티미터)에 이르렀고, 말을 하는 걸 넘어 웃고 뛰어다니기까지 했다. 단 하루 만에 용모가 준수하고 건장한 청년이 된 것이다. 락롱꿘은 하늘이 나라를 지킬 수 있도록 자신에게 아들 100명을

---

2   용의 우두머리란 뜻.

건국신화에 따르면 락롱꿘의 아내 어우꺼는 100개의 알을 낳았고, 그 안에서 아이들이 태어났다고 전하고 있다. 이 아이들은 하루 만에 장성해 청년이 되었으며, 부모를 따라 나라를 다스렸다.

내려준 것이라 생각하고, 이들에게 지역을 하나씩 맡기려고 했다.

그러나 아들들은 아직 이름이 없었고, 같은 날 같은 시각에 태어나, 누가 형이고 아우인지를 구별하기 어려웠다. 이에 락롱꿘은 각 지역의 지도자들을 불러 왕자들의 이름을 지어 올리도록 했다. 하지만 신하들 역시도 누가 먼저 태어나고 나중에 태어났는지를 구별할 수 없기는 매한가지였다. 더구나 이름만 100개 지어야 할 판이었다.

그때 한 원로대신이 앞으로 나와 말하기를 "왕자님들은 하늘이 전하께 내리신 선물이오니, 전하께서는 제단을 세워 하늘에 고하고, 이름과 순위를 정할 현자를 보내달라고 요청하소서!" 했다. 이에 락롱꿘은 제단을 쌓고 하늘에 고했고, 놀랍게도 한 현자를 구해 그의 힘을 빌려 왕자들의 서열을 정하고 이름을 지어주었다. 왕자들은 기뻐하여 부왕의 장수를 빌고, 치국안민의 제를 올렸다. 그리고 현자를 배웅하기 위해 따라나섰는데, 그를 처음 만나 모시고 왔던 박학강 근처에 이르자 갑자기 현자의 얼굴에 후광이 비추고, 하늘에서 뇌성벽력이 치더니 홀연히 사라져버렸다. 이에, 왕은 사당을 세워 그 공을 기리게 했다.

### 훙브엉, 퐁쩌우를 도읍지로 정하다

이렇게 자식들의 서열이 정해지자 락롱꿘은 50명의 아들은 어머니를 따라 산과 숲을 방어하게 하고, 나머지 아들은 자신과 함께 강과 바다를 다스리게 했다. 자신은 물에 사는 종種이라서 산신의 후손인 어우꺼와는 오래도록 함께 살 수는 없다는 이유에서였다. 락롱꿘은 바다로 돌아가기 전에 왕위를 장자에게 물려주니, 그가 바로 3대 왕인 훙꾸옥브엉雄國王이다. 그는 국호를 반랑文郎이라 했고, 18대까지 왕위를 이어갔는데, 사람들은 18명의 왕을 모두 훙브엉雄王이라고 불렀다.

한편 어우꺼는 50명의 아들을 데리고 훙강을 거슬러 올라가다가 히엔르엉에 이르러 걸음을 멈추고 잠시 쉬게 되었다. 쉬면서 주위를 살펴보니 땅이 비옥하고, 살고 있는 사람도 드문 곳이었다. 어우꺼는 백성들에게 숲을 태우고 그 자리에 벼를 심게 하고, 강가에는 사탕수수와 뽕나무를 심게 했다. 그리고 샘을 파고, 길쌈을 하고, 꿀 뜨는 방법을 가르쳐주는가 하면 찹쌀을 빻아 그 가루를 사탕수수즙과 섞어 떡을 만들어 먹게 하는 등 살아가는 데 필요한 지식을 전수했다.

그곳의 사람들이 농사를 짓고, 떡을 만들고, 베를 짜는 것을 익히자 어우꺼는 그곳을 다스릴 아들 하나만을 남겨두고, 나머지 49명의 아들과 함께 홍강을 거슬러 다시 산으로 올라갔다고 전해진다. 이러한 행적을 남긴 어우꺼는 베트남의 국조모國祖母로 여겨지고 있으며, 응이어린산에 그녀를 기리는 사당이 있다.

다시 홍브엉의 이야기로 돌아가보자. 그는 반랑국의 도읍지를 정하기 위하여 여러 지역을 순행했다. 그러다가 어느 날 풍광이 아름답고 땅이 평평하고 넓으며 개천이 많은 곳에 도착했으나 크게 흡족하지 않았다. 그는 독수리를 시켜 날이 밝기 전까지 자갈과 흙을 물어다가 100개의 둔덕을 쌓으라고 시켰다. 이에 독수리는 부지런히 둔덕을 쌓았고 99개의 둔덕이 만들어졌는데, 이때 갑자기 잠자던 닭이 울었다. 이에 날이 샌 줄로 착각한 독수리는 작업을 중단하고 날아가 버렸다. 이에 홍브엉은 그곳을 뒤로하고 다른 곳을 찾아나설 수밖에 없었다고 한다.

다시금 이곳저곳을 순행하던 왕은 세 개의 강줄기가 만나고, 좌우 양쪽은 딴비엔산(바비산이라고도 함)과 땀다오산이 지키고 있으며, 근처에는 수많은 언덕과 산이 있고, 개천이 휘도는 곳에 도착했는데, 이는 마치 호랑이가 부복하고 용이 시중을 드는 지세였다. 이에 산 위로 올라 보니 삼 면이 넓고, 사방에는 온갖 화초가 만발하고 있었다. 이에 홍브엉은 그곳을 만대를 이을 나라의 도읍지로 정했으니 바로 지금의 퐁쩌우Phong Châu다. 하노이에서 서북쪽으로 100킬로미터 떨어져 있는 퐁쩌우는 다강, 로강, 홍강이 합쳐지는 박학강의 삼수 머리로부터 응이어린산에 이르는 지역이다.

## 반랑국에서 어우락국으로

이처럼 낀즈엉브엉이 건국하고, 락롱꿘과 어우꺼가 100명의 아들로 하여금 나누어 통치한 홍 왕조는 17대에 이르기까지 태평성대를 누렸다. 18대 왕인 홍주에브엉雄睿王은 20명의 왕자와 6명의 공주를 생산했으나, 무슨 까닭인지 띠엔중, 응옥호아 두 공주만 남고 모두 차례로 세상을 떠나고 말았다. 왕은 뒤를 이을 후계자가 없어 밤낮으로 근심이 깊어졌다. 이런 와중에 띠엔중 공주는 고기잡이를 하는 가난한 어부에게 출가하고, 부왕의 부름에도 응하지 않아 왕의 번민은 더 깊어질 수밖에 없었다. 결국, 왕은 응옥호아 공주의 신랑인 응우옌뚜언에게 정사를 맡기기로 했다.

그러자 아이라오부部의 락장이었던 왕의 조카 툭판蜀泮이 이에 불만을 품고 군사를 일으켰다. 두 달간의 교전 끝에 툭판의 군대는 패해 물러갔으나, 그는 다른 가문에 왕권을 넘긴다는 사실을 견딜 수 없어 다시 침공해 왔고 역시 대패하고 만다. 그런 와중에 날이 갈수록 쇠약해져가던 홍주에브엉은 응우옌뚜언에게 양위할 뜻을 밝혔으나 오히려 그는 툭판에게 선위해달라고 간청했다. 자신은 왕족의 혈통이 아니고, 툭판이 언젠가 다시 거병하면 나라가 혼란에 빠지고, 백성들이 고통받을 것을 걱정했기 때문이다. 이에, 왕은 툭판에게 왕위를 양위하고, 응옥호아 공주와 사위를 데리고 딴비엔산으로 들어가 버렸다. 툭판은 감격하여 나라를 굳건히 지키고 선왕들의 제례를 이어가겠다고 맹세했다. 툭판이 바로 어우락의 시조 안즈엉브엉安陽王이다. 그는 국호를 어우락으로 바꾸고 꼬로아(오늘날의 하노이 동아인 지역)로 천도했다. 이때가 기원전 258년이었다.

## 2600년 동안 나라를 다스린 왕이 고작 180명?

베트남 신화에 따르면, 베트남 민족의 건국은 고조선보다 546년이나 앞선다. 기원전 2879년에서 258년까지 무려 2621년 동안 18명의 왕이 재위했다고 알려져 있는데, 평균 재위 기간이 무려 145년 이상이다. 홍브엉 가문의 족보인 옥보玉譜에 의하면, 낀즈엉브엉은 271세까지 천수를 누렸고, 250년간 왕의 자리에 있었다. 왕비가 6명에 24명의 왕자, 12명의 공주에 이어 친손, 외손, 증손까지 합쳐 그 수가 592명에 달했다. 인간의 평균수명을 생각하면 사실로 받아들이기 어려운 게 사실이지만 베트남 사람들은 이를 굳게 믿는다.

베트남 사람들은 푸토성 비엣찌시 히끄엉면의 응이어린산을 성역화하고, 매년 음력 3월 10일에 홍왕의 제사를 지내고, 홍사당축제를 개최한다. 사람들은 응이어린산을 베트남 민족의 기원이 된 신령

여전히 많은 베트남 사람들이 응이어린산을 베트남 민족의 기원이 된 신령한 곳으로 여기며, 홍사당에 분향하기 위해 방문한다.

한 곳으로 여기며, 홍사당에 분향하기 위해 옷을 단정히 차려입고 방문한다. 하여 홍사당은 가족, 회사, 지역, 그룹별로 선향 꾸러미를 든 사람들로 북새통을 이룬다. 관내는 향내와 연기로 숨쉬기가 힘들 정도다. 2012년 유네스코에서 홍사당축제를 인류무형문화재로 공인한 이후, 해마다 축제 규모가 커지고, 참가 인파도 늘고 있는지라 축제를 5~7일간에 걸쳐 개최하기도 한다. 2023년 한 해에만 관광객이 8백만 명이 다녀갈 정도로 대형 축제로 자리매김했다. 음수사원의 정신을 길러 민족의 단결을 도모하는 축제가 된 것이다.

그런데 최근 18명이 아니라 180명의 왕이 2655년간 홍 왕조를 다스렸다는 조사 결과가 발표되어 세간의 주목을 받고 있다. 하지만 이와 상관없이 베트남 사람들은 여전히 신화를 전설로, 전설을 역사적인 사실로 승화시켜, 민족 단결의 구심점으로 삼고 있다는 사실을 주목할 필요가 있다.

천지를 떠돌아 다닐지라도,
홍왕 시조님 기일 삼월 열흘은 기억하세.
만방에 이 노래 영원히 전해질 때,
이 강산이 천년 왕국의 강토로 보전되리라.

오래전부터 민간에 구전되어 전해 내려오는 노래다. 베트남의 음수사원정신이 홍브엉의 전설을 역사의 반열에 올려, 자자손손 조국 강산을 지켜나가자고 호소하고 있는 것이다.

# 중국 사대주의는 없다

## 중국에 대한 경계심

베트남은 지리적으로 동남아시아에 위치해 있다. 동남아의 여러 나라는 불교나 이슬람교의 영향을 받아 독특한 문화권을 형성한다. 미얀마와 태국, 라오스와 캄보디아 등은 오랜 불교의 전통 아래 불교문화권에 속한다. 또한 말레이시아와 인도네시아는 이슬람교를 국교로하여 이슬람문화가 중심을 이룬다. 그런데 특이하게도 베트남은 중국의 영향으로 유교문화를 수용해 우리와 같이 동북아 유교문화권에속한다.

하지만 오랫동안 문화적으로 중국의 영향을 많이 받았음에도 불구하고, 중국에 대한 저항도 만만치 않다. 수많은 외세의 침략으로외세 배타적인 민족이 되었는데, 특히 중국에 대한 저항의식이 만만치 않다. 항상 중국에 대한 경계심을 늦추지 않고 있다. 베트남 사람들 뇌리에는 중국은 왠지 부담스럽고, 가까이하면 손해 볼지도 모른다는 생각이 자리 잡고 있는 것 같다. 중국과 국경을 맞대고 있어 무역을 통해 중국 상품이 많이 유입되지만, 품질에 대한 불만과 중국 관광객들의 안하무인적인 태도가 베트남 사람들의 감정을 상하게 만들어 비우호적이라는 게 일반적인 이야기다. 더욱이 2021년 11월 중국의 기술과 원조로 개통한 13킬로미터 길이의 하노이 도시철도 2A선은 수차례의 개통 연기와 잦은 고장으로 하노이 시민들에게 "중국 기술이 그렇지 뭐!"라고 비웃음을 샀고, 이 또한 베트남 사람이 중국을 싫어하게 하는 요인 중 하나였다.

### 중국과 상호대등하다는 인식[3]

또 다른 역사적인 특징 중 하나로 중국과의 상호대등주의를 꼽을 수 있다. 베트남 역대 봉건 군주들의 사례를 들여다보면 딘丁 왕조의 선황 딘보린丁部領 이래로 군주들은 모두 자신을 황제라 칭하며 중국의 황제와 대등하다는 사실을 보여주려 했다. 관직도 황제에 따른 명칭과 제도를 사용했다. 예를 들자면 조선 군주는 황제가 아니라 왕을 칭했기에 육부가 아닌 육조六曹를 칭해야 했는데, 베트남은 육부六部제도를 사용했다.

'북거北拒 남진南進'의 자세도 거론하지 않을 수 없다. 북거란 북쪽에 있는 중국의 침략에 항거한다는 말이고, 남진은 북부 홍강 중심

---

3    이 단락의 내용은 유인선 교수의 논문 〈응오씨리엔吳士連의 對中 저항의식〉의 내용을 기반으로 구성되었다.

지에서부터 남부로 세력을 넓혀 다낭 중심의 짬빠占城왕국을 멸하고, 캄보디아까지 영토를 확장해나간 사실을 일컫는다.

짬빠국이나 앙코르왕국도 베트남을 침략한 적은 있지만 별다른 영향을 미치지 못한 반면, 중국은 베트남의 흥망성쇠에 결정적인 영향을 끼쳤다. 베트남은 무려 1049년간 중국의 지배를 받았고, 이후 독립을 했음에도 송나라 2회, 몽골 3회, 명나라 1회, 청나라 1회 총 7회의 침략을 받았다. 그 가운데 유일하게 명나라의 침략을 막지 못했고, 20년 동안의 지배를 받았다. 이처럼 베트남 역대 왕조는 중국과 친선관계를 유지하려고 하면서도 내적으로는 저항감을 갖고 중국과 대등하다는 의식을 견지해왔다. 이러한 베트남의 자세를 통해 우리의 대對 중국 외교정책을 비교해보는 것도 의미 있을 것이다.

즉, 베트남 역사에 중국에 대한 사대주의는 없다. 응오시리엔이 집필한《대월사기전서》는 베트남의 홍방鴻龐시대인 기원전 2879년부터 명나라를 물리치고 레러이黎利가 레 왕조를 수립하고 왕위에 오르는 1428년까지의 역사를 외기 5권, 본기 9권, 레 태조기 1권 등 모두 15권으로 기록하고 있다. 그중 외기는 홍방시대부터 응오꾸옌吳權이 남한南漢을 물리치고 독립한 938년까지, 본기는 응오꾸옌이 왕조를 세운 939년부터 명나라 지배하에서 쩐 왕조의 후손인 잔딘데簡定帝가 쩐 왕조의 부흥운동을 전개했다가 실패한 1413년까지, 레 태조기는 1414년부터 레러이 장군이 레 왕조를 세우고 즉위하는 때까지의 역사를 기술하고 있다.

《대월사기전서》에는 중국에 대한 저항의식과 대등의식이 내재되어 있다. 첫째로 베트남 역사의 출발 시점을 기원전 2879년이라고 기록하여 베트남의 역사가 중국의 역사만큼이나 장구하다고 강조하고 있다. 이는 단군이 고조선을 세운 기원전 2333년보다 무려 546년이나 먼저 시작된 것으로 보는 것이다. 이러한 관점은 베트남 외교의 기저에 기본 정신으로 녹아 있다.

둘째, 명나라는 1407년 베트남을 침략해 20년 동안 지배했다. 그럼에도 불구하고 쩐 응에똥藝宗의 아들인 쩐응오이가 스스로를 잔딘데簡定帝라 칭하고, 홍카인興慶이라는 연호를 사용한 점을 들 수 있다. 응오시리엔은 쩐응오이와 그 뒤를 이은 쩐꾸이코앙陳季擴 시기인 1407~1413년까지를 허우 쩐後陳이라 칭하며 하나의 독립된 왕조로 기술하고 있다. 이는 명의 지배 기간을 조금이라도 줄이겠다는 의도로 보인다. 사실 이들의 쩐 왕조 복위운동은 명나라의 지배에서 벗어나기 위한 독립운동에 불과했다.

셋째, 명나라의 장군 장보張輔는 1414년 정월 쩐꾸이코앙의 부하 장군 2명을 포로로 잡았고, 그해 3월에는 라오스로 피신한 쩐꾸이코앙을 생포했다. 중국 측 기록에는 이들이 명나라에서 처형됐다고 기록되어 있으나, 《대월사기전서》는 쩐꾸이코앙이 잡혀가는 도중 강에 몸을 던져 죽었으며, 부하인 응우옌까인지와 응우옌수이도 그 뒤를 따라 스스로 목숨을 끊었다고 전하고 있다. 이는 응오시리엔이 베트남 사람들의 저항정신을 위해 의도적으로 기술한 것으로 보인다.

넷째, 응오시리엔은 베트남이 중국 지배하에 있던 540년대에 리비李泌가 중국에 반기를 들어 황제를 칭하고 나라 이름을 반쑤언萬春으로 칭했던 시기도 베트남의 독립된 왕조로 보았다. 그 후 리비가 죽자 그의 형 리티엔바오李天寶가 이어받아 나라 이름을 새로 정하고 황제를 칭하며 저항을 계속했고, 역시 그의 사후에는 친척 리펏뜨李佛子가 뒤를 이었다.

응오시리엔은 리비와 리펏뜨 모두 각각 독립된 왕조를 세운 창건자로 보고, 전자를 '띠엔 리前李' 왕조의 '리남데李南帝'로, 후자를 '허우 리後李' 왕조의 '허우 리남데後李南帝'라고 적었다. 이 역시 응오시리엔이 명나라에 지배당한 역사를 최소화하려고 했던 의도로 볼 수 있다. 심지어 리비가 베트남 사람에게 살해되어 그 수급이 난징으로 보내졌는데도 응오시리엔은 리비가 병사한 것으로 기록해놓았다. 한편 리펏뜨는 수나라가 중국을 통일하자 한동안 수에 복속했으나 601년 다시 반기를 들었다. 수나라는 유방劉方을 원정군 사령관에 임명하여 난을 진압하게 했고, 리펏뜨는 싸우지도 않고 항복했으며, 이 듬해 포로로 잡혀 중국 장안長安으로 압송됐다.

다섯째, 쩐꾸이코앙, 리비의 죽음과 유사한 기록은 서기 40년 중국 지배하에서 베트남 역사상 최초로 독립운동을 일으킨 쯩짝과 쌍둥이 동생 쯩니의 사례에서도 볼 수 있다. 이 두 자매에 대해서는 앞에서 자세히 설명해 여기서는 줄이지만, 쯩 자매의 최후에 대한 응오시리엔의 기록은 주목할 만하다. 쯩 자매는 후한後漢의 원정군 사령관 마비엔의 군대와 싸우다가 43년 초 생포되어 참혹한 거열형에 처해졌다. 그러나 응오시리엔은 이 두 자매 또한 처형된 것이 아니라 홍강의 지류인 핫강에 몸을 던졌다고 기술했다. 마찬가지로 베트남의 여걸이 당당하게 스스로 목숨을 끊었다고 기록해 민족의식을 불러일으키려 했다고 볼 수 있다.

여섯째, 응오시리엔은 레러이가 명나라를 물리치고 이를 기념하기 위해 그에게 짓게 한 〈빈응오다이까오平吳大誥〉 전문全文을 《대월사기전서》에 그대로 옮겨놓았다. 베트남 제2의 독립선언서라고 일컬어지는 이 글 첫머리에 다이비엣大越은 문명국이며, 중국과 강역이 다르고 풍속이 달라 두 나라의 왕조는 각각 자신의 영토에서 황제를 칭했다고 기록되어 있다.

> 산천의 강역이 다르고,
> 남북의 풍속 또한 다르니라.
> 조趙, 정丁, 이李, 진陳으로부터 비롯된 아국我國은,
> 한漢, 당唐, 송宋, 원元나라와 더불어 각기 한쪽에서 웅거했노라.
> 비록 강약이 서로 다를 때가 있었으나
> 호걸들이 세를 이어가며 부족하지 않았도다.

이는 베트남은 중국과 대등한 국가이기에 중국의 지배를 용납할 수 없다는 의미다.

또한 응오시리엔은 1076년 리트엉끼엣李常傑 장군이 꺼우강전투에서 송나라 병사들의 심리를 흔들기 위해 밤바다 적진으로 군사를 보내 부른 노래인 〈남꾸옥선하南國山河〉 역시 책에 그대로 옮겨놓았다. 남국에는 남국의 황제가 있으니 물러가라는 내용으로 베트남은 결코 송나라의 속국이 아님을 당당하게 밝히고 있는 것이다. 이 노래는 베트남의 제1독립선언서로 불린다.

> 남국의 산하엔 남국의 황제가 있다고南國山河南宰居

천서에 분명히 기록되어 있노라.載然分定在天書

오랑캐가 이를 거슬러 침범해 왔으니如何逆虜來侵犯

너희들이 볼 것이라고는 패배뿐이리라.汝等行看取敗虛

　일곱째, 찌에우다趙佗 사후에 그 뒤를 이은 손자 반브엉文王을 미화한 것도 같은 맥락으로 볼 수 있다. 반브엉은 민월閩越이 침입하자 한나라에 도움을 요청했다. 한나라는 그 대가로 반브엉의 친조를 요구했다. 이에 반브엉은 병을 핑계로 내세우고 자기를 대신하여 큰아들인 아인떼趙嬰齊를 보냈다. 응오시리엔은 이를 두고 '반브엉이 가법家法을 이어받았다'고 기록했다. 가법이란 찌에우다가 황제를 칭하면서 한나라와 대등한 태도를 취했던 사실을 말한다.

　여덟째, 응오시리엔은 외적의 침입이나 강압적 요구에 적극적으로 대처한 인물들을 높이 평가했다. 1257년 몽골의 제1차 침입 때 탕롱昇龍(하노이의 옛 이름)이 점령당하자 타이똥太宗은 배를 타고 탈출하여 태위太尉 쩐녓히에우陳日皎에게 계책을 물었다. 태위는 강물 위에 송나라로 가는 의미의 '입송入宋' 두 글자를 써주었다. 응오시리엔은 태위가 외적을 물리칠 생각은 않고 타이똥에게 피신할 길만을 인도했다고 비판했다. 반면 몽골의 침략을 성공적으로 물리친 쩐흥다오 장군에 대해서는 높이 평가했다.

　이와 달리 다소 의외의 관점도 있다. 1279년 남송을 멸한 원나라는 베트남에게 한층 강경한 태도를 취했다. 쩐 왕조의 왕권을 무시하고 년똥의 당숙인 쩐지아이를 안남국왕에 봉했고, 5년 후인 몽골의 2차 침입 때에는 항복한 쩐익딱陳益稷을, 그의 사후에는 그의 아들을 안남국왕에 봉했다. 재밌는 것은 베트남인들이 이를 받아들인 것인데, 이는 '과거를 닫고 미래를 향하자'라고 하는 베트남 특유의 실용주의와 몽골을 물리친 자부심이 작용한 게 아닌가 싶다.

아홉째, 응오시리엔은 명나라와의 관계에 처음으로 '교방交邦'이라는 용어를 썼다. 교방이란 국가 간에 상하의 질서보다는 대등한 관계를 의미하는 말이다. 실제로 베트남에는 중국에 대한 조공 개념 자체가 존재하지 않았다. 베트남 역사서에서 조공이라는 표현은 중부 베트남 지역에 있었던 짬빠국이나 캄보디아에서 사신들이 올 때, 이들을 '조공사절'이라고 불렀을 때만 발견된다. 19세기 응우옌 왕조는 청나라와의 관계에서 '방교邦交'라는 용어를 사용했다. 이 역시 베트남인들의 중국에 대한 대등의식을 엿볼 수 있는 부분이다.

## 오늘날에도 이어지는 중국과의 대결

중국에 대한 베트남의 대등의식과 저항의식은 꾸준하면서도 지속적이다. 이는 베트남 민족의 잠재의식 속에서 발현되어 오늘날에도 계속되고 있다. 1978년 12월 말 베트남은 친중파인 크메르 루주가 장악하고 있는 캄보디아를 공격해 수도 프놈펜을 점령했다. 이에 이듬해 2월 중국이 베트남을 공격했는데, 베트남은 주저 없이 맞대응했다. 이것이 이른바 '중월국경분쟁'이고, 다른 말로는 '제3차 인도차이나전쟁'이라고 한다.

또한 비엔동(남중국해)에서는 호앙사제도(중국명은 시사군도), 쯔엉사제도(중국명은 난사군도) 영유권 문제로 베트남은 중국과 첨예하게 대립하고 있다. 중국은 규칙에 기반을 둔 해양 질서에 대한 심각한 도전을 자행하고 있다. 남중국해 문제는 중국이 일방적으로 영유권을 주장했기 때문이며, 그 결과 ASEAN 국가들과 분쟁이 발생한 상태다.

베트남 외교 역사에 중국을 상대로 '만절필동萬折必東'[4]이나 '삼배구고두례三拜九叩頭禮'[5] 같은 저자세는 유례가 없다. 베트남은 항상 중국과 대등한 위치에서 방교해왔으니 이 갈등 또한 그러한 맥락에서 해결책을 찾으려 할 것으로 보인다. 베트남은 중국에게 한 치의 양보도 없이 팽팽한 줄 당기기를 하면서 동시에 미국과의 동맹을 강화하고, 영유권 확보에 총력을 기울일 것으로 전망된다. 베트남인들은 이 문제 또한 역사적으로 중국에게 가졌던 저항의식과 자신들이 중국과 대등하다는 생각의 연속선상에서 바라보기 때문이다.

---

4   서쪽이 높고 동쪽이 낮은 중국의 지형 특성상 황하가 수많은 굽이를 만들어도 결국
    물줄기는 동쪽으로 흘러간다는 말로 사람은 어떤 어려움이 있더라도 순리에 따라
    초지일관하며 지조를 지켜야 한다는 의미다. 즉, 중국을 숭배하고 따르는 것이 순리
    라는 것이다.
5   세 번 무릎 꿇고 아홉 번 머리를 조아리는 예법이라는 뜻으로 1637년 병자호란에서
    패한 인조가 남한산성을 내려와 삼전도에서 청나라 황제에게 삼배구고두례를 하고
    항복한 치욕의 역사가 있다.

# '오월동주'의 '월'이 베트남?

춘추전국시대에 중국 장강 하류에 남북으로 인접했던 오吳나라와 월越나라는 전쟁으로 불구대천의 원수지간이 되었다. '오월동주吳越同舟'는 원수지간인 오나라와 월나라가 한 배를 타고 있다는 뜻으로 서로 사이가 나쁜 사람이 한 장소에 같이 있음을 말한다. 비록 원수지간이지만 한 배에 타고 있으니 배가 목적지에 도착할 때까지는 같은 운명이므로 어려움이 닥치면 협력할 수밖에 없다는 의미다.

'와신상담臥薪嘗膽'은 원수에게 복수를 하기 위해 온갖 괴로움과 고통을 참고 견딘다는 뜻이다. 오나라 왕 합려는 월나라와의 전쟁 중에 전사했다. 그 아들 부차는 아버지의 원수를 갚고, 패전을 설욕하기 위하여 땔나무 위에서 잠을 자며 월나라에 대한 복수를 다짐했다. 부차는 철저히 준비를 하고 반격에 나서 마침내 아버지의 원수를 갚았다. 반면 오나라에 패한 월나라 왕 구천은 쓸개를 옆에 두고 그 쓴맛을 보면서 자신이 당한 치욕을 잊지 않고 원수를 갚기 위해 절치부심 노력했다. 결국 구천은 오나라의 부차를 사로잡아 그 원수를 갚았다.

그런데 재밌는 것은 여기서 말하는 월나라가 지금의 베트남이 아니라는 사실이다. 베트남은 오나라와 강역도 다르고 싸운 적도 없다. 다만 베트남越南 이름에 '월越' 자가 있어 혼동하는 것일 뿐이다.

제갈량이 남만南蠻의 왕 맹획을 일곱 번 잡았다 일곱 번 풀어주었다는 '칠종칠금七縱七擒'의 고사도 마찬가지다. 이때의 남만도 베트남이 아니다. 남만은 문자 그대로 보면 중국 남쪽의 오랑캐라는 뜻이니 베트남을 가리키는 것으로 오해하기 쉽다.

어떤 이는 남만이 현재의 베트남이고, 맹획은 베트남인이라고도 말하지만 한나라가 남비엣을 멸망시키고 식민지배를 시작한 게 기원전 111년의 일이다. 당시 중국의 영토는 현재와 같이 크지 않았기에 맹획은 베트남인이 아니라 중국 남부 지역의 인물이었을 것이다. 시기적으로, 지리적으로 남만의 왕 맹획과 베트남은 아무런 관련이 없다. 소설 《삼국지연의》에 나오는 맹획과 제갈량의 칠종칠금 고사는 어디까지나 흥미를 위한 과장으로 이것을 실제 역사라고 착각하면 곤란하다.

# '세계 최강 제국'
# 몽골의 침략을 막아내다

## 몽골의 침략을 세 차례나 물리치다

베트남은 세계에서 유일하게 세 번에 걸친 몽골의 침략을 모두 막아
낸 저력이 있는 민족이다. 대초원에서 말을 몰고 와서 파죽지세로 아
시아와 유럽 전역을 단숨에 무너뜨린 몽골의 기세는 어느덧 남쪽으
로 향했다. 그들의 말굽 아래 짓밟히지 않은 나라가 없던 그때 베트
남은 몽골의 무리한 요구를 거부하며 세 차례에 걸친 침략을 막아냈
다. 몽골은 징기스칸의 뒤를 이은 몽케 시기에 1회(1257년), 쿠빌라이
시기에 2회(1285, 1287년)에 걸쳐 베트남을 침략했는데, 베트남은 이
를 모두 막아냈고 승리를 거뒀다. 이는 지형적인 우세와 베트남 민족
의 단결력 덕분이었으며, 이는 지금까지도 베트남 사람들의 가슴속
에 자긍심으로 자리하고 있다.

## 몽골의 침략과 6사 요구

그렇다면 먼저 몽골이 왜 이렇게 집요하게 베트남을 괴롭히고 침략했는지 그 이유를 살펴보자. 몽골은 동남아로 진출하기 위해 일찍부터 남송南宋 정복을 계획하고 있었다. 남송을 정복한 뒤에 동남아로 진출하는 교두보 역할을 해줄 수 있는 나라가 베트남이기에 몽골에게 베트남은 지정학적으로 매우 중요했다. 하여 몽골은 남송을 병합하는 과정에서 발생할지 모르는 베트남으로부터의 위협을 사전에 제거할 필요가 있었기에 쩐 왕조에 여러 차례 사신을 보내 조공과 항복을 종용했다.

이에 쩐 왕조에서는 몽골 사신을 억류하는 강경책을 쓰기도 하고, 조공사절단을 보내는 유화책을 쓰기도 했다. 사신을 보내 몽골의 의도를 파악해 보는 한편, 방어력을 강화하면서 강온 양면정책을 구사했다. 몽골은 1279년 마침내 남송을 병합해버렸고, 그 후 베트남에 사신을 파견하여 복속을 요구하는 방식을 썼다.

몽케의 뒤를 이어 즉위한 동생 쿠빌라이는 쩐 왕조에 이른바 '6사'를 요구했다. '6사'란 몽골이 정복한 국가에 강요한 요구사항으로, 입조入朝, 납질納質, 조군助軍, 납공納貢, 역참 설치와 호구조사를 말한다. 입조란 점령국의 조정에 자국의 신하를 보내 참여케 하는 것인데, 징기스칸 때부터 시작되었다. 왕족이나 고위 관리의 자제를 지배국에 볼모로 보내는 납질은 1206년 몽골 초원을 통일한 후 만호장, 천호장, 백호장, 십호장[6]의 자제를 입시入侍하도록 한 것이 시작이었다. 조군이나 납공은 다른 왕조 때에도 존재했으나 호구조사는 예외적이었다. 이는 몽골제국이 점점 확대되면서 인적·물적 자원을 확보하기 위한 목적에서 실시됐으며, 역참 설치는 교통, 통신 및 물자를 수송하기 위해 점령 국가에게 요구되었다.

말하자면 6사 요구는 점령국에게 정치적·경제적·군사적으로 완전한 복속을 요구하는 것이었다. 6사의 내용은 내정간섭, 군사적 압박, 경제적 수탈과 관련된 것으로 이는 곧 선전포고나 다름없었다. 6사의 요구를 받아들이면 몽골의 종속국이 되는 것이고, 거부하면 전쟁을 감수해야 했기에 베트남 쩐 왕조는 그야말로 진퇴양난이었다.

### 베트남, 남송, 몽골 간의 삼각관계

쩐 왕조는 몽골의 6사 요구 일부는 이행하고, 일부는 끝까지 받아들이지 않았다. 특히 몽골의 2차, 3차 침략은 6사 요구를 제대로 이행하지 않음으로써 발생한 것이다. 무혈 쿠데타로 리 왕조를 무너트리고 왕권을 잡은 쩐 왕조는 집권 초기에 강력한 군사력이 필요했다. 대내적으로는 리 왕조 말에 발생한 반란을 진압하고, 대외적으로는 남송과 손잡고 세력을 확장하고 있던 몽골을 경계해야 했기 때문이다.

쩐 왕조는 중앙집권체제를 강화하고, 군대를 재정비하여 내치가 안정이 되자 1229년 남송에 사신을 파견해 조공관계를 맺었다. 이에 몽골은 남송과 조공관계를 맺은 베트남에 트집을 잡기 시작했다. 1257년 몽골이 탕롱을 공략하면서 조공관계가 한때 중단되기도 했

---

6    칸을 중심으로 하는 몽골제국의 지배 구조로 십진법에 기초를 두어 10을 단위로 만호장, 천호장, 백호장, 십호장 등 각 단위의 우두머리 개념이 생겨났다.

지만 남송과의 조공과 책봉관계 수립은 쩐 왕조의 존립과 직결된 문제였다. 만약, 남송이 멸망한다면 베트남은 몽골과 국경을 마주하게 되어버리기 때문이었다. 베트남과 남송은 그야말로 순망치한脣亡齒寒의 관계였으므로 몽골과의 전쟁 이후에도 베트남과 남송은 우호적인 관계를 유지했다. 쩐 왕조와 남송의 관계는 남송과 몽골의 관계가 악화되면 될수록 더욱 긴밀해졌다.

몽골과 쩐 왕조의 본격적인 조공관계는 1257년에 벌어진 몽골과의 전쟁 이후에 시작되었다. 쿠빌라이는 베트남에게 6사의 이행을 강력히 촉구해 왔다. 이에, 쩐 왕조는 6사의 수용과 거절 사이에서 위험한 외줄타기를 하지 않을 수 없었다. 6사를 거절한다는 건 곧바로 전쟁으로 이어진다는 것이고, 그것은 왕조의 존망과 직결된 문제였기 때문이다.

### 베트남 침략의 구실, 올양합태의 정송가도

중국 운남의 대리국을 공략하며 남송을 정복할 기회를 노리던 몽골의 장수 올양합태兀良合台는 남쪽으로 눈을 돌렸다. 그는 1257년 쩐 왕조에 사신을 파견해 남송 정복의 길을 빌려달라고, 이른바 정송가도征宋假道를 요구했다. 쩐 왕조는 이를 거절하고 사신을 억류해버렸고, 이에 1차 전쟁이 발발했다. 하지만 탕롱에 입성한 몽골군은 베트남의 더위에 고전하다가 쩐 왕조의 대반격으로 큰 피해를 입고 철수할 수밖에 없었다.

1258년에 즉위한 쩐 타인똥은 몽골에 사신을 파견하여 3년마다 한 차례 조공을 바치는 '3년 1공'의 화약을 맺었다. 몽골의 6사 요구는 이때부터 시작됐다. 쿠빌라이 즉위와 함께 시작된 몽골의 강압적인 6사 요구에 쩐 왕조는 강무당을 설치하여 왕실 자제들에게 병법을 가르치고, 군사조직을 정비하며 몽골의 침략에 철저히 대비했다. 쩐 왕조는 몽골의 기본적인 요구는 수용하지만 부당한 요구는 거절한다는 게 기본 입장이었다. 특히, 입조는 끝까지 거절했는데 그럴수록 몽골은 더욱 압박해 왔으며 특히 자제 납질을 강력히 요구했다.

쩐 왕조는 몽골이 이미 남송의 대부분을 장악한 사실을 알고 있었다. 또한 남송을 완전히 정복하고 나면 바로 자신들을 침략해 올 것이라는 것도 감지하고 있었다. 이런 상황에서, 몽골의 상황을 파악하고자 쩐 왕조는 계속해서 사신을 몽골에 파견했다. 한편 쿠빌라이는 타인똥이 임의로 왕위에 오른 것에 대해 왕이 직접 입조해 해명하라고 요구했다. 쩐 왕조에서는 대신 사신을 파견했는데, 이를 불쾌히 여긴 몽골은 사신을 억류해버렸다. 이에 쩐 왕조는 약재를 공물로 바치고 한 해에 두 차례의 조공을 바쳐가며, 친親몽골 외교정책으로 시간을 버는 한편 다른 한편으로는 전쟁을 철저히 대비해나갔다.

### 2, 3차 침략의 구실, 6사 불이행

쩐 왕조가 외교정책으로 선회했음에도 불구하고 몽골은 남방 공략을 위해 꾸준히 침략을 준비하고 있었다. 물론 쩐 왕조에서도 이러한 몽골의 움직임을 파악하고 있었다. 1282년 8월, 몽골이 50만 대군을 이끌고 중부 베트남에 위치한 짬빠로 가는 길을 빌려줄 것과 식량과 병력 지원을 쩐 왕조에 강요했다. 쩐 왕조는 이를 완강하게 거절함으로써 몽골의 짬빠국 정벌을 저지했다. 이미 남송이 무너진 상황이니 짬빠국까지 점령된다면, 쩐 왕조가 몽골의 속국이 되는 건 자명한 일이었다.

이러한 쩐 왕조의 계속된 6사의 불이행은 몽골의 2차 침략으로 이어졌다. 쩐 왕조에서는 군을 재정비하고, 쩐흥다오 장군이 통솔해서 전쟁을 수행하게 했다. 1285년 초에 탕롱이 함락되었지만 몽골의 입조 이행 요구에는 계속적으로 거부 의사를 밝혔다. 전투가 본격화되어 내지로 깊숙이 들어오면서 몽골군은 지세도 험한 데다가 식량을 보급하는 일에 곤란을 겪었고 설상가상으로 무더위와 풍토병이 닥쳐 와 전세가 역전되었다. 또한 베트남의 온 백성이 몽골 항쟁에 합류하여 쩐 왕조의 병력은 갈수록 증가하는 반면, 몽골군은 사상자가 늘어갔다. 결국 몽골의 2차 침략도 실패로 끝났다. 당시 쩐 왕조군에 남송 출신의 망명자가 많았던 점, 몽골군의 주력인 기마병이 북부 베트남 지역의 험준한 지세 때문에 전투력을 제대로 발휘하지 못한 점 또한 몽골군의 주요 패인이었다.

몽골은 포기하지 않고 대대적인 3차 침략을 준비했다. 앞서 두 차례의 패배를 설욕한다는 의미가 강했다. 쿠빌라이는 고려군의 지원을 받아 추진했던 일본 원정까지 중단해가면서 베트남 침략에 전력을 다했다. 마침내 1287년 쿠빌라이는 베트남을 침략해 탕롱을 함락시켰다. 그러나 이번에도 보급이 끊기고, 무더위에 약한 몽골군이 전의를 잃자 퇴각할 수밖에 없었다. 이를 놓치지 않고 베트남군은 몽골군을 공격해 베트남 전사에 유례없는 대승을 거두었다. 수차례의 패전으로 격분한 쿠빌라이는 4차 침략을 준비했으나 1294년 그가 사망함으로써 베트남 침략은 종지부를 찍었다.

## 몽골 침략을 막아낸 영웅 쩐흥다오 장군

몽골의 세 차례에 걸친 침략을 논할 때 빠질 수 없는 이가 있다. 바로 베트남의 영웅 쩐흥다오 장군(1228~1300)이다. 1257년 몽골의 장수 올량합태는 베트남을 침공해 탕롱을 함락시켰고, 1283년에는 50만 대군으로 다시 공격해 와 2년 만에 재차 탕롱을 함락시켰다. 당시 왕 년똥은 백성들이 고통받지 않도록 몽골에 항복하자고 했으나 쩐흥다오 장군은 "항복하시려면 저의 목을 먼저 베어달라"며 끝까지 항전하자고 주장했으며, 전쟁의 총지휘를 맡아 탕롱을 탈환하고 몽골군을 물리쳤다.

베트남에게 두 번이나 패한 몽골은 1287년 수륙 양군 30만 대군으로 세 번째로 베트남을 침략했다. 몽골군이 수륙 양면으로 공략했으나 쩐흥다오의 군대는 조수간만의 차가 심한 박당白藤강 바닥에 용치龍齒를 박고, 양쪽 기슭에 매복해 대기하다가 썰물로 배가 좌초되자 일거에 불화살로 배를 불태우고 강으로 뛰어든 몽골 병사들을 도륙하여 승리를 거두었다. 그리고 패퇴해 도주하는 몽골의 육군마저도 괴멸시켜 국가를 절체절명의 위기에서 구했다. 이는 먼 훗날 남북으로 나뉘어 통일전쟁을 하던 당시 미국의 군사적 개입을 막아낸 것에 비견될 만큼 커다란 승리가 아닐 수 없었다. 세계를 제패한 제국을 세 차례나 물리친 승전의 역사는 베트남의 자부심이자 민족적 역량이라고 보아야 할 것이다.

년똥은 이러한 공을 치하하며 1289년 쩐흥다오 장군을 대왕으로 봉해서 흥다오다이브엉興道大王이라고 칭했다. 오늘날 베트남 해군은 박당강전투에서 대승리를 거둔 쩐흥다오 장군을 '베트남 해군의 아버지'라고 부른다. 우리로 치면 조선의 이순신 장군과 같은 구국의 영웅이다. 그는 1300년 음력 8월 20일에 사망했는데, 그날은 베트남 민족의 기념일이 되었다.

### 세계 3대 강국을 물리쳤다는 자긍심과 기상

이처럼 몽골은 남방 지역의 모든 국가를 복속시켜 해상 무역을 확장하려고 세 차례나 베트남을 침략했으나 쩐 왕조의 완강한 저항과 식량 보급 문제, 무더위와 풍토병 때문에 실패했다. 쩐 왕조와 몽골 간의 전쟁은 동아시아 정세에 큰 영향을 미쳤다. 3차 침입의 실패로 몽골은 일본 정벌을 포기해야 했고, 짬빠국은 몽골의 지배를 면했다. 쩐 왕조가 세계 최강 몽골의 침략 전쟁에서 세 차례나 승리한 것은 베트남 민족에게 커다란 자긍심을 심어주었고, 내부적으로는 민족적 단결력을 강화시켰다.

그러나 연이은 전쟁으로 피해도 적지 않았다. 쩐 왕조 군대는 후퇴하면서 몽골군이 사용할 만한 모든 군수물자와 식량을 소각함으로써 적군을 지치게 하는 청야전술淸野戰術을 구사했는데, 이는 전쟁이 끝나고 고향으로 돌아온 병사와 백성들이 큰 고통을 겪는 원인이 되었다. 또한 전후 재건을 위한 과중한 세금은 백성들에게 큰 부담이 되었고, 공신들에게 나눠준 공전功田으로 농사를 지을 토지가 부족해진 백성들은 생활이 피폐해졌다. 거기에 더해 전쟁 이후 귀족의 권력이 강화되면서 쩐 왕조의 통제력이 약화되었다. 이러한 요인이 겹쳐 쩐 왕조는 쇠퇴하게 되었다.

하지만 그럼에도 불구하고 몽골의 압박 속에서도 끝내 입조 이행을 거부하고 침략에 맞서 승리한 것은 베트남 민족의 자존심이자 민족성의 표상이다. 오늘날 베트남 사람들은 종종 "우리는 3대 강국을 무력으로 싸워서 승리한 나라"라고 자랑스럽게 말한다. 13세기에 몽골, 20세기에 프랑스와 미국과 싸워 승리한 경험과 그 자부심은 앞으로도 베트남인들의 가슴속에서 임전무퇴의 기상으로 용솟음칠 것이다.

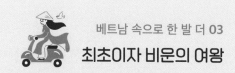

# 최초이자 비운의 여왕

## 리 왕조 최후의 군주, 찌에우호앙

베트남 역사에는 기막힌 운명 속에 살다간 비운의 여왕이 있다. 아마 세계사에 둘도 없는 유일한 기록이지 않을까 싶다. 바로 리 왕조 마지막 9대 여왕의 이야기다. 그녀는 공주로 태어나 7세에 여왕이 되었다가 왕비가 되었고, 폐비가 되었다가 타의에 의해 재가하여 한 장군의 부인이 됐을 만큼 기구한 운명의 소유자였다. 지금부터 그 이야기 속으로 들어가보자.

여담으로 베트남 리李씨 왕조의 왕자 두 명이 12세기와 13세기에 각각 고려로 망명한 일이 있다. 리 왕조 4대 년똥仁宗의 아들, 리즈엉꼰李陽焜 왕자가 고려로 망명해 정선旌善 이씨의 시조가 되었고, 6대 아인똥英宗의 아들 리롱뜨엉李龍祥 왕자가 황해도 옹진군 화산면에 정착하여 화산花山 이씨의 시조가 되었음은 널리 알려진 사실이다.

이 두 왕자가 나고 자란 베트남의 리 왕조는 1009년 리꽁우언李公蘊에 의해 세워졌으며, 리 왕은 이듬해 닌빈성 호아르에서 다이라성으로 천도하고 그곳의 이름을 탕롱으로 바꾸었다. 탕롱은 1831년 응우옌 왕조 민망明命왕이 행정구역을 하노이성省으로 개편해 오늘까지 이르고 있으므로 따지고 보면 하노이는 베트남의 수도가 된 지 1014년이 되었다. 리씨 왕조의 두 왕자는 국내의 정치 상황이 급변하자 목숨을 구하기 위해 필사적으로 탈출해 한반도에 정착하게 된 것이다. 리 왕조는 216년간 존속했던 베트남 최초의 장기 왕조였는데, 이후에 쩐陳 왕조로 이어지는 과정이 매우 특이하다.

리 왕조 말엽 6대 임금 아인똥은 겨우 3세의 나이로 즉위했고, 그 뒤를 이은 7대 까오똥高宗 역시 3세에 왕위에 올랐다. 두 왕 모두 나라를 다스리기에는 나이가 너무 어렸으나 다행히 또히엔타인蘇憲誠이라는 충신이 이들을 잘 보필하고 조정을 잘 이끌었으므로 정치 상황은 한동안 안정될 수 있었다. 하지만 그가 사망한 이후에는 간신들이 득세하기 시작했다. 간신들은 감언이설로 왕을 현혹하여 궁궐을 새로 짓고, 궁중에서 연회를 일삼아 재정은 파탄이 났으며, 관리는 부패해 수탈을 일삼아 백성들이 살기가 어려워졌다.

결국 여러 지방에서 민란이 발생했고, 왕은 몽진蒙塵, 즉 피난을 가고 태자는 지방 세력가인 쩐리陳李의 집에 의탁해 목숨을 부지하게 되었다. 쩐리는 고기잡이와 소금 장사로 부를 축적한 거부였다. 그는 태자를 자신의 딸과 결혼시켰으며, 사병을 동원하여 민란을 진압했다. 이에 몽진을 갔던 까오똥은 궁으로 돌아왔으나 오래지 않아 병으로 세상을 떠났고, 16세의 태자가 왕위를 이어받았다. 그가 바로 8대 후에똥惠宗이다. 하지만 후에똥은 병약했고, 나중에는 정신까지 이상해져 출가하지 않은 7세 둘째 딸 펏낌佛金에게 왕위를 물려주고 불문에 귀의했다. 그는 승려가 되었으나 33세에 스스로 목숨을 끊고 말았다. 그리고 후에똥이 왕위를 물려준 펏낌이 바로 이 이야기의 주인공이자 리 왕조의 9대 왕 찌에우호앙昭皇이다. 그녀는 봉건 베트남 군주국가 역사상 최초의 여왕이다.

당시 실권자는 쩐리의 사촌 동생 쩐투도陳守度였는데 그는 기울어져 가는 조정에서 군권을 장악하고 무소불위의 권한을 행사했다. 그는 왕권을 빼앗을 목적으로 여왕을 쩐리의 8세 아들 쩐까인陳煚과 결혼시킨 뒤 얼마 지나지 않아 여왕으로 하여금 남편인 쩐까인에게 왕위를 넘기는 조서를 내리게 했다. 쩐투도는 어린 여왕에게 "폐하, 이제 그만 양위하시옵소서!"라고 예의를 가장해 협박했지만 찌에우호앙은 보호해줄 세력이 없었고, 조정의 대신들은 쩐투도의 위세에 눌려 말 한마디 할 수 없었다. 찌에우호앙은 어쩔 수 없이 남편에게 양위했고, 이로써 리 왕조는 막을 내리고, 쩐 왕조가 시작되었다. 베트남 역사상 전무후무한 무혈 역성혁명이 벌어진 것이다.

이에 아인똥의 아들인 리롱뜨엉 왕자, 즉 찌에우호앙의 종조부는 나라가 망하자 1226년에 조상의 제기祭器를 배에 싣고 망명길에 올랐고, 그 결과 도착한 곳이 황해도 옹진군 화산면이었다. 그렇게 그는 화산 이씨의 시조가 되었다.

### 왕에서 왕비가 되다

한편, 찌에우호앙은 본인의 의사와 전혀 관계없이 리 왕조 마지막 왕으로서 왕위를 남편 타이똥太宗에게 넘겨 쩐 왕조의 왕비가 되었다. 그야말로 세계사에서 희귀한 주인공이 된 것이다. 하지만 곡절은 여기서 끝나지 않았다. 찌에우호앙은 어린 첫 아들을 잃고 나서 대를 이어갈 자식을 낳지 못했는데, 이에 쩐투도는 타이똥으로 하여금 그녀의 친언니 투언티엔順天 공주를 왕비로 삼게 했다. 타이똥은 처형이자 임신 3개월의 형수를 아내로 맞이함으로써 패륜을 저지르게 되어버렸다. 찌에우호앙에게는 참을 수 없는 모욕이자 고통이었다.

한편 아내를 동생에게 빼앗긴 타이똥의 친형 쩐리에우陳柳는 화가 나서 반란을 일으켰으나, 곧바로 진압되고 말았다. 타이똥 또한 형의 죄를 묻지 않고, 현재의 꽝닌성 지역 일부를 식읍으로 주고 조용히 살 수 있도록 은전을 베풀었다. 하지만 장남으로 태어났으나 왕도 못 되고, 사랑하던 아내마저 동생에게 빼앗긴 한이 뼈에 사무쳐서일까. 쩐리에우는 41세의 나이로 세상을 하직하면서 아들 쩐꾸옥뚜언陳國峻에게 나라를 빼앗으라는 유언을 남겼다. 하지만 쩐꾸옥뚜언은 부친의 유언을 실행에 옮기지 않았으며, 오히려 세 차례에 걸친 몽골의 침략을 막아내며 나라를 지켰다. 이 쩐꾸옥뚜언이 바로 베트남의 구국영웅 쩐흥다오 장군이다.

타이똥은 찌에우호앙이 40세가 되던 1258년 구정에 큰 잔치를 베풀고, 폐비가 되어 깊은 궁궐에서 혼자 살고 있던 그녀를 레푸쩐黎輔陳 장군과 결혼하도록 명했다. 레푸쩐은 몽골의 1차 침략을 막아내는 데 큰 공을 세운 장군이었고, 쩐 왕조의 타이똥, 타인똥, 년똥 3대에 걸친 왕을 보필한 인물이다.

## 찌에우호앙에 대한 역사적 평가

이렇게 찌에우호앙은 공주로 태어나 여왕의 자리에 올랐으나 왕위를 넘기고 쩐 왕조 타이똥의 왕비가 되었으나, 폐비가 된 후 레푸쩐 장군의 아내가 되는 등 굴곡진 삶을 살았다. 찌에우호앙은 레푸쩐 장군과의 사이에서 두 자녀를 낳고 살다가 60세의 나이로 눈을 감았다. 인류 역사에 이와 같은 스토리의 주인공은 전에도 없었고, 앞으로도 없을 것이다.

한편, 박닌성, 딘방마을에 있는 리 왕조의 종묘宗廟인 리밧데李八帝에서는 9대 왕인 찌에우호앙을 제외한 8명의 왕을 모시고 제례를 올린다. 후손들은 그녀를 리 왕조의 왕으로 예우조차 하지 않음으로써 나라를 망하게 한 무능한 왕에게 준엄한 역사의 심판을 내리고 있는 것이다.

**여행자를 위한 정보 ①**

# 하장성에는 천국문이 있다

### 배낭여행객들이 꿈꾸는 곳, 하장성

베트남과 인연을 맺은 지 어언 35년이 지났다. 무역 일로 시작한 베트남과의 인연이 이제는 두 나라 사이의 교역과 교육 공조 등으로까지 확대되었고, 덕분에 베트남 구석구석을 다닐 기회가 있었다. 그 가운데 깊은 인상을 남긴 곳들을 중심으로 여행자를 위한 정보를 소개하려고 한다.

그 첫 번째는 베트남 최북단의 하장河江성이다. 세계 배낭족들이 가보고 싶어 하는 세계 20대 여행지 가운데 4위에 올라 있는 지역이며, 이 지면에 소개하게 될 곳은 나도 적어도 네 번 이상 가보았다. 갈 때마다 느끼는 바이지만 이국적이면서 동양적인 정취가 물씬 풍기는 곳이다.

하장성은 북쪽으로 중국의 장족 자치주인 윈난성, 광시성과 274킬로미터에 달하는 국경을 접하고 있는 베트남 최북단 성이다. 베트남 국가안보 측면에서 매우 중요한 위치에 자리하고 있음에도 접근성이 좋지 않아 경제가 낙후되어 있다. 63개 지방정부 가운데 인구 면에서 48위, 소득이 가장 낮은 6개 성에 속해 있다는 사실이 열악한 경제 상황을 증명하고 있다.

성도省都인 하장시는 하노이와 320킬로미터 떨어져 있고, 아열대기후에

속해 있으나 고산지대는 온대기후의 특성을 띠고 있다. 겨울철에는 기온이 영하 5도까지 내려가고 눈도 내려 동양의 알프스산맥이라 할 정도로 산악 지방의 위용과 설경을 자랑한다. 산세가 험하여 끝없이 굽이굽이 이어지는 도로를 차로 여행하는 데는 나름대로의 용기가 필요하다. 하장성에는 2,419미터 높이의 최고봉 서곤령이 있고, 희귀한 동식물이 많이 서식하고 있어 생태자원의 보고다. 특히 천여 종류의 약초 생산지로도 유명하다.

20여 종족이 살고 있는 하장성은 인구가 약 93만 명으로 몽족(33%), 따이족(23%), 자오족(15%), 비엣족(13%), 눙족(10%) 순으로 분포되어 있다. 성 전체에는 7개의 종교가 있는데, 개신교 신도가 가장 많고, 그 뒤를 이어 유교, 불교, 회교, 까오다이교, 호아호아교, 명리교 순으로 분포되어 있다.

하장 지역은 17세기 말 타이족 족장이 중국에 바쳤다가 1728년에 일부를 되돌려 받았고, 프랑스 식민지배 기간인 1895년에서야 오늘날과 같은 국경이 형성되었다. 이곳이 세계 배낭족들이 가보고 싶어 하는 세계 20대 여행지 가운데 4위에 올라 있는 것은 2010년 10월 유네스코에서 세계지질공원으로 공인한 동반지질공원이 있기 때문이기도 하다.


### 하장성의 필수 코스, 꽌바현의 천국문

꽌바현의 천국문에 들르지 않으면 하장성을 본 것이 아니라는 말이 있다. 천국문 지역은 지세가 험준하고 1년 내내 비와 안개로 가려져 있어 "눈으로 서로 보고, 만나는 데 반나절이 걸린다", "세 발걸음 걸어갈 평평한 땅도 없고, 햇빛 쨍쨍한 사흘이 없다"라는 말이 이 지역의 날씨와 지세를 대변해준다. 꽌바현에 있는 천국문을 오르면 구름이 발아래 펼쳐져 있어서 마치 천국으로 여행 온 듯한 착각에 빠지게 된다.

## 최북단 룽꾸 국기게양대에 담긴 자부심

하장성에서 천국문 못지않게 유명한 곳으로 룽꾸Lũng Cú 국기게양대가 있다. 이곳은 '베트남의 지붕'이라 불리며 동반현에 있는 해발 1,470미터의 롱龍산 정상에 있다. 이곳에서 직선거리로 3.3킬로미터만 북쪽으로 올라가면 중국 땅이다. 국기게양대에 올라 아래를 내려다보면 양쪽으로 1년 내내 마르지 않는 2개의 연못이 있다. 사람들은 이 두 연못을 가리켜 '용의 눈'이라고 한다.

룽꾸 국기게양대는 11세기 리 왕조 때부터 세워져 송나라의 적정을 살피는 감제고지 역할을 해왔고, 여러 차례 중수되었다. 현재의 국기게양대는 2010년 9월 25일에 준공되었다. 국기게양대 바닥 면적은 베트남의 54개 민족을 의미하는 54제곱미터, 게양대의 높이는 30미터, 이곳으로 올라가는 계단은 모두 839개이다. 국기게양대의 원형 받침 탑 내부 계단을 타고 올라가면, 첩첩산중을 지나 중국과 베트남의 경계에서 동반지질공원의 장려함을 한눈에 볼 수 있다. 이곳은 베트남 국력의 상징이자 주권 회복을 위해 희생한 영웅 전사들의 애국심을 후세에 전하는 장소이기도 하다.

## 가을의 메밀꽃밭과 계단식 논의 절경

10~11월 사이에 하장성에는 메밀꽃이 만개하는데, 이는 유채꽃만큼이나 아름답다. 또한 세계 최고 수준의 계단식 논에서 벼가 익어갈 즈음에 이곳에 가면 굽이굽이 도는 산악 도로의 아찔한 절경과 함께 무릉도원 같은 선경仙境이 관광객들의 넋을 앗아갈 것이다. 이곳에서 소수민족이 운영하는 사우나탕에 들어가 장작불로 데운 물로 여독을 풀면서 창밖으로 고산 준봉을 감상하는 묘미는 무엇과도 바꿀 수 없는 추억을 간직하게 해준다.

　베트남의 관광산업은 성장 잠재력이 매우 크다. 앞으로 베트남은 세계문
화유산을 바탕으로 아시아를 넘어 세계적인 관광지로 발전해나갈 것이다.
천혜의 자연경관, 다양한 음식과 볼거리에 저렴한 여행비가 앞으로도 관광
객의 발걸음을 재촉할 것이기 때문이다. 그 가운데 하장성의 풍광은 여행자들
의 이목을 끌기에 충분하다. 게다가 이곳 사람들의 순박함이 다시 오고 싶은

하장성 계단식 논의 아름다운 모습. 사계절 다른 모습을 보여주는 풍광을 보고 있자면 마치 무릉도원에 와 있는 듯한 느낌이 든다.

마음의 씨앗으로 남아 메밀꽃 향기와 함께 오랫동안 깊은 여운을 남기게 될 것이다. 하장성 여행은 '천국이 하장성에 있다'는 말을 실감케 해줄 것이다.

2장

# 동남아시아의 유교 국가

# 쩌우까우를 결혼 예물로
# 보내는 사연

**베트남의 결혼 시즌은 11월부터**

예부터 인생에서 가장 중요한 네 가지를 관혼상제冠婚喪祭라 했다. 베트남 생활이 길어지면서 자연스럽게 베트남 현지인들과 친분이 두터워지고, 지인 본인과 그 자녀의 결혼에까지 초대받는 일이 많아졌다. 특이한 건 특정한 시기에 청첩장이 몰려온다는 점이다. 베트남에서는 건기가 시작되는 11월부터 이른바 결혼식 시즌이 시작되는데, 그러다 보니 10월부터 청첩장이 하나둘 들어오기 시작한다. 그렇게 청첩장을 받고 지인의 경사에 기쁜 마음으로 참석하며 보니 이들의 전통혼례가 그다지 낯설지 않다. 마치 우리의 전통혼례식과 어느 정도 비슷한 면이 많았기 때문이다.

한 나라의 전통혼례식을 들여다보면 그 민족문화의 정수를 맛볼 수 있다. 그 안에 민족 고유의 독특한 문화가 녹아 있기 때문이다. 문헌에 따르면 고대 베트남 최초의 부족국가인 반랑국에서는 수혼嫂婚, 형사취수제兄死取嫂制가 있었는데 형이 자식 없이 죽으면 동생이 형수를 아내로 맞이하는 풍습을 말한다. 또한 한 명의 부인에 남자 여럿이 결혼하는 다부일처多夫一妻의 풍습도 있었다.

이러한 풍습은 흉노족 같은 유목민족에게서 많이 발견되며, 고구려에도 형사취수제도가 있었다는 기록이 있다. 또한 구약성경의 창세기와 신명기를 보면 고대 유대인에게서도 그러한 전통이 있었다는 것을 알 수 있다. 이는 형제의 후사後嗣를 이어주는 차원을 넘어 그 가문이나 유산을 유지할 수 있게 하고, 사회보장제도가 발달하지 못한 고대사회에서 자식 없는 과부를 보살펴 준다는 취지도 있었다.

### 여섯 가지 절차에 따라 진행되는 혼인

베트남은 중국 유교문화의 영향을 받아 《주례朱禮》, 《의례儀禮》, 《예기禮記》 3권의 책을 근간으로 관혼상제의 통과의례를 진행했는데, 그러다 보니 한국의 전통 관혼상제와 그 절차가 거의 똑같다. 지금부터 한번 들여다보자.

베트남 전통혼례는 여섯 가지 단계인 육례六禮에 따라 진행되는데 그 시작은 중매쟁이다. 중매쟁이가 신랑과 신부의 집을 오가며 양가의 혼인 의사를 타진하고 긍정적인 결과가 예상되면 신랑 측에서 첫 번째 혼서와 함께 기러기나 거위를 신부 측에 보내 혼인 의사를 정식으로 전달한다. 이를 납채納采라고 하는데 요즘은 주로 목각으로 된 기러기나 거위를 대신 사용한다. 기러기를 사용하게 된 이유에는 몇 가지 설이 있다. 1) 기러기는 음양을 따라서 남북으로 왕래하기에 음양에 순응하는 습성이 있기 때문이라는 설, 2) 기러기는 두 번 짝을 짓지 아니하기 때문에 사용했다는 설, 3) 소식을 전하는 전령조傳令鳥의 역할로 택했다는 등의 설이 존재한다.

혼인 의사를 정식으로 전달하고 나면 신랑 측에서 혼인 날짜를 정해 중매쟁이를 통해 두 번째 혼서와 함께 '쩌우까우'라는 식물과 술을 보낸다. 이때 신부의 생년월일과 신부 어머니의 이름을 묻는다. 이는 어머니의 자녀 양육 방식이 딸의 성격에 큰 영향을 미치기 때문인데, 사람들은 부도덕한 어머니 혹은 그러한 어머니를 둔 딸을 부인이나 며느리로 맞이하는 것을 꺼렸기 때문에 이뤄지는 절차다. 신랑 집에서는 신부와 신부 어머니의 이름과 나이를 받아 점을 치고, 점괘가 좋으면 두 남녀가 혼인이 적합하다는 것을 반터 또는 사당에 고하고, 신부 측에 예물을 보내면서 그 결과를 통보한다. 이를 납길納吉이라고 한다.

납길이 끝난 후 신랑이 신부 측에 세 번째이자 마지막 혼서를 보내 성혼 날짜를 청하는 것을 청기請期라고 한다. 세 번째 혼서에서는 신랑 측에서 택한 날짜 서너 개를 일러주고 신부 측에서 그중에서 적합한 날짜를 택하도록 의견을 묻는다. 신부 어머니는 딸에게 택일에 대한 의사를 은밀히 타진하는데, 이는 딸의 신체 상태를 물어 깨끗한 날을 택하기 위해서라고 한다.

혼인날이 결정되면 신랑은 신부의 집으로 혼수품을 보내 혼인의 증명으로 삼는데, 이를 납폐納幣라고 한다. 예물로는 쩌우까우, 차茶, 술, 바인이라는 이름의 전통 떡, 장신구, 붉은 양초와 약간의 현금이 주종을 이룬다.

마지막 절차로 신랑은 신부의 집으로 가 혼례를 치르고 신부를 맞이해 온다. 오늘날의 결혼식에 해당한다. 신랑은 혼수로 의복, 보석, 술, 차, 쩌우까우 등의 예물을 신부의 집에 가지고 가서 신부 조상의 반터에 놓고 예를 올린다. 그리고 신부 부모에게 신부를 낳아 길러준 은혜에 감사의 예를 표하고 신부와 함께 신랑 집으로 돌아온다.

신랑 집에서는 대문 앞에 화로를 피우고 신부를 기다린다. 신부가 이 화로를 밟고 지나가면 신부를 괴롭히던 악령, 신부를 향한 독설이나 악담이 타서 없어진다고 믿기 때문이다. 신부가 신랑의 집안 어른 및 친척들에게 인사한 뒤에는 반터에서 백년가약을 맺어준 응우옛라오月老에 감사하는 떼떠홍紅絲祭을 올린다. 제문을 읽고, 쩌우까우의 기원이 된 주인공 띤과 랑 두 형제, 띤의 부인에 대한 형제애와 부부애를 기린다. 이후 신랑과 신부는 각각 네 차례의 고두례叩頭禮, 한 차례의 읍揖을 한다.

2008년, 가르치는 학생들에게 베트남의 결혼 문화를 소개하고자 캠코더를 들고 하노이대학 강사 일을 하고 있던 지인의 아들 결혼식에 참석한 적이 있다. 그때 들여다보니 대개 베트남 결혼식에는 세 번의 행사가 있다. 친인척들만 모여서 신부 집에서 한 번, 신랑 집에서 한 번, 그리고 별도로 날을 잡아 직장 동료, 친구 들을 초청하여 피로연을 연다. 신랑과 신부는 사람들이 앉은 식탁을 돌며 감사 인사를 하고, 그 식탁의 연장자가 대표로 덕담을 하며 축의금을 전달한다. 지방에 따라 집안에 따라 약간 다르기는 하지만 요즘은 바쁜 현대사회에 맞게 대체로 청혼, 약혼식, 결혼식으로 간소화되어 진행되기도 한다.

## 우애와 부부애의 상징, 쩌우까우

베트남은 54개 민족으로 구성된 다민족국가로 민족마다 각기 조금씩 다른 독특한 통과의례가 있다. 그중에서도 공통적인 혼례 예물이 있는데 쩌우까우, 차茶, 술, 바인, 약간의 돈, 귀걸이, 장신구와 붉은 양초 등이 그것이다. 이 가운데 쩌우까우, 술, 바인은 결코 빠져서는 안 되는 필수 예물이다. 쩌우까우는 줄기가 담쟁이처럼 어떤 것에 의지하여 살아가는 식물이다. 이를 선물하는 것은 부부가 서로 의지하고 백년해로 하라는 의미를 담고 있다. 이 쩌우까우에도 재미있는 설화가 전해 내려오고 있다.

홍브엉 시대의 4대 왕 홍지엡 재위 당시, 떤과 랑이라는 형제가 살았다. 두 형제는 어렸을 때 부모를 여의어 이웃에 사는 르우 씨의 도움을 받아 성장했다. 르우 씨 집에는 두 형제와 같은 또래의 딸이 하나 있었는데 두 형제는 모두 이 낭자의 아름다움에 반했다. 세월이 흘러 아가씨는 두 형제 가운데 형과 결혼키로 마음을 먹게 되었다.

그런데 두 형제는 쌍둥이처럼 닮아 누가 형제고 아우인지 쉬이 구분할 수 없었다. 하여 낭자는 두 형제가 밥 먹는 것을 지켜보며 누가 젓가락을 집어서 상대방에게 건네주는지 살펴보기로 했다. 젓가락을 건네주는 쪽이 아무래도 형일 것이라고 생각했기 때문이다. 어느 날 낭자는 밥 한 사발과 젓가락만 상에 놓아 가지고 갔다. 밥상을 받은 떤은 젓가락을 동생인 랑에게 주며 밥을 권했다. 이에 낭자는 젓가락을 건네준 떤과 결혼했다.

그런데 문제가 생겼다. 어느 날 부인은 일을 일찍 마치고 어둑어둑한 저녁나절에 돌아온 시동생을 남편으로 착각하고 힘껏 껴안고 말았다. 마침 집으로 돌아오던 편이 이를 목격하게 되었는데, 본의 아니게 형과 불편한 관계를 지속할 수가 없었던 랑은 집을 떠나기로 했다. 랑은 이곳저곳을 방황하다가 어느 강가에 도착했는데, 배도 고프고 몸도 지치고, 의지하며 살던 형과 헤어지게 된 마음의 아픔으로 땅에 쓰러져 그 자리에서 숨을 거두고 말았다. 동생 랑은 죽어서 커다란 바위로 변해 그 자리에 남았다.

한편, 편은 동생을 떠나보낸 자신을 자책하면서 동생을 찾으러 집을 나섰다. 그 또한 이리저리 방황하다가 우연히 바위로 변한 동생 앞에 이르렀다. 그는 동생을 찾아 보기 위해 바위 위로 올라갔다. 동생의 화신이었던 바위는 따뜻하게 형을 맞이했다. 지친 형도 결국 바위에서 쉬다가 바위를 껴안고 숨을 거두었다. 그리고는 바위 옆에 커다란 까우나무로 변했다.

한편, 부인은 오랫동안 남편이 돌아오기만을 기다리다가 그럴 기미가 보이지 않자 남편을 찾아 나섰다. 부인도 이곳저곳을 돌아다니며 남편을 찾아 헤매다가 어느 날 저녁, 무서운 짐승을 피해 한 곳에 다다랐는데 바로 까우나무와 바위 옆이었다. 배고픔에 지친 부인은 까우나무에 기대어 쉬다가 그 자리에서 숨을 거두고 말았다. 이후 부인은 쩌우라는 식물로 변했고, 그 덩굴이 까우나무를 타고 올라가며 자랐다.

이 사실을 알게 된 마을 사람들은 그곳에 사당을 짓고 형제간의 우애와 부부애를 기렸다. 어느 해인가 극심한 가뭄이 들어 세상의 온갖 초목들이 다 말라 죽었지만 이상하게도 까우나무와 쩌우 덩굴만은 생생히 살아 있었다. 어느 날 지방을 순시하던 홍브엉은 까우나무와 사당에 얽힌 이야기를 듣고 매우 감동했다. 그는 까우 열매를 먹

어보았는데, 열매는 매우
썼지만 쩌우 잎과 함께 싸
서 먹으니 단맛이 났다.
그리고 그 즙은 빨간 빛을
띠며 홍브엉의 입에서 흘
러 바위로 떨어졌다. 그
는 그 바위에서 나온 가루
와 쩌우와 까우를 함께 먹
어 보았는데 몸이 따뜻해
지면서 신기한 맛이 났다.
감동받은 왕은 진정한 사
랑만이 이러한 감정을 느

쩌우까우의 모습. 큰 잎사귀가 쩌우(구장),
열매가 까우(빈랑)이다.

끼게 할 수 있다며, 전국에 쩌우와 까우를 심도록 명했다. 가뭄으로
굶주린 사람들은 쩌우 잎과 까우 열매, 불볕더위와 가뭄으로 달구어
진 바위의 가루를 섞어서 먹고 허기를 잊고자 했다.

그때부터 쩌우까우는 변함없는 부부애와 우애의 상징으로 결혼
식에 빼놓을 수 없는 예물이 되었다. 산악 지방이나 벽지를 여행하다
보면 까만 치아를 가진 여인들을 목격하게 되는데, 쩌우까우를 오랫
동안 먹어서 이가 검게 변한 것이다. 이처럼 쩌우까우를 먹는 풍습은
약 3천여 년의 역사가 깃든 오랜 풍습이다.

또한, 결혼 예물 중 차茶를 필수 품목으로 꼽는 것은 차는 씨를
한 번 심고 나면 옮겨 심을 수 없기 때문이다. 옮겨 심으면 다시 살아
나지 않는다 하여 차는 오직 한 사람만을 따른다는 의미를 지니고 있

다. 신랑은 신부가 오직 자신만을 믿고 따르고 재가하지 않기를 바라는 희망을 담아 차를 전하는 것이다. 술은 잔치에 즐거움을 더하기 위해 빠질 수 없는 것이고 말이다.

### 오늘날 베트남 젊은이들의 연애와 결혼

여느 나라와 마찬가지로 현대를 살아가는 베트남 젊은이들은 연애결혼을 많이 한다. 결혼연령이 20대 전후에서 30대 전후로 점차 높아지고 있으며, 아파트 단지를 보면 뛰어 노는 아이들과 직장 다니는 자녀를 위해 손주를 돌봐주는 할머니들로 놀이터는 늘 북적인다. 사위나 며느리가 배우자의 부모들과 친자식처럼 서로를 아끼고 나누며 살아가는 모습이 내심 정겹다. 베트남에도 한국처럼 시집살이와 처가살이의 개념은 있지만 요즘은 결혼하면 분가하는 게 보통이라 집안의 불협화음이 많이 줄었다고 한다.

또한 베트남 젊은이들도 결혼 조건으로 개인의 능력을 많이 보고 있다고 한다. 여자들은 남자가 안정적인 직업을 갖고 있어야 한다고 생각하고, 남자들은 여자의 외모뿐만 아니라 직업도 중요 조건으로 생각하는 사람이 많다.

중매결혼은 전문 업체가 아니라 대개 지인들을 통해서 소개를 받는다. 최근에는 부부의 이혼율도 높아지는 추세고, 미혼모로 사는 사람도 있다. 사회가 복잡다단해지면서 덩달아 성공한 남자들의 불륜이 늘어 불화가 생기는 일이 잦기 때문이다. 어느 곳이든지 사람 사는 곳은 비슷한 모습을 보이게 마련이다.

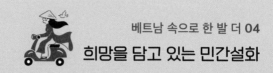

## 희망을 담고 있는 민간설화

### 민족의 정서를 대변하는 다양한 민간설화

반만년의 역사를 가진 베트남은 그 오랜 역사만큼 예로부터 전해오는 이야기가 많다. 이렇게 입에서 입으로 전해오며 오래 생명력을 갖고 이어지는 이야기는 그 민족의 사상과 감정을 대변하고 있다고 볼 수 있다. 전설은 시간의 흐름 속에서 수없이 여과되면서 군더더기가 사라지고 핵심 내용만 남은 것이기도 하다. 우리는 그 안에서 현실의 삶에 좌절하면서도 꿈을 찾아 살아가려는 사람들의 희망과 의지를 엿볼 수 있다. 베트남 사람들에게 전설은 감성을 풍부하게 해주고, 민족의 동질성을 강화해 주는 보약과 같은 존재이다. 이번에는 베트남 구전설화 가운데 그들의 민족적 정서를 엿볼 수 있는 몇 가지 사례를 들여다보자.

### 계수나무가 달에 올라간 까닭, 나무꾼 꾸오이 이야기

푸른 하늘 은하수 하얀 쪽배엔
계수나무 한 나무 토끼 한 마리.
돛대도 아니 달고 삿대도 없이
가기도 잘도 간다. 서쪽 나라로.

윤극영이 작사 · 작곡한 우리 동요 〈반달〉의 노랫말이다. 어린 시절 누구나 듣고 불러 봤을 법한 이 노래의 가사에는 한 가지 재미난 이야기가 담겨 있다. 달에 계수나무와 토끼 한 마리가 살고 있다는 것이다. 그런데 그 누구도 하늘 높이 떠 있는 달나라에 어떻게 계수나무와 토끼 한 마리가 올라갔는지는 알려주지 않는다. 그런데 흥미롭게도 베트남의 설화에서 그 실마리를 찾을 수 있다. 단, 계수나무 옆에 있는 것이 토끼가 아니라 나무꾼 꾸오이 아저씨라는 점이 다를 뿐이다. 이처럼 달을 보며 느끼는 감정과 상상력이 비슷하면서도 담고 있는 이야기가 다른 점이 재미있다.

아주 먼 옛날에 꾸오이라는 이름의 나무꾼이 살고 있었다. 어느 날 꾸오이는 평상시와 같이 도끼를 메고 깊은 산속으로 나무를 하러 갔다. 그렇게 발길을 옮기던 와중에 물이 흐르는 작은 계곡에 이르렀는데 그의 눈에 호랑이 굴이 들어왔다. 소스라치게 놀란 그가 조심스레 앞뒤를 살피니 호랑이 새끼 두 마리가 장난을 치며 놀고 있었다. 꾸오이는 이 두 호랑이 새끼를 잡아다가 집에서 기르려고 품에 안았다. 바로 그때, "어흐흥, 어흐흥!" 하는 호랑이의 울음소리가 멀리서부터 들려 왔다. 먹이를 구하러 나갔던 어미 호랑이가 돌아오고 있었던 것이다. 기겁한 꾸오이는 새끼 호랑이를 홱 집어던지고는 옆에 있는 높은 나무 위로 황급히 올라가지 않을 수 없었다. 나무 위에 올라가 밑을 내려다보니 돌아온 어미 호랑이가 두 마리의 새끼 호랑이 옆에서 어쩔 줄을 모르고 있었다. 호랑이 울음소리에 놀라 꾸오이가 내동댕이친 새끼 호랑이가 죽어버린 것이다.

새끼의 주검 앞에서 안절부절 못하던 어미 호랑이는 잠시 후 꾸오이가 숨어 있는 나무 근처를 어슬렁거리더니 나뭇잎 하나를 따서 입에 물고 왔다. 그러고는 나뭇잎을 씹어서 새끼들의 주둥이로 억지로 밀어 넣었다. 그렇게 잎 한 입을 채 먹이기도 전에 새끼 호랑이 두 마리가 벌떡 일어나더니 어미를 향해 꼬리를 흔들어대는 게 아닌가! 그 모습을 보고 놀란 꾸오이는 호랑이가 새끼들을 데리고 멀리 사라지자 나무에서 내려와 그 신기한 나무를 뿌리째 캐서 등에 지고 집으로 향했다.

집으로 돌아오는 길에 꾸오이는 한 노인이 풀 위에 쓰러져 있는 것을 발견했다. 죽은 것 같아 보였다. 그는 주저 없이 갖고 온 나무의 잎을 씹어 그 노인의 입에 넣었다. 아니, 그런데 이게 웬일인가! 그 즉시 노인이 눈을 번쩍 뜨고 일어나 앉았다. 참으로 신기한 일이었다. 살아난 노인은 어찌 된 영문인지를 물었고 꾸오이는 자초지종을 설명해주었다. 이 말을 듣고 노인이 말했다.

"저런 신기한 일이 있나! 이것은 바로 죽은 사람을 기사회생시킨다는 신성한 나무요! 하늘이 당신에게 어려운 사람들을 살리라고 내린 값진 선물이니, 이 나무를 잘 돌봐야 할 것이오. 다만 깨끗한 물만 주어야 하고 만약에 더러운 물을 주면 나무가 저 하늘로 날아가 버릴 것이오!"

노인은 말을 마치자마자 지팡이를 짚고 어디론가 사라져버렸다. 꾸오이는 신기한 일이라고 생각하면서 나무를 등에 지고 집으로 돌아왔다. 그러고는 나무를 마당 한가운데에 심었다. 노인이 한 말을 잊지 않고 언제고 깨끗한 샘물만 퍼서 나무에 주었고, 부인에게도 절대로 지저분한 물을 주어서는 안 된다고 신신당부를 했다. 꾸오이는 그 날 이후로 이 신기한 효험의 나뭇잎을 통해 많은 사람의 생명을 구했고, 이윽고 그 소문은 방방곡곡으로 퍼져나갔다.

그러던 어느 날 오후, 꾸오이가 나무를 하러 산에 가서 없을 때, 그의 부인은 마당으로 나가서 남편의 신신당부를 까맣게 잊은 채, 그만 구정물을 뿌려버렸다. 아뿔싸! 갑자기 땅이 진동하고 일진광풍이 불면서 '우드득' 소리를 내더니 뿌리가 뽑힌 나무가 서서히 하늘을 향해 떠오르기 시작했다. 마침 나뭇짐을 지고 집에 돌아오던 꾸오이는 이 놀라운 광경을 목격하게 되었다. 그는 황급히 나뭇짐을 벗어던지고 뛰어와 하늘로 올라가는 나무를 잡으려 안간힘을 썼다. 그러나 나무는 이미 사람의 머리 높이만큼 올라가 있었고, 다급해진 꾸오이는 도끼로 나무 밑동을 찍어 잡아당겼으나 나무는 내려오기는커녕 계속해서 하늘로 날아 올랐다. 신비한 나무를 잃어버리고 싶지 않았던 꾸오이는 결국 도끼 자루에 매달린 채, 나무와 함께 달나라까지 올라가고 말았다.

그때부터 꾸오이는 이 신비한 나무와 함께 달나라에 살게 되었다. 그래서 달을 쳐다보면 고목나무 뿌리에 한 사람이 쭈그리고 앉아 있는 것 같은 형상을 볼 수 있는 것이다. 베트남 사람들에게는 '계수나무 한 나무, 토끼 한 마리'가 아니라 '계수나무 한 나무, 불쌍한 꾸오이 아저씨'가 달에 살고 있는 것이다.

## 거북이가 칼을 되돌려 준 호안끼엠호수 이야기

하노이 시내 중심지 하노이인민위원회 청사 앞에는 호안끼엠호수가 있다. 이 호수는 하노이 시민들에게서 많은 사랑을 받는 아름다운 곳이지만 전설로 더 유명하다. 호안끼엠호수는 베트남어로 호호안끼엠湖還劍이라 하고, 호그엄湖劍이라고도 한다. 그렇다면 왜 사람들은 이 호수를 호안끼엠이라는 이름으로 부르게 되었을까?

원래는 사철 내내 초록빛을 띠는 물이라 하여 룩투이綠水라 불렸다고 한다. 그 당시의 이야기다. 1418년 호씨 왕조를 멸망시키고 베트남을 지배하고 있던 명나라를 물리치기 위해 레러이 장군은 타인호아성省 람선에서 의병을 일으켰다. 레러이는 명나라와 일전을 겨루기에 앞서 천지신명께 외적을 물리치게 해달라고 빌고, 장군들과 함께 배를 타고 룩투이호수에서 승전의 의지를 다졌다. 그런데 이때, 어디선가 거북이 한 마리가 칼을 입에 물고 나타나 레러이 장군에게 건네주고는 호수 속으로 사라졌다. 레 장군은 거북이가 주고 간 칼을 하늘이 준 보검이라 믿고, 이 검을 이용해 명의 군사를 격파하고 레 왕조를 세우고 왕위에 올랐다.

그렇게 레 태조가 된 레러이 장군은 승전을 기념하는 잔치를 열기 위해 룩투이호수를 찾아 뱃놀이를 했다. 그런데 갑자기 예전의 그 거북이가 다시 나타나 보검을 빼앗아 입에 물고 호수 속으로 사라져 두 번 다시 나오지 않았다. 이에 왕은 사람을 시켜 칼을 찾아보게 했지만 보검도 거북이도 찾을 수가 없었다. 이에 적이 물러갔으니 하늘이 칼을 다시 회수해 갔다는 것을 깨달은 왕은 '칼을 되돌려 준 호수'라는 뜻으로 룩투이호수를 호호안끼엠이라 부르도록 했다. 그래서일까. 베트남 사람들은 외적의 침입으로 국가가 위태로운 지경에 처하게 되면 다시 거북이가 보검을 입에 물고 나타나 외적을 쳐부수게 해줄 것이라는 믿음을 가지고 있다.

호수 중앙에는 거북이를 형상화한 탑이 있고, 호수 북쪽에는 응옥선 사당이 있다. 응옥선 사당은 쩐 왕조 당시 원나라의 침략을 물리친 구국영웅들을 숭모하기 위하여 건립됐다. 한편 사당에는 호수에서 잡혔다는 한 대형 거북이가 박제되어 있어 사람들의 눈길을 끈다.

이외에도 호수에는 붓 모양의 탑도 세워져 있다. 1864년에 문호 응우옌반시에우阮文超는 사당을 개보수하면서 이 붓탑을 만들어 세웠다. 이 탑을 지나면 벼루를 올려놓은 다이응이엔臺硯이라는 장식물이 있다. 호수의 물을 벼루에 갈아 먹물로 삼고, 푸른 하늘을 종이로 삼아 일필휘지로 글을 써내려가는 것을 상징하며, 이는 천년 문헌文賢왕국의 자부심을 과시하는 의미를 담고 있다.

① 호수 가운데 세워진 거북이 탑(Cyril Doussin/ CC BY)

② 호안끼엠호수에서 거북이가 가져다 준 칼로 명나라를 물리치고 나라를 세운 레러이의 석상(Nguyễn Thanh Quang/ CC BY) ③ 응옥선 사당에 세워진 붓 모양의 탑(xiquinhosilva/ CC BY)

## 용이 승천한 하노이, 용이 내려온 할롱만

천년 고도 하노이는 2024년에 베트남의 수도가 된 지 1014년이 된다. 리왕조는 리꽁우언에 의하여 세워진 베트남 최초의 장기 집권 왕조로서 9명의 왕이 재위했다. 초대 왕 리꽁우언은 1009년 11월에 즉위하였으며, 딘丁 왕조와 띠엔레前黎 왕조의 수도였던 닌빈성 호아르에서 다른 곳으로 천도하고 싶어 했다. 새로운 도읍지를 물색하고 다니다가 다이라성에 이른 리꽁우언은 용龍이 하늘로 날아 올라가는昇 꿈을 꾸고 상서로운 일이라 여기고 이곳의 이름을 탕롱昇龍으로 바꾸었다고 한다.

이에 비교되는 지명이 베트남의 절경인 할롱만下龍灣이다. 할롱만은 1994년에 세계자연유산, 2000년에 세계지질유산으로 공인받은 곳으로 1,969개의 크고 작은 섬들이 바다 위에서 자태를 뽐내고 있다. 베트남 전설에 의하면 아주 먼 옛날에 외적의 침략을 받았는데 이에 옥황상제가 한 용에게 새끼들과 함께 지상으로 내려가 외적을 물리치고 베트남 사람들을 구하라 명했다고 한다. 이에, 외적들이 먼 바다로부터 접근해 오자 갑자기 용의 무리가 나타나 불을 뿜어 침략자들의 배를 모두 불태워버렸다. 외적을 물리친 용의 무리는 하늘로 다시 올라가지 않고 지상에 머물렀는데 그곳이 현재의 할롱만이라는 것이다. 그리고 그 용들의 비늘 하나하나가 기암괴석의 섬이 되었다고 전해지고 있다.

이처럼 베트남의 전설을 보면 자신들이 용의 자손이라는 일종의 선민의식이 보인다. 또한 삶에 좌절하면서도 꿈을 찾는 의지, 국가와 민족의 존속이 신적인 힘에 의해 도움을 받을 것이라는 희망을 품고 있다.

# 고전문학에 깊게 뿌리 내린
## 유교적 가치

**베트남 고전문학의 최고봉, 《쭈옌끼에우》**

《쭈옌끼에우傳翹》의 존재를 알게 된 것은 정말 우연이었다. 1989년 시장개척단으로 파견된 이후 주말에 특별한 일이 없으면 소일거리로 헌책방을 들려보곤 했었다. 대학 시절 청계천 길가에 즐비했던 헌책방을 드나들던 기억이 되살아났기 때문이었을지도 모른다. 집에서 가까워 자주 가는 호찌민시 다까오시장 한 모퉁이에 책방이 하나 있었다. 그곳에서 한 고서가 눈에 띄었는데 왠지 귀한 책 같다는 감이 와서 무슨 내용인지도 모른 채 손에 쥐었다. 오래되었지만 제본 상태가 양호했는데, 통일되기 2년 전인 1973년에 출간된 책이라 출판사는 없어진 상태였던 것 같다. 바로 이 책이 베트남 고전문학의 정수 《쭈옌끼에우》였다.

《쭈옌끼에우》를 처음 손에 넣은 지 14년 만인 2004년, 나는 국내에 이 책을 번역해 출간했다. 왜 그렇게 오랜 시간이 걸렸냐고 묻는다면 번역에 오랜 시간이 걸렸기 때문이 아니라 서가에 꽂아 두고 마냥 잊고 있었던 탓이다. 책의 존재를 잊고 살던 어느 날, 호찌민 주석의 《옥중일기》를 번역해 출간한 후 베트남친선협회총연합회VUFO가 주최한 출판기념회에서 한 베트남 기자가 다음엔 무슨 책을 번역할 계획인지 물어 왔다. 갑작스런 질문이었던지라 얼떨결에 서가에 꽂혀 있는 《쭈옌끼에우》라고 답한 것이 그 계기다.

고전이라 번역도 어려웠지만 책을 펴내는 일도 쉽지 않았다. 베트남 고전을 펴내면 누가 보겠느냐며 선뜻 나서는 출판사가 없었기 때문이다. 결국 출판비를 자체 부담하고 천 부를 지인과 학계, 대학 도서관에 기증했다. 하노이와 호찌민시에서 이를 기념해 출판기념회를 각각 개최해줬다. 이때 사람들에게 서명하여 나눠준 책이 20년이 지난 지금 수집가들 사이에 고가로 거래되고 있다며 초판이 아직 남

응우옌주 기념관 앞에 그의 좌상이 설치되어 있다. 그의 저작 《쭈옌끼에우》는 베트남 문학 최고의 걸작이다.

아 있는지를 문의하는 베트남 수집가를 만난 적이 있다. 이렇듯 우연히 베트남 문학의 결작을 만나 번역에 심취했고, 책까지 낼 수 있었던 것은 크나큰 행운이었다.

2020년은 《쭈옌끼에우》의 저자 응우옌주阮攸(1766~1820)의 서거 200주년이 되는 해였다. 1965년 유네스코는 응우옌주를 세계의 문화인물로 공인했으며, 베트남전을 격화시켰던 미국의 36대 린든 B. 존슨 대통령은 "만약 내가 일찍이 《쭈옌끼에우》를 읽었다면 오늘날과 같은 참혹한 상황은 일어나지 않았을 것"이라고 했다고 전한다.

**부모를 위해 자신을 희생한 베트남판 효녀 심청**

그렇다면 베트남 안팎에서 결작으로 인정받는 이 책의 내용은 무엇일까? 응우옌주는 모두 3,254행의 《쭈옌끼에우》를 남겼다. '끼에우의 이야기'라는 뜻으로, 이 작품의 키워드는 마음 '심心'이다. 재주가 아무리 많아도 착한 마음 하나만도 못하다는 것이다.

> 선善의 근원은 우리 마음속에 있는 것이고,
> 마음 심心 자는 재주 재才 자 세 개와 맞먹는 것이라.

작품 속에는 유儒, 불佛, 선仙의 문화가 녹아 있고, 베트남 문화의 정신적인 가치인 효와 충이 고스란히 담겨 있다. 끼에우라는 이름의 여자 주인공은 아버지를 구하기 위해 자신의 몸을 금 400냥(현재 가치로 환산하면 약 13억 원)에 팔면서 연인과 헤어지게 된다.

이제 비녀는 부러지고 거울은 깨어졌으니
임 향한 내 사랑을 어찌 형용할 수 있으리!
내 운명은 왜 이리 박복한지?
흐르는 물에 맡겨진 꽃잎 같은 신세로구나.


이는 주인공인 투이끼에우가 여동생 투이번에게 하는 한탄이다.
비녀와 거울은 둘 다 연인 간에 증표로 나눠 갖는 물건이다. 그것이
부서지고 깨졌다는 것은 인연이 깨졌다는 의미다. 끼에우의 연인은
이웃집 서생이자 남동생 브엉꽌의 친구인 낌쫑이다. 두 사람은 봄바
람을 쐬러 나간 길에서 처음으로 만났다. 끼에우에게 첫눈에 반한 낌
쫑이 옆집에 세를 얻어 이사를 오면서 이야기는 시작된다. 어느 날,
낌쫑이 끼에우가 떨어뜨린 비녀를 주워 돌려주면서 둘의 관계는 가
까워졌고, 마침내 서로 혼인을 맹세하기에 이른다.

그런데 불행히도 끼에우의 부친이 누명을 쓰고 감옥에 갇히는
일이 터졌다. 아버지를 구하려면 돈이 필요했기에 끼에우는 자신의
몸을 팔아 관아에 갇힌 아버지를 구했으나 그때부터 부평초처럼 떠
도는 신세로 전락하고 말았다. 연인 낌쫑이 아버지의 명으로 숙부의
장례를 치르러 먼 곳에 가 있는 동안 그와 같은 사달이 났다. 낌쫑이
돌아왔을 때 이미 끼에우는 마잠신이라는 사람의 첩으로 팔려 간 뒤
였다.

하지만 알고 보니 다른 사람의 첩으로 가는 게 아니었다. 끼에우
는 마잠신이 자신을 청루의 창기로 팔려고 산 것임을 깨달았다. 그녀
는 부끄러운 삶을 살기보다는 차라리 스스로 목숨을 끊으려 했으나

실패했다. 이후 또 다른 사람의 첩이 되었다가 그 본처가 시킨 사람들에게 납치당해 본처의 시종이 되고, 그 집을 도망쳐 나왔다가 속아서 또 팔려 가게 된다. 그 후 새 남편을 얻었으나 그 남편마저도 죽고 죄인이 되는 등 갖은 고초를 겪으며 풍찬노숙을 한다. 그녀의 운명은 왜 이다지도 박복한 것일까? 끼에우는 어느 날 땀헙스님을 만나는데 그는 이렇게 말했다.

> 길흉화복은 하늘의 도일지니,
> 그 근원은 인간의 마음에서 연유하는 것이라.
> 투이끼에우는 재치 있고 영리하지만,
> 불행이 미인의 팔자로 정해져 있음이라.

즉 불행한 팔자를 해결할 방법은 운명에 순응해 참고 견디면서 공덕을 쌓아 업을 씻는 것이고 그래야 불행이 끝나고 복이 온다는 말이다. 이에 끼에우는 공덕을 쌓아 나갔다. 부친을 위해 자신을 팔아 효를 다한 것은 이미 아는 일이고, 그 후로도 반란을 일으킨 네 번째 남편 뜨하이에게 항복을 권해 전쟁을 멈추게 함으로써 백성을 구했다. 그렇게 차근차근 공덕을 쌓은 끼에우는 마침내 가족과 재회하고 낌쫑을 다시 만나 결혼하여 행복을 누리며 살아갔다고 한다.

### 《쭈옌끼에우》에 나타난 효, 충, 사랑

쯔놈喃字소설[7]의 최고봉이라고 일컬어지는 《쭈옌끼에우》는 우리 고전소설의 백미인 《숙향전》, 《춘향전》, 《심청전》과 비교해 볼 수 있다. 험난한 고난의 역정 속에서 끼에우가 보여주는 행동과 그 안에 담긴 의식을 통해 베트남의 민중적 의식과 사상을 엿볼 수 있다. 한국과 베트남 두 민족의 고전문학 속 주인공들은 하나같이 개인적 문제 때문에 시련을 겪는 게 아니었다. 숙향은 기억에도 없는 천상의 죄로 인하여 지상에서 고행을 받고, 춘향과 심청은 끼에우처럼 가문의 일이나 부모형제를 위하여 고난의 길을 선택한다. 또한, 주인공들에게 가장 큰 가치가 사랑이라는 점과, 이들 모두 삼종지도三從之道의 윤리를 따랐기 때문에 생명의 위험에 봉착하게 된다는 점도 공통적이다. 삼종지도란 오래전 유교문화권에서 통용되던 여성의 지위와 역할에 대한 도덕규범으로서 쉽게 말하자면 결혼하기 전에는 아버지를, 결혼해서는 남편을, 남편이 죽으면 자식을 따라야 한다는 논리다.

> 남녀 간의 인연과 부모님이 키워준 덕을 생각하면,
> 한쪽은 사랑이요, 한쪽은 효도니 어느 것이 더 중할꼬?
> 산과 바다를 두고 한 굳은 맹세를 접어 두고,
> 자식 된 도리로, 낳고 키워주신 은혜부터 갚아야 하리.
> 마음을 정하자, 끼에우 비로소 의연한 뜻을 말하는데,
> "소첩의 몸을 팔아 부친의 죄를 대속하리라!"

> 분 바르고 몸 팔던 비참한 시절, 벗어난 것에 자족하더라.

---

7 한자를 차용한 베트남 고유어로 창작된 소설.

부처님의 가피加被로 지난날의 고통과 근심을 덮어버리고,

낮에는 불경 필사, 밤에는 예불을 올리리라.

관음보살의 버드나무 가지 성수 덕택에,

이 풍진 세상과 인연 끊고 마음의 불을 잠재우는구나.


몇 번의 좌절로 지쳐버린 끼에우는 종교의 힘으로 현재에서 벗어나려고 했으나 그것마저도 실패하자 체념적으로 자신의 운명이 원래 그런 것이려니 하며 받아들이려고 한다.《쭈옌끼에우》는 에로스적인 사랑으로 시작했다가, 효를 위한 자기희생에 의한 시련을 거쳐 해피엔딩으로 마무리된다. 이를 통해 베트남 사람들의 이성에 대한 사랑의 관념을 알아볼 수 있다.

여기서 주목할 점은 끼에우가 처녀성의 상실을 목숨과 치환하는데까지 이르는 한국 작품 속의 주인공과는 전혀 다르다는 사실이다. 《쭈옌끼에우》에 따르면 순결은 육체적인 문제가 아니다. 비록 치욕적으로 삶을 영위했을지라도 진정한 사랑의 닻이 어디에 내려졌느냐가 중요하며, 나락으로 전락하게 된 원인이 정당하고, 한계상황에서 어찌할 수 없었다는 당위성이 인정된다면 문제 될 것이 없다는 현실적인 인식을 볼 수 있다.

부친을 구할 수 있는 길은 오직 금을 바치는 것이었으므로 끼에우는 기꺼이 몸을 팔았다. 낌쫑과 맺은 남녀 간의 인연과 부모님의 은혜, 즉 사랑과 효도 사이에서 고민하던 끼에우는 낌쫑과의 해서산맹海誓山盟을 버리고 자식의 도리를 다하기로 결정했다. 그렇게 그녀는 아버지를 구하고 풍비박산 난 집을 구했다. 끼에우는 가장 베트남

여성다운 결정을 내린 것이다.

전통사회에서 충효사상은 개인보다는 집단을 중시하고, 사회적 개방성보다는 가족적 폐쇄성으로 치우치는 경향이 강했다. 현대사회에서는 개인의 자주성 및 평등한 인간관계가 강조된다. 때문에 부자자효父慈子孝의 도덕성을 내용으로 하는 《쭈옌끼에우》는 유교적 전통이 깊은 베트남 사회에서 교육적 가치가 높은 고전문학 작품으로 교과서에 소개된다.

한번은 방송에서 한국 남성과 가정을 이루고 있는 베트남 여성들이 시부모에게 효도하면서 행복하게 사는 모습을 보았고, 또 어떤 때는 농촌 마을에서 오토바이를 타고, 부인회 회장을 맡는 베트남 여성의 활동상을 다룬 언론 기사를 본 적이 있다. 이처럼 이역만리 낯선 땅에 시집와서도 그녀들이 주체적인 삶을 살 수 있었던 것도 어쩌면 마음 깊숙이 자리잡은 끼에우의 정신 덕분은 아니었을까?

### 《쭈옌끼에우》가 베트남인들에게 갖는 의미

《쭈옌끼에우》는 출간된 후 엄청난 반향을 일으켰다. 응우옌 왕조의 2대 민망왕은 작품에 심취해 관리들에게 《쭈옌끼에우》를 암송하게 했고, 학사들에게는 책을 필사해 후대에 전하게 했다. 4대 뜨득왕은 국가 대소사를 의논하는 자리에서도 《쭈옌끼에우》를 감상하고 시를 짓도록 했다.

심지어 오늘날에는 《쭈옌끼에우》로 운명을 점치는 '끼에우점'이 있을 정도다. 《쭈옌끼에우》를 펴서 그 페이지가 끼에우가 고초를 겪고 있는 내용이면 그날의 운수가 나쁠 것이고, 행복한 내용이 나오면 그날의 운수가 좋다고 믿는 것이다. 그리고 연인들끼리 작품 내용을 이용해 작중인물이라면 서로 어떻게 할 것인가를 물어 상대방의 마음을 떠보는 역할도 한다.

끼에우점은 내기를 할 때도 쓰인다. 서로 의견이 엇갈리거나 하기 싫은 일이 있을 때 끼에우점으로 결정하기도 한다. 한번은 시험 문제의 출제위원들이 문제의 오류를 찾기 위해 갑론을박을 하다가 지는 사람이 아이스크림을 내기로 하고 편을 갈라 끼에우점을 친 적도 있을 정도다.

또한 《쭈옌끼에우》는 사람들에게 충과 효와 인의예지신仁義禮智信 같은 정신적인 가치를 전해줌으로써 베트남의 전통적인 문화를 유지, 발전시키는 데 기여했다. 이처럼 《쭈옌끼에우》는 고금을 가릴 것 없이 베트남 사람들의 삶 깊숙이 스며들어 있다.

얼마 전, 베트남의 한 출판사에서 《쭈옌끼에우》의 시와 삽화가 그려진 벽걸이용 달력을 제작하여 일반에 보급해 화제가 된 일이 있는데, 그만큼 베트남인들은 《쭈옌끼에우》에 대한 문화적 자부심을 갖고 있다. 베트남 연구가들은 《쭈옌끼에우》가 베트남 불후의 문학 걸작이며 그 심오한 사상적 가치가 영원할 것이라고 극찬한다. 나도 이 책이 세계 문학사에 찬연히 빛나는 호메로스의 《일리아스》나 셰익스피어의 《햄릿》에 버금가는 작품이 분명하다고 믿어 의심치 않는다. 또한 《쭈옌끼에우》에 담긴 충효사상이 베트남을 더욱 베트남다운 나라로 만들고, 사람들을 단결케 해 좀 더 민주적이고, 공평하며, 현대화된 문명사회를 구축하는 데 정신적인 역할을 하게 될 것이라고 믿는다.

# 왜 베트남 사람들은
# 이름을 바꿀까?

**베트남에 '응우옌'이라는 사람이 유독 많은 이유**

1989년 베트남에 첫발을 내딛었을 때, 영업상 처음 만나는 이들과 인사하며 명함을 주고받으며 보니 대부분의 사람이 같은 성씨를 쓰고 있었다. '응우옌阮'이란 성씨였다. 한국에도 김씨, 이씨, 박씨 성을 가진 사람이 특히 많긴 하지만 응우옌은 그보다 훨씬 많았다. 나중에 알고 보니 베트남 사람 열 중에 넷이 응우옌이란 성씨였다.

또 한 가지 특별한 것은 베트남에서는 상대방을 부를 때 성姓을 부르지 않고 끝 이름으로 부른다는 점이다. 예컨대 '레딘찐' 이름을 가진 사람을 부를 때 사람들은 '찐 선생님', '찐 사장', '찐 형'이라고 부른다. 오직 호찌민 주석만 유일하게 성으로 호칭하는데, '호 큰아버지'라는 의미의 '박호 Bác Hồ'라고 부른다. 호찌민의 위대함을 강조하는 것이다. 성씨 대신 끝 이름으로 사람을 부르는 것은 같은 유교

문화권인 한국에서 전통적으로 성씨로 지칭하고 부모가 지은 이름을 함부로 부르지 않았던 것과 반대라는 점도 낯설었다. 그 후 오랫동안 베트남에서 거주하며 사업을 하다 보니 자연스레 그 이유를 알게 되었다. 응우옌 성씨의 경우 그 비율이 유독 높아 성씨로 부르면 사람을 구별하기 어렵기 때문이다. 또한 베트남 사람들은 이름뿐만 아니라 조상 대대로 물려받는 성도 바꾸는 특이한 문화가 있다는 것도 알게 되었다.

## 조상이 물려준 성까지 바꾸는 독특한 문화

인간에게는 자신의 의지와 관계없이 타고나는 두 가지 인연이 있다. 혈연血緣과 지연地緣이다. 혈연을 구체적으로 나타내는 것이 사람 이름이고, 지연을 나타내는 것은 지명이다. 두 인연은 인간사에서 어느 것보다도 밀접한 관계를 맺는다. 인간이 한평생을 살아가는 데 그림자처럼 따라다니는 것이 성명이다. 성姓은 선천적이지만 이름은 후천적이다. 태어날 때부터 정해진 성을 변경한다는 것은 유교사회에서는 불가피한 사유가 아니라면 생각조차 할 수 없는 일이다.

기록에 의하면 베트남 사람들은 기원전 2세기부터 성과 이름을 사용했다. 부족국가 시대에 베트남에서 마을 이름은 쩌우(물소)부락, 져우(뽕나무)부락, 쏘아이(망고)부락의 경우처럼 동식물의 이름을 따서 지었다. 소수민족들은 자신들이 살고 있는 마을의 이름을 따서 자신들의 성으로 삼았다. 그래서 마을 사람들 모두 성이 같았다. 반면, 베트남의 절대다수를 차지하는 낀족의 성은 대부분 약 11세기에 걸친 중국의 지배 기간(기원전 111년~서기 938년) 동안에 만들어졌다. 중국인들이 베트남에 정착하면서 그 성을 따라 사용한 것이다.

베트남 사람들의 성씨는 호왕푸皇甫와 똔텃尊室 두 개를 제외하면 모두 단음절이다. 성씨별 분포를 보면 남북 베트남 간에 약간의 점유율 차이는 있지만 전국적으로 응우엔씨가 38%로 가장 많다. 그 다음으로 쩐陳씨가 12%, 레黎씨가 9%를 점하고 있다. 모두 왕조를 세웠던 성씨다.

그런데 흥미롭게도 베트남에서는 이 성씨를 변경하는 사례가 광범위하게 발견되고 있다. 우리와 같은 유교문화권인데 어째서 그런지 살펴보니 그 이유가 무려 11개나 된단다. 그 이유는 다음과 같다.

1) 반코안에 따른 변경
2) 강압에 의한 변경
3) 봉국성封國姓과 사성賜姓으로 인한 변경
4) 정치적인 목적으로 변경
5) 입양에 따른 변경
6) 보복을 피하기 위한 변경
7) 형벌을 모면하기 위한 변경
8) 가정 문제로 인한 변경
9) 데릴사위로 인한 변경
10) 위인 숭모로 인한 변경
11) 남을 속이기 위한 변경

이 많은 사유 가운데 보복과 형벌을 피하려고 변경한 사례가 가장 많다고 한다. 응우옌씨가 가장 높은 점유율을 갖게 된 원인 중의 하나이기도 하다. 1802년 남부 지역의 세력가인 응우옌푹아인阮福暎은 북부 베트남을 평정하고 응우옌 왕조를 수립하고 자롱嘉隆 황제가 되었다. 이에 북부 지역의 영주였던 찐鄭씨 일족들은 자신들에게 가해질 보복이 두려워서 자롱 황제의 성과 동일한 응우옌으로 바꾼 것이다.

형벌을 모면하려고 성을 바꾼 것은 베트남 독립투사들도 마찬가지였다. 프랑스 식민지 시절, 당국의 체포를 피하거나 혁명활동을 할 목적으로 신분을 숨기고자 성명을 바꿨다. 실례로, 프랑스 식민시대에 인두세를 낼 수 없는 형편이거나 호적에 등재되어 있지 않은 사람들은 세금 문제로 구속되는 걸 피하려고 신분증을 위조했다. 1909년 프랑스를 대상으로 한 항쟁운동을 하다가 일본에서 추방된 응우옌푹단阮福旦은 1915년 럼투언득으로 개명하고 다시 일본으로 가 활동했다. 강력한 대불對佛 무력 투쟁을 주도했던 독립투사 쯔엉반탐莊文探 역시 호앙호아탐黃花探으로 개명했다.

1973년 1월 파리평화협정의 주역으로 베트남 최초의 노벨평화상 대상자로 거론됐으나 동포들의 피가 조국 땅에 흥건한 마당에 그 피를 밟고 영광을 누릴 수 없다며 수상을 거부한 레득토 삼형제도 원래는 판潘씨였다. 삼형제 모두 독립투사로서 프랑스 밀정들의 감시를 피하고자 각각 레득토, 딘득티엔, 마이찌토로 각각 개명했다.

대미對美 항쟁 기간에도 혁명의 주체 세력들은 비밀 유지와 원활한 투쟁을 위해서 개명해 활동하는 게 일반적이었다. 호찌민 주석도 응우옌아이꾸옥, 브엉선니 등 무려 175개나 되는 이름을 번갈아 써가며 혁명활동을 주도했다. 호찌민의 출생 시 원래 이름은 응우옌신 꿍阮生恭이었다.

지금처럼 의학이 발달하지 않았던 시기에는 아이가 유아기에 일찍 사망하는 일이 많을 수밖에 없었는데, 베트남 사람들은 아이가 일찍 죽거나 병약하면 부모와 자식 간에 사주가 맞지 않는 것으로 생각했다. 그래서 사당이나 사찰과 계약서를 작성하고 자식을 일시적으로 팔아넘기는 예를 올리고, 그곳에 입양시켜 성을 바꿈으로써 운명을 바꾸려 했다. 성인聖人이나 부처의 자식이 되었으니 잡귀가 아이를 해치지 못할 것이라고 믿었던 것이다. 이들을 반코안이라 한다.

이처럼 11개에 달하는 다양한 사유로 변경한 성씨를 후손들이 계속해서 사용하는지 여부는 씨족별로 다르다. 대를 이어 바뀐 성씨를 계속 사용하는 경우가 있는가 하면 당대에만 사용하고 회귀하는 경우도 있다. 입양을 시켜 성씨를 바꾼 경우라도 몇 대가 지난 뒤에는 다시금 본래의 성을 되찾는 경우가 있다.

유교적인 가치관이 중요한 자리를 차지하고 있는 베트남 사람들인 만큼 성을 변경하는 것은 어찌 보면 자신과 조상의 근본을 부정하는 행위임에도 전략적인 의미로 일시적인 가명을 쓰는 게 베트남에서는 흔한 일이었다. 베트남은 역사적으로 외부의 침략이 많았고, 남북 간 분쟁도 많았던지라 가치관이나 명예보다는 생존을 우선시해야 했다. 생존을 위해 부모로부터 물려받은 성씨도 편의에 따라 바꾸는 실용주의를 택하는 것, 그게 바로 베트남 민족이 살아가는 방식이라 할 수 있다.

# 라틴 문자와 한자어

## 54개 민족이 모두 다른 말을 쓴다면?

한국은 세계에서 베트남에 가장 많이 투자하는 나라다. 그러므로 한국 기업들은 생산성을 향상시키고, 언어 문제로 의사소통이 되지 않아 발생하는 노사분규를 예방하고, 현지 사람들과 원활한 소통을 위해 필수적으로 베트남어에 대한 소양을 갖추어야 한다. 모든 일은 의사소통이 원활히 되는 것에서 시작하기 때문이다. 설령 베트남어를 유창하게 구사하지 못하더라도 그 언어의 내력을 이해하는 것은 상대를 대하는 가장 기본적인 자세일 것이다.

베트남은 다민족국가로 54개 민족이 함께 어울려 살고 있다. 전체 인구의 약 85%를 점하고 있는 낀족 이외에 53개 소수민족이 있다. 이들 대부분은 산악 지대나 고원 지대에 흩어져 살고 있으며, 주로 수렵이나 화전을 일구며 생계를 이어간다. 그리고 각 민족마다 고유의 전통문화와 언어를 갖고 있다. 베트남에는 모두 5개의 언어 계통이 있고, 세부적으로 들어가면 민족이나 지역에 따라 수십 종류의 언어가 존재한다.

따라서 그들끼리 의사소통을 하기 위해서는 표준어로서의 베트남어 교육이 매우 중요하다. 같은 나라의 국민이면서 말이 서로 통하지 않으면 사소한 일에도 갈등이 벌어지고, 한 국가의 구성원으로서 단합하기가 매우 어렵게 된다. 이에 베트남 정부는 소수민족을 대상으로 한 베트남어 교육에 많은 관심을 쏟고 있다. 산악 지방에는 인구가 많지 않고, 도심과 거리가 멀고, 지형이 험해 아동들이 학교에 다니기 불편하고 위험하다. 베트남 정부는 이 아이들을 가르치고자 청년들을 선발해 군 복무를 대체해주고 방문교사로 활용하고 있다. 이러한 노력 덕분에 비록 인적이 드문 산골짜기에 살더라도 글자를 모르는 사람의 수는 다른 나라에 비해서 많지 않다. 베트남의 문맹률이 유독 낮은 이유다.

베트남어에서 가장 신기한 점은 동남아에 위치한 국가가 지리적으로 멀리 떨어진 서양의 라틴문자를 사용한다는 점일 것이다. 유럽과는 민족도 피부색도 문화도 전혀 다른데도 사용하는 문자만큼은 조상이 같다. 베트남어를 처음 접하는 사람은 누구나 궁금해질 수밖에 없다. 어찌된 일일까?

## 암각화에서 쯔놈까지, 베트남 초기 문자의 역사

베트남은 반만년의 역사를 자랑한다. 한민족 최초의 국가 고조선이 기원전 2333년에 시작되었으니 한민족보다 546년이나 빠른 역사를 갖고 있다. 그중 훙브엉시대는 기원전 2879년에 시작되었는데, 당시의 나라 이름은 반랑국이었다. 청동기와 철기시대 사이에 해당하는 시기로 문자가 없었다. 물론 소통하는 언어는 있었겠지만 이를 표기할 수단이 없었다. 한편으로는 말이 있었으니 어떤 형태로든지 문자도 있었을 거라고 가정해볼 수 있겠지만 아직까지는 남아 있는 암각화 외에는 고대 베트남 문자에 대한 흔적을 찾지 못하고 있다.

반랑국은 기원전 257년에 어우락국에 망하고, 어우락국은 기원전 179년에 남비엣南越에 망하고, 남비엣은 한나라 무제에 의하여 기원전 111년 멸망했다. 그 후 중국으로부터 독립하기 전까지의 무려 11세기 동안이나 중국 문자인 한자를 쓸 수밖에 없었다. 그런 이유로 이 시기의 베트남 역사서는 모두 한자로 기록되어 있다.

서기 938년 중국의 식민지배를 벗어나 가까스로 독립을 달성한 이후 베트남 사람들은 점차 자신들만의 고유 문자가 필요함을 자각하고 문자를 만드는데 바로 '쯔놈'이다. 이는 '남쪽의 글'이라는 의미인데, 중국의 한자가 북쪽의 글이라면 베트남은 중국의 남쪽에 있으므로 그에 상대되는 남쪽의 글이라는 것인데, 다시 말하면 '우리 글'이라는 뜻이다. 이에 사람들은 쯔놈을 '국어'로 부르기도 했다. 한글 창제 이전에 신라와 고려 때 사용한 이두문자와 비슷한 성격의 문자로, 베트남어와 발음이 비슷한 한자에 의미가 같은 한자를 조합하여 하나의 글자로 만든 것이다.

쯔놈이 언제 처음으로 출현했는지는 여러 가지 학설이 있다. 대부분의 학자들이 쯔놈은 북속시대인 8~9세기에 배태되었다가 독립 이후인 10~12세기에 성립되었으며, 13세기부터 발전되어 오다가 20세기 초까지 사용되었다고 본다. 쯔놈의 성립기는 베트남의 정통성을 확립하기 시작한 최초의 왕조로 평가받는 리 왕조 때였다.

쯔놈은 한자를 변형해 사용한 것이기 때문에 옥편에서 찾을 수 없는 문자이고, 혹시 찾을 수 있다고 해도 원래 한자와 다른 의미로 사용된 경우가 대부분이다. 예를 들면, 북속시대에는 '불'이라는 의미의 순수 베트남어 '르어'를 쓸 문자가 없어서 한자 '화火'를 사용해 표기했는데, 쯔놈 출현 이후에는 르어와 발음이 유사한 한자 '려呂'에 불을 뜻하는 '火'를 결합하여 쯔놈 '려焒'라는 글자를 만들어 표기하고 '르어'라고 읽었다. 비록 쯔놈은 보편적으로 널리 통용되지는 못했지만 자국만의 언어를 만들려고 했던 자주의식의 표현이었으며, 이후 베트남 문자로서의 위상을 구축해나갔다.

## 현대 베트남어의 초석을 다진 프랑스의 사제

1498년 포르투갈 항해가인 바스코 다 가마가 인도 항로를 발견하면서 부터 유럽의 상인들과 천주교 사제들이 대거 동양으로 진출하기 시작했다. 특히, 16세기부터 유럽을 중심으로 천주교 신부들이 베트남으로 파견되기 시작했는데, 17세기 들어 그 수가 크게 증가하여 1645년부터 1788년까지 17개국에서 145명의 예수회 소속 사제들이 베트남으로 건너왔다.

이들의 국적을 보면 포르투갈 74명, 이탈리아 30명, 독일 10명, 일본 8명, 프랑스 5명, 스페인 4명, 그 외에도 중국과 마카오, 폴란드, 스위스, 체코슬로바키아, 헝가리 등에서도 소수의 사람들이 건너올 정도로 출신이 다양했다.

천주교에 이어 개신교 전도도 이어지면서, 신부와 목사들은 설교나 강론을 위해 베트남어를 배우거나 자신들의 문자로 베트남어를 기록하지 않을 수가 없었다. 물론 이들이 오기 전부터 베트남에서는 한자가 널리 통용되고 있었고, 일부지만 쯔놈 문자도 사용되고 있었지만 자신들의 언어가 아니었기에 배우고, 쓰고, 기록하는 데 어려움이 있었다.

그러던 중 사제들 가운데 가장 많은 수를 차지했던 포르투갈 신부들은 라틴문자, 희랍문자에 더해 자국의 문자까지 사용해 초기 단계의 베트남어를 표기하기 시작했다. 그중에서도 가장 중요했던 계기는 베트남어 사전의 등장이었다. 1651년 프랑스 아비뇽 태생의 알렉상드르 드 로드[8] 주교는 로마에서 《베트남어-포르투갈어-

현대 베트남어의 기초를 수립한
알렉상드르 드 로드 주교

라틴어 사전》을 출간했는데, 이것이 바로 베트남 문자의 효시가 되었다. 이 사전은 단어는 물론, 성조 표시, 품사 분류까지 한 최초의 베트남 문법책이었고, 현재 사용되고 있는 베트남 문자의 기원으로 간주되고 있다. 그는 자신이 정리한 내용을 베트남 사람들에게 알려주었고, 이는 중대한 변환점이 되었다.

### 프랑스 식민정청에서 내린 한자 사용 금지령

물론 알렉산드흐 주교의 역할이 현대 베트남어의 형성에 큰 영향을 미치기는 했지만 그것이 전부는 아니었다. 현재의 형태는 베트남이 식민지배의 아픈 역사를 겪으면서 만들어진 것이다.

19세기는 서구 열강이 아시아 나라를 침략하여 식민지화하려는 야욕으로 식민지 쟁탈전을 벌인 시기였다. 이런 국제 분위기 속에서 서양에 대해 매우 배타적이었던 응우옌 왕조 2대 왕 민망은 1825년에 천주교를 금지시켰고, 1833년에는 8명의 선교사와 베트남 신자들을 처형했다. 당시의 칙령에 따르면, 서양 선교사를 살해하는 것은 살인죄에 해당되지도 않았고, 선교사를 숨겨주는 자도 극형에 처할 수 있었다.

---

8　프랑스 아비뇽 태생으로 로마에서 천문학과 수학을 공부했으나, 뜻이 있어 천주교 사제가 되었다. 1619년 4월 일본으로 향하는 도중 일본에서의 천주교 박해가 극심해지자 항로를 마카오로 바꿨다. 1624년 12월 호이안에 도착해 베트남어를 공부했다. 1년 후 마카오로 돌아갔다가 1627년 3월에 북부 베트남으로 돌아왔으나, 1630년 5월에 마카오로 추방당했다. 마카오에서 10년간 신학교수로 있으면서, 남부 베트남을 네 차례 왕래했으나, 사제 활동은 순탄치 못해 20년 동안 다섯 번이나 추방당했다. 1649년 6월에 로마로 돌아온 이후, 1651년에 《베트남어 – 포르투갈어 – 라틴어 사전》을 펴냈다. 1655년부터 이란에서 전도활동을 하다가, 1660년에 69세의 일기로 선종했다.

1847년 3대 왕 티에우찌紹治는 한 술 더 떠 모든 유럽인을 체포해 사형에 처하도록 했다. 물론 아무런 이유 없이 그런 건 아니고, 중부의 항구도시 다낭에 입항해 선교의 자유를 요구하던 프랑스 함대 두 척이 베트남 해군 선박에 발포해 침몰시킨 사건이 발생했기 때문이다. 4대 왕 뜨득嗣德은 선교사들에 대한 박해를 더욱 강화하여 1860년까지 유럽인 선교사 25명, 베트남인 사제 300명, 평신도 약 2만여 명을 처형했다. 이에 프랑스는 군함을 보내 다낭에 정박시키고 관련자 처벌을 요구했으나 베트남 조정은 이를 거부했고, 프랑스 해군은 다낭의 요새에 함포 사격을 가하고 철수했다. 이때가 1856년 8월이었다.

하지만 그건 시작이었다. 1858년 7월에 약 3,000명의 병력을 실은 프랑스와 스페인 연합 함대 열네 척이 다낭에 함포 사격을 가하고 안하이성과 똔하이성을 점령한 것이다. 이로부터 시작된 프랑스의 베트남 침공과 식민지배는 1862년 제1차 사이공조약을 맺을 때부터 1940년 일본군이 프랑스군을 인도차이나반도에서 몰아낼 때까지 78년간이나 이어졌다. 일본군은 1945년 8월 제2차 세계대전에서 패하고 연합국에 항복할 때까지 약 5년간 베트남에 주둔했다. 일본의 항복 직후, 호찌민 주석은 재빠르게 8월혁명을 성공시키고, 9월에 베트남의 독립을 선언하고 베트남민주공화국을 수립했다.

이렇게 외세에 의한 부침을 겪으면서 베트남어 또한 많은 영향을 받을 수밖에 없었다. 프랑스 식민 당국은 1878년 4월 6일 법령을 제정하여, 1882년 1월 1일부터 모든 공문서는 물론 학교에서 라틴문자로 된 베트남어만을 사용토록 했다. 베트남어의 라틴문자화가 프랑스 식민정부에 의해 본격적으로 시작된 것이다. 그리고 1915년에는 북부에서, 1919년에는 중부 베트남에서 과거제도를 각각 폐지함으로써 베트남에서 한자와 쯔놈은 점차 사라지게 되었다. 그렇게 형성된 라틴문자를 사용한 현재의 베트남 문자는 모음이 12자, 자음이 17자로 모두 합하여 29자로 구성되어 있다.

## 베트남어의 고유한 특징

베트남어를 조금이라도 배우거나 들어본 사람이라면 알겠지만, 베트남어에는 성조가 있어서 외국인들이 발음하기가 여간 어려운 것이 아니다. 하지만 성조는 대표적인 예이고, 그 외에도 베트남어를 익히는 것을 어렵게 만드는 몇 가지 특징이 있다.

앞에서 현대 베트남어의 형성 과정에 대해 서술한 바와 같이 베트남어의 첫 번째 특징은 한자 문화권인 베트남이 라틴문자를 사용한다는 점이다. 둘째로, 베트남어는 단음절어이다. 발음 하나하나, 음절 하나하나에 그 의미가 있다. 예를 들자면, 우리 말의 경우 '어머니'라는 단어는 3음절로 이루어져 있으나 베트남어로는 매[mẹ]라는 발음 하나면 충분하다. 셋째, 베트남어는 형태가 변하지 않는다. 영어, 프랑스어, 한국어 모두 시제時制가 있고 단수, 복수에 따라서 단어의 형태가 변한다. 예를 들어, '가다'라는 기본형이 '갔다', '갔었다', '가겠다', '간다' 등으로 변화한다. 그러나 베트남어에서 동사의 기본형은 절대로 변하지 않으며, 동사 앞에 붙는 조동사가 시제를 결정한다.

하지만 베트남어의 특징 가운데 가장 중요한 것은 6개의 성조가 있다는 점이다. 성조가 있으므로 말할 때 발음의 굴절에 따라서 그 뜻이 달라진다. 예를 들면 베트남어로 "씬 짜오Xin chào!"는 "안녕하세요!"라는 뜻이다. 이때 '짜오'에 모음 바로 위에, 아래로 내려서 발음하라는 표시가 있는데, 이 발음을 잘못해 '짜오'를 위로 올려 발음하면 전혀 다른 의미가 된다. 이때의 '짜오'는 '죽'을 의미한다.

이런 이유로 외국인이 베트남 사람과 이야기할 때, 발음이 서툴러서 언어 소통의 문제를 겪고, 엉뚱한 오해를 사는 일이 허다하고, 그 결과 성사 단계에 있던 계약이 파기되거나 노사분규가 일어나기도 한다. 성조에 맞게 말하는 것은 그만큼 중요한 일이다.

그렇다고 베트남어가 어렵기만 한 것만은 아니다. 베트남어는 발음만 들으면 뜻을 이해할 수 있는 단어가 많다. 베트남어와 한국어 모두 중국 한자어를 어원으로 하는 단어가 절반이 넘기 때문이다. 베트남어의 발음을 들어 보면 사전을 찾지 않고도 뜻을 알 수 있는 경우가 많다. 예를 들면, '한국'은 베트남어로 '한꾸옥', '미국'은 '미꾸옥', '기숙사'는 '끼뚝싸', '항공모함'은 '항 콩머우함'이라고 한다. 다만 베트남어는 라틴문자로, 한국어는 한글로 표기한다는 점이 다를 뿐이다.

## 한국의 베트남어 표기 유감

한국은 여전히 각종 언론에서 국립국어원이 정한 베트남어 표기법을 따르지 않아 혼동이 발생하는 일이 잦다. 이는 베트남어 학습자뿐만 아니라 한국어를 배우는 베트남 학생들에게도 혼동을 주어 한국어 교육에 문제를 일으키게 된다. 예를 들면, 관광 상품과 공항에도 버젓이 쓰여 있는 '나트랑'은 베트남 사람들이 전혀 모르는 지명이다. '냐짱'으로 해야 알아 들을 수 있다. 또 다른 사례로 최근 한국 관광객에게 인기가 높아지는 꾸이년이 있다. '퀴논'이 아니다.[9]

----

9    베트남어의 한글 표기법은 358쪽 참고

# 베트남 젊은이들의 높은 교육열

### 19세기부터 시작된 베트남 근대교육

2021년 2월, 하노이에 있는 KGS국제학교 이사장으로 취임하면서 베트남 교육계와 인연을 맺게 되었다. 2023년 12월부터는 응우옌짜이대학교와 인연을 맺었고, 지금은 대외 담당 총장으로 베트남의 대학 교육 현장에서 일하고 있다. 현장에서 느끼는 베트남 젊은이들의 교육에 대한 열정은 몹시 뜨겁다. 뿐만 아니라 뜨거운 교육열을 뒷받침하려는 국가 교육 시스템도 빠른 속도로 혁신을 이뤄나가고 있다. 한국이 그랬듯이 베트남 경제 성장의 동력 역시 교육일 수밖에 없다. 따라서 교육이야말로 국가경쟁력을 높이고, 개인의 성취도 이룰 수 있는 가장 근본적인 힘이라 할 수 있다. 그런 점에서 베트남의 교육 현실을 들여다보는 것은 베트남의 미래를 전망하는 가장 유력한 방법일 것이다.

베트남의 교육기관은 국공립이건 사립이건 모두 교육훈련부, 각 지방성과 중앙직할시 교육청의 관리 감독을 받는다. 국방부나 의료부, 사회·상병·노동부 등에 속한 사관학교 같은 특수학교라 할지라도 교육과 훈련에 관한 모든 것은 교육훈련부의 규정과 감독하에 운영되고 있다.

봉건시대부터 20세기 초가지만 해도 베트남의 교육은 한자로 이루어졌으며 유학자들이 역사와 한시 등을 가르치며 그 역할을 담당했다. 오랜 세월에 걸친 중국의 지배로 유입된 중국 문화의 영향으로 사서오경과 각종 유교식 제례 절차와 예절 등이 교육의 중점적인 내용이었다. 이때까지의 교육은 같은 문화권에 속한 한국의 전통교육 시스템과 거의 똑같다고도 할 수 있다.

19세기에 들어 78년에 걸친 프랑스의 지배를 받을 당시 하노이 의대(1902년), 베트남미술대학(1924년) 등이 차례로 개교하면서 비로소 근대 고등교육이 그 첫발을 내디뎠다. 그리고 제2차 세계대전 이후 1945년에 중앙당 소속의 호찌민국가정치학원과 하노이인문사회과학대학교가 개교했다.

1919년에 최초의 중등교육이 시작되었으나 전국적으로 5개 학교에 지나지 않을 정도로 그 규모는 미미했고, 세월이 흘러 1960년대 들어 미국식 교육의 영향으로 먼저 남부 베트남에서 국민의 교육 수준이 높아졌다. 1975년, 베트남이 통일된 이후에 남북 베트남의 모든 교육제도는 사회주의사상 교육에 적합하게 구조가 개편되었고, 학교에서 영어 교육을 제외한 것도 그러한 이유였다. 하지만 세월이 흘러 1995년 미국과 외교정상화를 이룬 뒤에는 다시 영어 교육이 활성화되었고, 현재 영어학원이 곳곳에서 성황을 이루고 있다.

프랑스 식민통치 때의 우민화 정책으로 한때 베트남의 문맹률은 90%에 달했다. 그러나 문맹률을 낮추기 위한 정부의 꾸준한 노력이 효과를 거두어 현재는 97% 이상의 국민이 문자를 해독할 수 있다. 15세에서 60세까지는 97.9%, 15세에서 35세까지는 99.3%가 문자를 읽을 수 있는데, 이는 세계에서 문맹률이 가장 낮은 한국에 이어 2위에 해당한다.

### 교사에 대한 높은 신뢰와 자긍심

베트남 사람들은 예절 교육을 중시하며, 학부모들의 교육열과 학생들의 향학열이 높으며, 선생님에 대한 사회적인 신뢰가 깊다. 대개 생후 3개월부터 다니기 시작하는 탁아소와 유치원을 비롯해 많은 초·중·고등학교에 이르기까지 학교에 "예절을 먼저 배운 후에 글을 배우라"는 커다란 문구가 새겨져 있다. 실제로 학교나 거리에서 윗사람을 만나면 두 팔을 서로 겹쳐 가슴에 대고 공손히 절하는 특유의 자세로 인사하는 학생들과 양손을 마주 잡고 인사하는 어른들의 모습을 쉽게 볼 수 있다. 수업 시간에 선생님이 교실에 들어오고 나갈 때마다 기립하여 예의를 표하는 것도 마찬가지다.

소 팔고 논을 팔아서라도 자식들을 공부시켰던 한국 부모들처럼 베트남 사람들도 자녀 교육에 최선을 다한다. 교사의 월급은 적은 편이지만, 그들에 대한 사회적 신뢰도는 높은 편이어서 교사들은 자신의 직업에 긍지가 대단하다. 또한 우수한 학생들이 장래희망으로 교사를 선택하는 경우도 많다. 매년 11월 20일을 스승의 날로 정해 학생과 학부모, 동문 그리고 국가 차원에서 전국적 규모의 행사를 거행하여 교사들의 노고에 감사를 표한다. 하지만 최근 일부 교사들이 금품을 수수하는 등의 도덕성 문제가 뉴스에 오르내리면서 교사에 대한 신뢰도가 다소 하락하는 일이 발생했는데, 참으로 안타까운 일이다.

### 베트남의 교육 시스템

베트남은 하노이, 호찌민, 다낭, 하이퐁, 껀터 등 5개의 직할시와 58개 성省 등 63개의 행정구역이 존재한다. 인구는 약 1억 명으로, 그중 학생이 전 인구의 약 19%에 달하는 1,865만 명에 이르고 있다. 1986년 제6차 전국대표자회의에서 채택된 도이머이정책의 성공적인 실행과 각종 교육훈련 혁신 정책이 정부 주도로 시행되어 문맹률이 매우 낮아졌다.

베트남의 학제는 5 – 4 – 3 – 4년제로 운영되고 있다. 즉, 유아원이나 유치원은 1~6세까지, 초등학교는 5년제로 6~11세까지, 중학교는 4년제로 11~15세까지, 고등학교는 3년제로 15~18세까지 교육이 이뤄진다. 전문대학은 3년제이고, 대학교는 4년제이지만 예외적으로 사범대는 5년제, 의대는 6년제로 교육 과정에 따라 교육 기간을 달리한다.

학비는 전공에 따라 다르고, 국립대, 공립대, 사립대인지에 따라 다르지만 공립학교를 기준으로 보자면 전문대학이 학기당 800만~1,200만 동, 대학교가 학기당 1,100만~1,200만 동 정도다. 대학원은 석사과정이 연간 2,700만 동(외국인은 6,000만 동), 박사 과정이

4,500만 동(외국인 8,000만 동) 수준이다. 의과대학의 경우 7,500만 동 수준이며, 사립 의대의 경우는 그 두 배에 이른다. 베트남의 화폐 기준이라 감이 잘 오지 않는 독자들을 위해 부언하자면 대학교의 학기당 학비는 한화로 수십 만원 수준이고, 가장 비싼 의대는 대략 300만원 후반에서 400만 원 정도의 금액이다.

## 취학 전 교육은 어린이집과 유치원에서

취학 전 교육은 보통 어린이집과 유치원에서 이뤄진다. 먼저 어린이집은 베트남어로 '나째'라고 한다. 웬만해선 부부가 맞벌이를 하는 베트남 사회 현실에 맞게 산모의 출산휴가가 끝나는 생후 3개월부터 36개월에 이르는 유아들의 교육기관으로 국공립과 사립으로 나뉘어 있다. 국공립은 일체의 비용이 면제된다. 최근에는 평균 소득이 증가함에 따라 사람을 집으로 불러 아이를 맡기는 경우가 많아 그 역할이 과거에 비해 감소하고 있지만, 형편이 어려운 사람들과 농어촌 산간 지역 거주자들에게는 여전히 그 역할과 중요성이 상당하다.

유치원은 3세부터 6세까지의 미취학 어린이들이 다니는 학교로서 의무교육에 속하지는 않는다. 대개 나이별로 씨앗반, 새싹반, 잎새반으로 나누어 가르치고 있다. 대부분의 유치원은 국영이지만 교육시설과 기자재 부족, 교사들의 자질 문제가 지속적으로 제기되고 있다. 사회 전체적으로 유치원에 등록하는 아동의 수가 늘어나면서 사설 유치도도 증가하는 추세이며, 특히 부유층 자녀들을 대상으로 한 값비싼 유치원도 생겨나고 있다. 유치원이 마칠 무렵이면 아이들을 데리러 온 부모들의 차량과 오토바이로 거리는 통행이 어려울 정도다.

## 초등학교부터 고등학교까지 이어지는 치열한 입시 경쟁

한국과 달리 베트남의 모든 교육기관은 9월에 신학기가 시작된다. 대개 8월 말에 수업을 시작하지만 9월 2일이 독립선언일이자 베트남 정부 수립일이므로 국경일이라 휴교하고, 그 뒤에야 정식으로 개학식과 입학식을 개최한다. 학교별로 재량껏 정하는지라 날짜는 제각각이다. 심지어 이미 수업을 한 달 정도 한 10월에 진행하는 곳도 있다.

의무교육으로 운영되는 초등학교 과정은 만 6세부터 입학이 가능하며, 1학년부터 5학년까지의 커리큘럼으로 구성되어 있다. 대체로 아침 7시 30분까지 등교하여 7시 45분부터 수업을 시작해 10시 30분에 오전 수업이 끝난다. 학생 형편에 따라 학교에 남아 학교에서 제공하는 점심을 먹고 짧은 낮잠 후에 오후 수업을 할 수도 있고, 집에 가서 밥을 먹고 쉬었다가 다시 올 수도 있다. 국가에서 주관하는 졸업시험에서는 10점 만점에 5점 이상을 받아야 졸업이 가능하며, 상급학교 진학을 위해서는 입학시험에서 평균 5점 이상을 받아야 합격이 가능하다.

초등학교 입학 때 치르는 입학시험 성적에 따라 7점 이상이면 A등급 반으로, 그 밑이면 B등급 반으로 분류되어 우열반 교육을 받는다. 부모들은 어떻게든 자녀가 우수반에 배정받게 하려고 과외 수업을 시키고, 영어학원이나 수학학원 등 각종 학원에 보낸다. 한 번 반이 정해지면 졸업할 때까지 바꾸는 게 불가능하기 때문이다. 어떤 공무원은 자녀 사교육비로 봉급의 절반 정도를 지출할 정도로 베트남의 교육열은 한국 못지않다.

중학교는 6학년부터 9학년까지에 해당되는 4년 과정으로 역시 입학 성적을 기준으로 편성된 우열반으로 나뉘어 운영되고 있다. 수학, 물리, 화학, 지리, 어학 중심이며, 한 주에 3시간 정도는 직업교육의 일환으로 기술 교육을 하고 있다. 초등학교와 마찬가지로 국가 졸업시험과 소위 일류 고등학교 우수반에 합격하기 위한 입학시험을 치러야 하므로 학부모와 학생 모두 커다란 부담을 느낀다. 상급학교로 진학하지 않는 학생은 주로 국가가 운영하는 기술학교에서 직업교육을 받은 후 졸업과 동시에 사회로 진출한다.

학비는 공립학교 기준으로 도시 소재 유치원과 초등학교는 월 30만~54만 동, 중·고등학교가 월 30만~65만 동이다. 농촌 지역은 유치원과 초등학교가 월 10만~22만 동, 중학교가 월 10만~27만 동, 고등학교가 월 20만~33만 동이다. 소수민족이 사는 산악 지형은 상대적으로 더 저렴해서 유치원과 초등학교가 월 5만~11만 동, 중학교가 월 5만~17만 동, 고등학교가 월 10만~22만 동 정도다. 사립학교의 경우는 지역과 학교에 따라 다르지만 평균적으로 학비가 월 500만 동 정도이며, 아침 식대와 통학버스비를 별도로 받기도 한다.

그런데 2024년에 들어와 하노이에 있는 국제학교들이 일제히 등록금을 인상하기로 했다고 밝혔다. 이들 학교는 대개 국제 커리큘럼에 따라 영어로 학생들을 가르친다. 2024년 자료에 따르면 유엔국제학교의 경우 중학교 과정 연간 등록금이 8억 9,000만~9억 1,600만 동이라고 한다. 현재 한화로 약 5,000만 원 정도의 거금이다. 이는 전년도와 비교해 1,800만~8,000만 동가량 오른 금액이라고 한다. 유엔국제학교에 이어 두 번째로 등록금이 비싼 영국국제학교의 경

우, 유치원~초등 과정 등록금이 연 1억 3,400만~6억 7,900만 동이
라고 한다. 특히 중학교 과정의 등록금은 약 9,000만 동을 올려 높은
인상률을 보였다.

이처럼 급작스럽게 인상한 학비는 낮은 경우는 한국의 자율형
사립고와 비슷한 수준이며, 높은 쪽은 한국의 국제학교 학비 이상일
만큼 고액이다. 하지만 학교들이 이렇게 엄청난 수준으로 학비를 올
려도 한국 교민을 비롯한 학부모들은 등록금을 대느라 힘에 부칠 뿐,
별다른 방법이 없는 것이 지금의 현실이다.

고등학교는 우리의 인문계 과정에 해당하는 3년 과정으로 10학
년에서 12학년까지 있으며, 역시 우열반으로 나누어 운영되고 있다.
강제적인 것은 아니지만 인문계 고등학교에서는 학생 자신의 적성과
재능을 살려 수학반, 물리반, 문학반, 영어반 등으로 나눠 교과 과정
을 편성 및 운영할 수 있는데, 이것이 잘 되는 학교일수록 일류 고등
학교로 평가받는다. 또한, 전국에 약 200여 개의 특수고등학교가 있
는데, 자연과학 과정, 사회과학 과정, 기술과학 과정으로 나눠 집중
적인 교육이 이뤄진다.

이외에도 베트남에는 약 1,900여 개의 직업 전문 기술학교가 있
다. 412개 전문대, 435개의 중급 기술학교, 1천여 개의 직업훈련센
터 외에 690여 개의 민간 직업훈련센터가 있다. 베트남 정부에서는
효율적인 관리와 교육훈련을 위해서 2045년까지 이중 40%의 시설
을 축소할 예정이다.

중학교를 졸업하고 3년 과정의 기술고등학교 과정을 마친 학생
은 취업을 하거나 2년에서 2년 6개월 과정의 기술전문학교 과정 혹

은 4년 과정의 기술학교에 진학할 수 있다. 이들은 졸업 시 기술사 Skilled Worker 자격증을 취득한다.

## 고등교육의 현황과 대학의 커리큘럼

마지막으로 고등교육인 대학교육에 대해 알아보자. 베트남에서 대학의 역사는 길지 않다. 1902년에 하노이의대 설립을 시작으로 1945년 8월혁명, 1954년 프랑스와의 항쟁에서 승리한 후 남과 북에 여러 대학이 설립되기 시작했다. 그 후 1987년 교육개혁이 이뤄지고 1993년 11월 공포된 수상령에 따라 대학 교육기관은 3년 혹은 3년 6개월 과정의 준전문대학 학사 과정, 4년 과정의 일반 학사 과정 체계가 갖춰졌다. 석사 과정은 2년, 박사 과정은 2~4년 과정으로 구성되었다.

현재 베트남에는 군사학교를 제외하고, 172개의 국공립대학과 65개의 사립대학교가 있다. 필자가 대외 담당 총장으로 재임 중인 하노이 소재 응우옌짜이대학교는 2008년에 설립된 사립대학교로서 가장 인기 있는 전공은 '한국어 문화'이다. 이 학과 전공자들은 모두 한국으로 유학을 가려는 학생들이다.

대표적으로 국립하노이인문사회과학대학교는 1945년 10월에 설립되었으나, 프랑스에 대한 항전이 시작된 때부터 디엔비엔푸 전승까지 9년간 대학 본부는 하노이 북부 산악 지대에 남아 있는 반면, 주요 자산은 중국의 난닝에 보관하는 등 한때 어려움을 겪었다. 하지만 독립과 통일을 달성하고 경제가 발전한 이후로는 두드러진 발전을 이루고 있다.

1949년에 설립된 사이공문과대학과 사이공과학대학은 1976년 12월 호찌민시종합대학교로 합병되었다가 1996년 3월 다시 국립호찌민시인문사회과학대학교와 국립호찌민시자연과학대학교로 분리되었다. 이는 1993년 말부터 시작된 대학 조직 개편에 따른 것으로 국립하노이대학교, 국립호찌민시대학교, 떠이응우옌대학교, 껀터대학교, 후에대학교, 다낭대학교가 각 지역의 거점 대학이 되었고, 이때 예산 운영 및 학사 운영 제도가 전반적으로 개편됐다.

2020년 통계 기준으로 전체 대학생 수는 167만 2,881명이고, 그중 135만 9,402명은 공립학교, 31만 3,479명은 사립학교 학생이다. 약 660만 명에 이르는 20~24세의 대학생 연령층을 볼 때, 전체 청년 중에서 대학생 비율은 25.3%로 1994년 5.9%였던 것에 비교한다면 큰 폭으로 증가했다. 학구열이 꾸준히 증가했다는 것을 알 수 있는 부분이다.

대학 입시 경쟁률은 대략 5대 1 정도다. 인기 학과인 한국어과, 경제학과, 경영학과, 무역학과, 영어학과, 법학과, 의대, 약대, 세무대 등의 경쟁률은 15대 1에서 20대 1에 이르고 있다. 응우옌짜이대학교는 2023년 기준 학생 수 3,500명으로, 인기 학과인 경영학과, 한국어문화학과의 경쟁률이 대략 4.5대 1 정도였다.

대학 교과 과정은 1단계 기초 과정으로 3~4학기 동안 교육훈련부에서 정한 일반 교양 과정을 이수한 후, 합격증이 발급되는 평가시험에 합격해야 2단계 과정인 상급학년으로 진급할 수 있다. 그래야만 계속해서 전공과목을 이수할 수 있다. 학점제가 도입돼 공통 필수과목을 90학점 이수해야 한다. 전공 필수과목은 전문대학이 60~70

학점, 일반대학이 120~134학점을 이수해야 한다. 일정 요건을 갖춘 대학들은 여러 지역에 분교를 둘 수 있는데, 정상적인 교과과정을 이수해야 학사학위를 수여한다. 모든 졸업생은 졸업시험을 보고 졸업논문을 써야 한다.

각 대학 본부와 분교에서는 일반 직장인을 위한 학사학위 과정 야간 강좌를 개설하고 있다. 또한, 사회교육 및 영리를 목적으로 외국어 강좌를 개설하고 있으며 수준별로 외국어 자격증을 발급하고 있다. 성별이나 연령에 상관없이 누구나 교육받을 수 있는 기회를 주는 개방대학도 운영되고 있으며, 이 경우 통신 강좌를 통해서도 학위를 취득할 수 있다. 한국의 사이버대학교를 떠올리면 이해가 쉬울 것이다. 또한 학생들의 형편에 따라 학기 중에 일정 기간 집중적으로 공부해 규정에 의한 학점을 이수하면 학사학위를 받을 수 있는 제도도 갖춰져 있다.

1991년부터 도입 및 운영되어 온 대학원의 석사 과정 제도는 1년 반에서 2년 동안의 전공과목 연구 후 졸업논문을 작성해 발표하는 것이 순서다. 논문 심사의 공정성을 기하기 위해 교육훈련부에서 해당 연구 분야의 심사위원단 5~6명을 직접 임명해서 심사했으나 최근에는 대학에서 자체적으로 심사위원을 선정하고 논문이 통과되면 교육부에 보고하는 게 일반적이다.

대학원 박사 과정의 경우, 성적이 우수한 학사학위 소지자가 동일 계열 전공으로 입학했을 때, 석사학위가 없어도 박사 과정에 응시할 수 있다. 그 외에도 공인된 학술지에 보고서나 연구논문을 발표한 실적이 있거나, 2년 이상 교육기관에서 강사로 혹은 과학 기술 분야

연구소에서 연구원으로 근무한 경력의 소유자도 역시 석사학위가 없어도 박사 과정에 등록할 수 있다. 논문 심사를 성공적으로 마치면 구소련식 학위제도인 부박사학위가 교육훈련부 장관 명의로 수여되었으나, 1997년부터는 부박사학위 제도가 없어지고 바로 박사학위를 수여한다. 학위증도 해당 대학 총장이나 연구기관 기관장 명의로 수여한다.

### 현재의 교육 현황과 앞으로의 과제

전통적으로 베트남은 교육을 중시하고 예의를 앞세우는 나라였다. 그러나 프랑스의 식민지배를 받으면서 프랑스식 교육제도가, 소련의 지원을 받으면서는 소련식 교육제도가 유입되었고 이 둘이 혼재되어 있었다. 오늘날에는 영어권에서 유학을 마친 관료들이 늘어난지라 미국, 영국, 캐나다를 비롯한 영어권 학교가 운영되는 등 교육 과정은 조금씩, 그리고 꾸준히 변화하고 있다.

문제는 국공립학교의 예산 부족으로 교육시설이 낙후되어 성과를 올리기 역부족이라는 점이다. 사립학교의 경우 학교 설립자가 처음에 내세운 '교육 보국'의 철학에 따르지 않고 철저히 영리를 위한 운영을 하므로 학생들에게 질 좋은 교육을 제공하기가 쉽지 않다는 점도 큰 문제가 아닐 수 없다.

한편으로는 급속한 경제 발전으로 중산층이 늘어나면서 해외 유학을 희망하는 학생들의 수가 늘고 있다. 따라서 학령인구가 줄어들어 학생을 모집하는 데 어려움을 겪고 있는 한국의 대학들은 이 점에 주목해 베트남 유학생을 모집하는 것에 관심을 가질 필요가 있다.

## 여행자를 위한 정보 ②
# 관광산업을 견인하는 까오방 7경

### 자연이 빼어나게 아름다워 신선이 살 것 같은 까오방

중국과 국경을 마주하고 있는 북부 지역 까오방은 베트남 독립과 통일의 산실이다. 또한 자연 그대로의 아름다움을 간직하고 있는 선향仙鄕이다. 까오방시는 하노이로부터 북쪽으로 약 280킬로미터 떨어져 있으며 교통수단에 따라 차이는 있지만 약 8시간이 소요된다. 버스는 하노이 미딘 버스터미널에서 출발한다.

성도省都인 까오방시는 방강에 둘러싸여 있고, 전쟁 영웅 보응우옌잡 장군의 이름을 딴 대로가 그 중심을 가로지른다. 산악 지역답게 지역 특산물을 파는 가게도 즐비하다. 특유의 신맛이 나는 '퍼쭈어'는 다른 지역에서 맛보기 어려운 북부 산악 지방만의 고유 음식이다. 길가 담벼락에 거울만 덩그러니 걸려 있는 '거리의 이발소'도 눈길을 끈다. 이발 후에 머리를 감는 건 각자의 몫이다.

까오방을 여행하는 시기는 우기를 피해 10월부터 이듬해 4월까지가 적기다. 북부 베트남의 경우 겨울에 해당되는 11월부터 2월까지는 춥고, 우기인 5월부터 9월까지는 무덥고 다습하므로 시기에 맞는 적당한 옷을 준비해야 한다.

베트남의 관광산업은 성장 잠재력이 매우 크다. 코로나19로 빈사 상태에까지 이르렀지만 다시금 성장의 날개를 달게 될 것이다. 사람들이 가고 싶은 세계 20대 여행지에 할롱만, 하장성의 동반지질공원, 퐁냐-깨방, 닌빈, 꾸이년 등 베트남 지역만 5개가 포함되어 있다. 그중에서도 사람들이 최고로 꼽는 7개의 경치, 이른바 '까오방 7경七景'이 존재하는데, 이곳이 본격적으로 관광상품화가 된다면 베트남은 보다 세계적인 관광지가 될 수 있을 것이다. 천혜의 경관, 다양한 음식과 저렴한 여행비가 관광객의 발걸음을 재촉할 것이기 때문이다. 그렇다면 그 환상적인 7개의 경치가 무엇인지 지금부터 독자들께 이를 소개하고자 한다.

### 1경: 반지옥폭포

반지옥폭포는 이과수폭포, 빅토리아폭포, 나이아가라폭포에 이어 세계에서 네 번째로 큰 폭포이며 높이가 53미터, 폭이 300미터에 달한다. 쭝카인현 담투이면에 위치한 폭포에서 떨어지는 물줄기는 중국과의 국경인 꿔이선강으로 흐른다. 폭포 서쪽은 베트남 영토, 동쪽은 중국 영토에 속하고 있다. 양국 모두 관광객을 대상으로 한 투어 프로그램은 자국 수역 내에서만 운행하며, 대나무를 엮어 만든 뗏목에 엔진을 장착한 유람선을 타고 폭포 밑까지 둘러볼 수 있다. 양국 관광객이 유람선으로 강을 오갈 때 상대방에게 손가락질 하는 모습은 중월관계를 엿볼 수 있는 바로미터라 할 수 있다.

반지옥폭포의 관광에 적합한 시기는 건기인 10월부터 이듬해 4월까지가 좋다. 건기가 끝나갈 때는 오전 10시 30분에서 오후 1시까지 수위 조절용 댐을 개방하여 꿔이선강의 물을 끌어다 수량을 조절한다. 이곳에 관광을 가면

세계에서 네 번째로 큰 반지옥폭포의 전경. 서쪽은 베트남, 동쪽은 중국 영토에 해당한다.
(Lê Minh Phát/ CC BY)

지역 특산물이자 별미인 구운 토종 쥐밤을 맛보시길 바란다. 관광객들에게
인기가 높은 간식이다.


2경: 쭈어펏띡쭉럼

반지옥폭포에서 멀지 않은 산자락에 베트남 전통 스타일의 사찰 쭈어펏
띡쭉럼竹林寺이 있다. 산의 높은 곳에 있는 대웅전에 올라 밑을 내려다보면
주변은 온통 카르스트지형의 산으로 둘러싸여 있고, 전면이 탁 트여 가슴을
시원하게 해준다. 사찰 아래로 내려다보이는 반지옥폭포 전경은 또 다른 각
도에서 눈을 즐겁게 해준다. 대웅전으로 향하는 길에는 오토바이 택시 쎄옴
이 기다리고 있어 더운 날씨에 땀 흘리며 올라가는 수고를 덜 수 있다.

### 3경: 응엄응와오동굴

응엄응와오동굴은 동남아시아에서 가장 독특한 종유석 동굴이다. 쭝카 인현 담투이면에 있으며, 반지옥폭포와 3킬로미터 정도 떨어져 있어 폭포 로 가는 길이나 돌아오는 길에 들르면 좋다. 비교적 최근에야 일반에 개방 된지라 훼손되지 않고 본래의 모습을 그대로 간직하고 있어 태고의 신비 함을 맛볼 수 있다. 내부로 들어가면 약 3억 년 전에 형성된 신비한 종유석 동굴을 감상할 수 있다. 각양각색으로 생긴 종유석이 눈을 황홀하게 한다. 동굴의 총 길이는 2,144미터이지만 훼손을 막기 위해 948미터까지만 관광 할 수 있다.

'응엄응와오'라는 말은 소수민족인 따이족의 말로 '호랑이 굴'이란 뜻이 다. 옛날에 동굴 속에 호랑이가 살았다고 전해져 내려오기 때문에 붙여진 이

3억 년 전에 형성된 동굴 속 종유석은 그야말로 장관이다. 동굴의 여러 갈래에서 흐르는 물 줄기가 뒤섞여 내는 소리를 두고 옛 사람들은 호랑이가 우는 소리라고 표현했다.(Bùi Thụy Đào Nguyên/ CC BY)

름으로 보이는데, 또 다른 설은 동굴의 여러 갈래에서 흐르는 물소리가 서로 뒤섞여 호랑이가 울부짖는 소리와 같기 때문이라고 한다.

까오방시에서 약 60킬로미터를 달리면 쭝카인 현청 소재지에 도착하고, 거기서 다시 30킬로미터를 가면 반지옥폭포가 나오며, 가는 길에 있는 동굴 안내판을 보고 따라가면 된다.

### 4경: 탕핸호수

탕핸호수는 하장시에서 북쪽으로 34킬로미터 떨어진 꽝호아현 꾸옥또 안면에 있으며 해발 1,000미터 높이에 있다. 건기에는 36개의 작은 호수가 생기지만 우기에는 수위가 올라 하나의 호수로 변해 주변의 바위산이 거의 물에 잠긴다. '탕핸'이라는 말 역시 따이족의 말로 '벌의 꼬리'라는 뜻인데, 높은 곳에서 아래를 내려다보면 호수가 마치 벌의 꼬리처럼 생겼다 하여 생긴 이름이다. 폭은 100~300미터, 길이는 500~1,000미터 정도로 짜린강의 물 공급원인데, 건기와 우기에는 수위가 15~20미터까지 차이가 난다. 석회암 동굴에서 흘러나오는 벽옥색의 물이 보는 이에게 청량감을 선사한다.

### 5경: 빡보 혁명 전적지

까오방시에서 북쪽으로 52킬로미터 떨어져 있는 빡보 혁명 전적지는 호찌민 주석의 발자취가 고스란히 보존되어 있어 베트남의 독립투쟁과 8월혁명의 역사교육장이다. 호찌민의 독립투쟁 발자취를 둘러보기 위해 늘 탐방객의 발길이 끊이지 않는 곳이다. 빡보동굴은 호 주석이 해외에서 30년간 독립운동을 하다가 1941년에 귀국하여 전초기지를 세우고 1945년까지 혁명을 진두지휘한 곳으로 국가특별유적지로 지정되었다. 동굴은 내부 면적이 80

제곱미터 정도에 불과하고, 입구는 협소하여 한 사람이 겨우 드나들 수 있을 정도다.

다른 이름으로 꼭보동굴이라고도 하는데, '빡보'와 '꼭보'는 소수민족 따이눙의 언어로 '시원始原', '발원發源'이라는 뜻으로 실제로 이곳이 레닌천川의 발원지이기도 하다. 한강의 발원지인 태백 검룡소儉龍沼와 같은 곳이다. 이 동굴에서 중국까지는 불과 100~200미터 거리라 중국 국경이 아주 가까워 비상시에는 중국으로의 탈출이 용이하고, 중국에 있는 베트남 독립 세력과 정보를 공유하고 상호 연대가 편리한 장점이 있었다.

호찌민 주석은 자신이 작명한 레닌천에서 낚시를 하고, 칼맑스산山을 거닐며 혁명을 구상했다고 전해진다. 빡보동굴에는 그가 당시 사용했던 돌 탁자, 추위를 피하기 위한 화로, 대나무 침대가 그대로 남아 전시되어 있다. 레닌천 옆에는 호 주석이 앉아 낚시하던 바위가 관광객들을 맞이한다. 입구에는 호 주석이 직접 바위에 새겨 놓은 '8/2/1941'이란 날짜가 보이는데, 이는 그가 동굴에 와서 생활하기 시작한 시점을 표시해 놓은 것이다.


## 6경: '신의 눈'산

탕핸호수에서 약 2킬로미터 떨어진 짜린현 꾸옥또안면 반자인마을에 '신의 눈'산이 있다. '천사의 눈'이라고 소개되기도 한다. 신기하게도 해발 50미터 높이의 산 중턱에 직사포에 맞은 듯 큰 구멍이 뻥 뚫려 있는데, 이를 두고 따이족 현지 주민들은 '구멍 산'이라고 한다. '신의 눈'산은 1년 내내 아름다운 경관을 자랑하지만, 건기에 해당하는 9~10월이 가장 좋다. 이때는 탕핸호수에 물이 빠져 여러 개의 호수가 형성되고, 산과 구름 낀 하늘이 그 경계를 구별하기 어려울 정도여서 최고의 경관을 감상할 수 있기 때문이다.

산 중턱에는 마치 일부러 뚫어놓은 것 같은 큰 구멍이 있는데, 사람들은 이를 '신의 눈' 혹은 '천사의 눈'이라고 부른다.

산으로 향하는 길을 따라 반자인마을에 도착하면 소수민족의 전통 가옥, 벼가 자라고 황금빛으로 익어가는 논, 옥수수 밭, 한가로이 먹이를 뜯는 물소 떼가 여행의 피로를 잊게 해준다. 마치 신선의 나라에 온 듯 세상 잡념이 사라지고, 평온한 마음을 갖게 된다. 한 번 머물면 떠나고 싶지 않은 곳! 이곳이 '신의 눈'산이 있는 반자인마을이다. 건기에는 배낭족들이 잔디 위에 텐트를 치고 야영을 할 수 있어 젊은이들에게 인기가 많다.

### 7경: 논느억지질공원

세계 50대 절경에 포함된 논느억지질공원은 면적이 약 3,390제곱킬로미터로 유네스코는 2018년 4월 이곳을 세계지질공원으로 공인했다. 이로써 베트남은 하장성의 동반지질공원에 이어 두 번째 유네스코 공인 지질공원을 보유하게 되었다.

　이곳에 있는 화석, 화산석, 광물, 석회암동굴은 지구 역사의 변화와 진화의 흔적을 고스란히 담고 있어 학술적 연구 가치와 관광자원으로서의 활용성이 매우 높다.

# 3장

# 호찌민과
# 사회주의국가의 탄생

# 베트남의 국부,
# 호찌민 주석과 바꽁정신

## 유네스코가 인정한 베트남 민족 해방의 영웅

내가 호찌민胡志明(1890~1969)이란 인물을 처음 알게 된 건 대학에 입학한 뒤였다. 그도 그럴 것이 그때만 해도 '반공'이 국시라고 할 만큼 공산권에 대한 정보는 금기시되었고, 특히 한국군이 파병된 월남전이 기대했던 바와는 다른 방향으로 끝난 뒤였기 때문이다. 그런데 베트남어를 배우는 학과에 입학하고 보니 전공 특성상 자연스레 그의 이름을 접할 수밖에 없게 되었다.

내게 호찌민의 첫인상은 단순히 공산주의자였다. 물론 그가 베트남 사람들에게는 나라의 독립을 위해 싸운 독립영웅일 수도 있겠다고 생각하면서도 결국은 베트남 국민들에게서 자유를 앗아갔다는 생각이 강했다. 그랬던 나로서는 1980년대 말 시장개척단으로 처음 베트남 땅을 밟고 나서 큰 충격에 빠질 수밖에 없었다. 나의 선입견

베트남의 국부 호찌민의 초상화

과는 아랑곳없이 그곳에서 호찌민은 국민 모두에게 불세출의 독립영웅으로, 자애로운 지도자로 칭송받고 있었던 것이다. 베트남에서는 매년 5월 그의 생일을 기념하기 위한 행사가 열리고, 5년을 주기로 행사 규모가 더 커진다.

이후 차차 베트남에서 보내는 시간이 길어지고, 이해가 넓고 깊어지면서 왜 호찌민을 사람들이 그리 존경하는지, 급기야 1990년 호찌민 탄생 100주년을 맞아 유네스코가 그를 "베트남 민족 해방의 영웅이자 세계적인 문화인"으로 공인한 까닭을 알 수 있었다.

앞서도 말했지만 베트남에서는 사람을 부를 때 모두 끝 이름으로 부르는데, 유일하게 호찌민만 성姓으로 부른다. 그것도 애정을 듬뿍 담아 '호 큰아버지'라는 뜻의 '박 호'라고 말이다. 그만큼 그가 베트남 역사에 남긴 업적이 크기 때문일 것이다. 그런데 재미있게도 호찌민은 그의 본명이 아니다. 그가 독립운동을 하며 썼던 수많은 가명 중 하나일 뿐이며, '깨우치는 자'라는 뜻을 담고 있다고 한다.

호찌민은 그의 나이 11세 때 응우옌떳타인阮必成이란 이름으로 처음 개명한 것을 시작으로 1969년 9월 2일 79세로 서거하기까지 175개의 가명과 필명을 사용했다. 독립운동을 하면서 프랑스 식민

당국의 체포를 피하려고 수시로 이름을 바꿔 사용했기 때문이다. 호찌민의 본명은 응우옌신꿍阮生恭이다.

　호찌민은 21세 때 해외로 나가 독립운동을 시작했으며, 30년 만인 1941년 귀국하여 중국과의 접경 지역에 위치한 까오방 지역의 빡보동굴에 혁명의 전초기지를 구축했다. 1945년 8월혁명을 성공으로 이끌고 9월에는 베트남의 독립을 선언함과 동시에 베트남민주공화국 수립을 선포했다. 그리고 24년간 주석으로 재임하면서 내내 국민의 눈높이에서 생각하고 입고 먹고 마셨다.

　까오방 지역을 직접 가보면 왜 호찌민이 다른 지역이 아닌 그곳을 전초기지로 선택했는지 알게 된다. 원래 호찌민은 귀국 후 머물 곳으로 세 곳을 염두에 두고 있었다고 한다. 모두 중국 국경과 인접한 북부 지역인 라오까이, 동당 – 랑선, 까오방 세 지역이었다. 1940년 말 중앙당에서는 풍찌끼엔, 호앙반투, 당반깟 세 명을 선발해 까오방으로 보냈다. 이들로부터 빡보의 산세, 까오방 지방의 혁명 분위기, 국제 정세에 대한 국내 여론을 보고받았다. 까오방은 지리적으로는 중국 국경과 접해 있어 비상시에는 중국으로의 탈출이 용이했으며, 중국에 있는 베트남 독립세력과 연대할 수 있다는 장점을 갖고 있었다. 또한 쪽배로 비밀리에 오갈 수 있고, 소리 소문 없이 다니기에도 안성맞춤이었다. 이에 호찌민은 까오방이 혁명의 적지라고 판단해, 직접 노를 저어 그곳으로 가 기지로 삼았다.

　모든 레지스탕스가 그렇듯이 호찌민은 독립운동을 하는 동안, 독립을 이룬 뒤에도 평생을 생활의 편리함을 추구하지 않았으며, 어떠한 사치도 부리지 않았다. 고난도 기쁨도 늘 국민과 함께 나눴다.

또한 호찌민은 국민을 다스리는 대상으로 여기지 않았다. 그에게 국민은 항상 '함께, 더불어' 살아갈 대상이었다. 그는 국민과 '함께 일하고, 함께 먹고, 함께 자는' 것을 중시했으며, 바로 이것이 세 가지를 함께한다는 의미의 '바꿍정신'이다.

### 태생부터 흐르고 있던 혁명가의 자질

호찌민 주석의 일대기는 바로 현대 베트남의 역사다. 호찌민은 1890년 5월 19일 부친 응우옌신삭 공과 어머니 호앙티로안 여사 사이에서 3남 1녀 중 셋째로 태어났다. 동생은 태어난 지 얼마 지나지 않아 세상을 떠났고, 호찌민은 11세에 어머니를 여의었다.

부친은 조선에서 동학혁명이 발생했던 1894년에 과거시험에 합격해 프랑스 식민정청의 고위관리가 되었다. 하지만 그는 자신이 프랑스인의 야심을 채워주기 위한 도구밖에 되지 않는다는 것을 깨닫고, 프랑스 식민지배하에서 근무하는 데 염증을 느끼던 중 징세 문제로 항의하는 백성들과 마찰이 생겨 결국 관직을 그만두게 되었다. 이로부터 응우옌신삭은 사회의 일원이 되기를 거부하고 가족을 떠나 방랑 생활을 하며 세상을 등지고 살았다.

맏누이 응우옌티타인은 호찌민보다 여섯 살이나 많았는데, 아버지보다 더 적극적인 자세로 프랑스에 반감을 나타냈다. 프랑스군 부대에 근무하는 베트남 사람들을 통해 무기를 빼내어 독립군에게 전달하는 등의 과감한 활동 때문에 수차례 감옥 생활을 겪어야 했다. 두 살 위의 형 응우옌신키엠은 누나보다 더욱 과격하게 저항의식을 표현했다. 그는 직접 프랑스 관리를 공격해 오랫동안 감옥에 있어야 했다.

프랑스 식민 당국의 관료제도에 환멸을 느낀 아버지는 자식들에게 정규교육을 제대로 시키지 않았던지라 호찌민은 중학교 과정인 국학교 졸업이 최종 학력이다. 대신, 방대한 독서량으로 어려서부터 폭넓은 식견을 갖추고 있었다. 가족 모두가 식민지배의 현실 속에서 민족의 문제에 깊이 천착했고, 그 또한 그 모든 것을 옆에서 보고 자라며, 학문을 갈고 닦은 것이다.

이러한 환경에서 성장한 덕분일까. 호찌민은 1911년 21세의 나이로 자신의 민족주의적 야망을 후원해줄 수 있는 사람을 찾고자 사이공 항구에 정박 중이던 프랑스 상선 아미랄 라뚜쉬 뜨레빌호의 보조 요리사로 승선해 프랑스로 건너갔다. 그는 이때부터 30년간 해외에서 독립운동을 하며 산전수전 다 겪었다.

그런 점에서 호찌민만큼 많은 직업을 가져본 사람은 없을 것이다. 정원사, 미화원, 석탄을 때는 화부火夫, 조리사 보조원, 사진사, 중국 골동품에 그림을 그려 넣는 화가 등 생계를 유지하기 위해 안 해본 일이 없을 정도로 많은 직업을 거치며 갖은 고생을 했다. 단적인 예로 화부로 있을 때 불에 달군 벽돌을 가져다 침대 밑에 깔고 자면서 추위와 싸우기도 했다. 한마디로 호찌민이야말로 눈물에 젖은 빵이 아니라 피의 빵을 먹어본 사람이다. 배고픈 국민의 심정을 누구보다 잘 아는 영도자였으며, 기나긴 옥중생활로 자유의 소중함을 그 누구보다 뼈저리게 느낀 사람이었다.

### 직업 혁명가 호찌민

호찌민에게 평생을 따라다닌 질문이 있다. 그는 공산주의자인가? 아니면 민족주의자인가? 호찌민은 늘 "나는 직업 혁명가"라고 말했다. 그는 식민지배로부터 독립과 자유를 되찾기 위해 공산주의 국가의 도움을 받은 민족주의자이다. 봉건군주제 타파를 위해 혁명을 일으킨 혁명가이기도 하다. 그는 근면, 검소, 청렴, 정직을 자신의 신조로 삼았고, 이것이 호찌민 사상의 핵심이다.

호찌민은 프랑스로부터의 독립을 위해 미국의 지원을 요청했지만 미국은 전통적인 우방국인 프랑스와의 입장을 고려하여 약소국인 베트남의 요청을 거절했다. 호찌민은 하는 수 없이 소련과 중국의 지원을 받아 독립운동을 전개해나가야 했다. 그리고 세월이 흐른 후, 미국의 절대적인 지원을 받는 남부 베트남을 무력으로 통일함으로써 도움을 거절했던 미국에게 되갚아준다. 남부 베트남을 지원한 미국은 314만 명의 미군을 참전시켰는데 그중 5만 8,183명이 전사했으며, 미국이 쓴 전쟁 비용만 무려 1,650억 달러에 이른다. "독립과 자유보다 귀한 것은 없다"고 주장하며 국민들을 단결시킨 호찌민의 리더십은 통일을 달성하는 데 절대적인 역할을 했고, 베트남 역사에 다시 한번 전쟁 불패의 신화를 써내려갔다.

### 통일 후 사이공을 호찌민시로

지금으로부터 49년 전인 1975년 4월 30일 오전 11시 30분, 남베트남 수도 사이공 중심부의 독립궁에 북베트남기가 게양되었다. 사이공 함락 작전의 선봉으로 나선 북베트남군 제203기갑여단 소속의 소련제 T-54B 탱크(843호)와 T-59 탱크(390호)가 각각 독립궁의 정문과 옆문을 부수고, 뒤이어 304보병사단 병력이 진입한 지 정확히 45분 뒤의 일이었다. 탱크가 독립궁에 진입할 당시 베트남공화국의 마지막 대통령인 즈엉반민은 무조건 항복을 위한 국무회의를 개최하고 있었다. 이로써 1954년 제네바협정에 따라 인도차이나반도 북위 17도선 이남에 들어섰던 베트남공화국은 역사의 뒤편으로 영원히 사라졌다.

베트남공화국의 패망은 곧 베트남의 통일을 의미했다. 통일을 지상 과제로 삼았던 호찌민의 꿈이 현실로 이뤄진 것이다. 그가 끝내 통일을 보지 못하고 눈을 감은 지 6년 만의 일이다. 베트남 정부는 이듬해인 1976년 7월 2일 남부 베트남공화국의 수도였던 사이공을 그의 이름을 따서 '호찌민시'로 변경했다.

### 통일된 베트남에 남은 호찌민의 정신

1975년 사이공 함락과 남베트남 정권의 몰락은 미국을 중심으로 하는 서방세계를 한동안 패배감에 휩싸이게 했다. 그러나 그들이 간과하고 있었던 것은 20년 동안 계속된 통일전쟁의 가장 큰 피해자는 베트남 사람들이라는 사실이다. 공식 통계에 따르면 남베트남군의 전사자는 22만 3,748명이었다. 거기에 북베트남군과 이들을 도운 게릴라, 소위 베트콩까지 합칠 경우 적어도 100만 명 이상이 희생됐을 것으로 추산된다. 민간인까지 확대해 본다면 당시 베트남 전체 인구의 10%가량인 400만 명 이상이 목숨을 잃거나 부상당했다. 특히, 북베트남의 경우 미국의 폭격으로 도로, 항만, 철도, 발전소 등 인프라가 거의 파괴돼 전후 경제 재건에 큰 부담이 가중되었다.

그럼에도 불구하고 베트남은 호찌민 주석의 바꿍정신을 바탕으로 차근차근 전후의 폐허 위에 희망을 짓기 시작했다. 그리고 그 정신은 훗날 베트남을 이끄는 리더들에게 이어져 여전히 국가를 운영하는 기본 철학으로 작동하고 있다. 그런 점에서 한 나라가 위대한 지도자를 갖는다는 것은 그 나라의 생존과 흥망성쇠에 매우 중요한 일이며, 지도자는 그 나라 국민의 행복지수에 절대적인 영향을 미치는 요소가 아닐 수 없다.

## 베트남의 문호이자 국제적 감각을 가진 정치가

매사에 솔선수범하고, 국민과 더불어 생사고락을 함께하고, 국가의 미래를 전망하며 노블레스 오블리주를 실천했던 지도자 호찌민은 전 세계를 떠돌며 독립운동을 전개했다. 전 세계의 혁명가들과 소통하고 그들의 지지를 이끌어냈다. 자연스레 그는 프랑스어, 영어, 러시아어, 태국어 및 3개의 중국 방언을 구사할 줄 아는 국제적 감각을 갖출 수 있었다.

호찌민은 위대한 정치 지도자였지만 한편으로는 베트남이 낳은 문호이기도 하다. 그는 1942년 8월부터 이듬해 9월까지 중국의 국민당 군대에 체포되어 광시성 13개 현縣의 18개 감옥을 전전하는 고초를 겪었다. 그런 와중에도 틈틈이 133편의 한시가 담긴 베트남 문학사의 걸작《옥중일기獄中日記》를 남겼다.

《옥중일기》는 베트남 사람이 베트남어가 아닌 당율唐律에 따라 쓴 한시집이다. 이 책은 베트남의 민족 지도자가 감옥에서 추위와 굶

주림 속에서도 좌절하지 아니하고, 오로지 조국만을 생각하는 애국 정신을 담고 있다. 또한 극한의 상황에서도 여유를 잃지 않고 보여주는 그의 해학적인 사고 방식과 겸손한 인간성, 동서양을 넘나드는 해박한 지식을 엿볼 수 있다. 베트남 정부는 그 가치를 인정해 2012년 10월 《옥중일기》를 국가보물로 지정했다.

몸은 옥중에 있으나身體在獄中
마음은 옥 밖에 있네.情神在獄外
위대한 사업 이루려는 꿈을 꾸면서欲成大事業
내 마음 더욱 크게 키우리라.精神更要大


관식 먹고 공관에 살며吃公家飯住公房
군경은 교대로 호위하며 시중 든다.軍警輪班去護從.
천하유람 마음대로 즐기니玩水游山隨所適
남아는 여기서도 영웅호걸!男兒到此亦豪雄


호송병이 돼지를 어깨 지고 함께 가는 길警士擔猪同路走
돼지는 사람이 지고 나는 사람에 끌려가네.猪由人擔我人牽
사람이 오히려 돼지보다 천한 대접 받으니人而反賤於猪仔
사람은 자주권을 잃었기 때문이라.因爲人無自主權


호찌민은 중국 광시성에서 수감생활을 할 당시 영양실조에 걸려 이가 다 빠졌고, 지독한 옴에 걸려 온몸이 비단구렁이처럼 울긋불긋

해졌으며, 신문지를 엮은 종이 이불을 덮고 자는 등 인간이 겪을 수 있는 모든 고통을 겪었다. 하지만 그는 그 와중에도 조국의 독립이 얼마나 절실한 것인지 뼈저리게 느끼고, 출옥하면 나라를 어떻게 세우고, 어떻게 국민을 행복하게 해줄 것인지를 연구하며 모든 역경을 버텨냈다. 그야말로 철인이 아닐 수 없다.

> 수囚에서 인人을 빼고 혹或이 들면 국國이 되고, 囚人出去或爲國
>
> 환患에서 머리의 중中을 제하면 충忠이 보인다. 患過頭時始見忠
>
> 사람에 근심이 있음으로 넉넉함이 더하는 것이니, 人有憂愁優点大
>
> 농籠에서 죽竹 빗장이 풀리면 진짜 용龍이 나오리라. 籠開竹閂出眞龍

호찌민은 1943년에 출옥한 후 2년 뒤에 그가 쓴 시의 파자破字[10] 대로 독립을 선포하고 나라를 세움으로써 진짜 용龍이 되었다. 이처럼 위대한 혁명가이자, 민족의 지도자이자, 뛰어난 문호였던 호찌민은 "독립과 자유보다 귀한 것은 없다"는 사실을 국민에게 각인시켜준 인물이요, 베트남의 인동초忍冬草 같은 사람이었다.

---

10   한자의 문자적 특성을 이용해 글자를 분해하는 것을 의미한다.

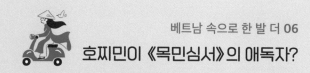
한국인들이 베트남에서 개최하는 행사에 갈 때, 단체 관광객들에게 가이드가 화려한 말솜씨로 베트남의 문화를 설명할 때, 종종 사실이 아닌 내용이 입에서 입으로 전해지면서 확대, 재생산되는 것을 보게 된다. 정보의 홍수 속에서 살면서 일반인들이 그 옳고 그름을 파악하는 것은 쉬운 일이 아니다. 하지만 그런 잘못된 소문에서 비롯된 오해가 한국-베트남 관계에 나쁜 영향을 미친다면 이는 다시 생각해볼 문제다.

그중 내가 생각하기에 가장 심각한 것은 호찌민 주석이 정약용 선생의 《목민심서》를 애독했다는 이야기다. 호 주석의 머리맡에는 늘《목민심서》가 놓여 있었고, 그가 이 책을 닳도록 읽고 또 읽었다는 말, 호찌민이 매년 다산의 제사를 모셨다는 말, 적의 공격으로 급히 피신할 때도 《목민심서》 하나만큼은 꼭 챙겼다는 말, 《목민심서》가 베트남 공무원 교육 교재로 사용되었다는 말, 호찌민이 사망할 때 지팡이 하나, 옷 두 벌, 《목민심서》를 비롯한 책 몇 권만을 유품으로 남겼다는 말, 호찌민의 묘에 《목민심서》가 같이 묻혀 있다는 말처럼 열거하자면 끝이 없을 정도다. 그러나 애석하게도 이는 결코 사실이 아니다.

하노이로 여행을 갈 때 필수 관광 코스가 몇 군데 있는데, 그중 하나가 바 딘광장의 호찌민 영묘와 그 뒤편의 호찌민박물관이다. 호찌민의 시신은 땅

바딘광장의 호찌민 묘. 이 안에 그의 시신이 방부 처리되어 유리관 속에 남아 있다.

에 매장되지 않고 방부 처리되어 유리관 속에 누워 있다. 거기에 《목민심서》
가 있던가? 당연히 없다! 그가 세상을 떠날 때 《목민심서》와 함께 묻혔다는
이야기는 너무나도 쉽게 그 진위를 확인할 수 있음에도 그런 거짓 이야기가
오랫동안 회자되었다. 그나마 현재는 이에 대해 언급하는 사람들이 거의 없
다는 걸 다행으로 생각한다.

　호찌민은 생전에 《목민심서》를 읽기는커녕 정약용의 존재도 몰랐다. 정
말 《목민심서》가 공무원 교육 교재로 쓰였다면 베트남어로 번역된 《목민심
서》가 어딘가에 한 권이라도 남아 있어야 할 것이 아니겠는가.

　필자는 호찌민의 《옥중일기》를 최초로 완역했으며, 2005년 이를 주제로
한 서예 작품 전시회를 국내 5개 도시(부산, 대구, 광주, 목포, 서울), 베트남
3개 도시(호찌민시, 빈, 하노이)에서 개최한 적이 있으며, 이를 호찌민박물

관에서 전시했다. 이때 응우옌티띤 박물관장을 만나 직접 문의해 보았는데, 그들은 《목민심서》에 대해 전혀 아는 바가 없었다. 《목민심서》에 관한 자료도 없을뿐더러 호 주석이 《목민심서》를 애독했다는 이야기는 처음 듣는다고도 했다. 이러한 잘못된 소문이 계속된다면 두 나라의 협력관계에 나쁜 영향을 끼치게 될 것이 명약관화하다. 자중할 일이다.

# 세기의 전략가
# 보응우옌잡 장군

## 베트남의 신장神將, 보응우옌잡

베트남에는 거의 모든 국민으로부터 존경받는 20세기 지도자가 두 명이 있다. 그것도 동시대를 살았던 두 인물이다. 한 명은 앞에서 언급한 호찌민 주석, 나머지 한 명은 보응우옌잡武元甲 장군(1911~2013)이다. 호찌민이 베트남의 독립과 통일의 정신적 지주였다면, 보응우옌잡은 실제 전쟁에서 탁월한 군사적 리더십을 발휘해 승리로 이끈 독보적인 역량의 군인이었다.

보응우옌잡이 이룬 군사적 성취를 두고 베트남 사람들은 그를 신장神將, 혹은 '득보잡'이라고 한다. '보잡'은 보응우옌잡이라는 이름을 부르기 쉽게 축약한 것이고, '득'은 '신神' 또는 '성자聖者'를 뜻하는 베트남어이다. 그러니 '득보잡'이란 말은 '신장 보응우옌잡'이라는 뜻이 된다. 그야말로 베트남 국민 모두가 자랑스러워하고 존경해마지않는 지도자인 것이다.

잡 장군은 평생을 국가 독 립을 위해 바친 군사 지도자로 서 1954년 베트남군을 승리로 이끌어 프랑스 식민통치의 사 슬을 끊어낸 장본인이다. 또한 베트남전에서도 호 주석과 함 께 큰 업적을 남겼다. 그는 중 국의 마오쩌둥, 쿠바의 체 게 바라와 함께 3대 게릴라전 전 략가 중의 한 사람으로 손꼽힌

1957년의 보응우옌잡 장군

다. '적을 맞아 국민 전체가 싸 워 이기는 것'이 베트남 정신이라면 20세기에 그 정신을 실제로 현실 에서 보여준 이가 바로 보응우옌잡 장군이다.

### 최초로 미국에게 패전을 안겨준 세기의 전략가

베트남인들은 예로부터 자주의식이 강한 민족이었다. 중국의 침 략으로 인해 오랜 북속시대를 거쳤지만, 한때 세계를 호령했던 몽골 제국의 세 차례에 걸친 침략도 막아낸 역사를 자랑한다. 20세기에도 베트남은 위대한 승리를 거뒀는데, 잡 장군은 1946~1954년 프랑스 와의 제1차 인도차이나전쟁, 1955~1975년 베트남 통일전쟁인 제2 차 인도차이나전쟁을 승리로 이끌었다. 보응우옌잡은 베트남인민군 을 창설한 지휘관이자 정치가이기도 하다.

그는 2008년 영국에서 출판된 《위대한 군사 지도자들과 그들의 전략Great Military Leaders and Their Campaigns》에서 알렉산더대왕, 한니발 장군, 제2차 세계대전의 영웅인 미 해군의 체스터 니미츠 제독과 함께 인류 전쟁사에서 가장 위대한 명장 59명 중의 한 사람으로 이름을 올렸다. 역사학자 판후이레 교수는 보응우옌잡을 "베트남 인민 무장 세력의 맏형으로 프랑스 식민 세력과의 독립전쟁, 미국과의 통일전쟁에서 조국의 통일과 국가 독립을 완벽하게 쟁취한 베트남인민군 초대 총사령관이자 최초의 대장"이라고 높이 평가했다.

보응우옌잡은 군인으로 산 50여 년 중 30년간 베트남인민군 총사령관을 역임했다. 1954년 5월 7일 그가 지휘하는 베트남군이 디엔비엔푸전투[11]에서 프랑스군에 대승을 거두었고, 1968년 구정 때는 그때의 경험을 살려 케산에 있는 미군기지를 77일간 포위하기도 했다. 그는 이러한 풍부한 전투 경험을 토대로 1961년 게릴라전에 관한 《인민의 전쟁, 인민의 군대》를 집필했다. 전쟁이 끝난 이후에는 통일 베트남의 부총리와 국방부장관을 겸했으며, 1991년까지 전쟁 도중에 매설된 엄청난 양의 지뢰와 부비트랩을 제거하는 작업을 지휘했다. 제대로 된 군사훈련도 받지 않았고, 한때 초등학교에서 역사를 가르치는 교사였던 그가 이토록 탁월한 군사적인 지도력을 발휘할 수 있었다는 사실이 놀랍기만 하다.

---

11  디엔비엔푸는 하노이 서북쪽, 라오스 국경 16킬로미터 지점에 있는 곳으로, 프랑스 공군비행장이 있는 군사요새였다. 프랑스군은 호찌민 군대를 이곳으로 유인하여 섬멸하려고 했고, 호찌민군은 보병 3개 사단, 포병 1개 사단을 투입했다. 프랑스로부터 독립을 쟁취하는 결정적인 계기를 만든 역사적인 전투이다.

## 수업 거부 운동을 주도한 의식 있는 학생

보응우옌잡은 중부 베트남의 꽝빈성 레투이현 록투이면 안싸마을에서 1911년 8월 25일에 태어났다. 부친 보꽝응이엠은 유학자로 과거시험에 실패하고 향리에서 훈장과 한의사로 생계를 유지했으나, 프랑스의 식민지배에 반대하는 운동에 참여한 죄로 체포되어 옥사하고 말았다. 그의 유골은 1975년 베트남이 통일되고 나서야 향리의 열사묘지에 안장될 수 있었다. 잡 장군의 형제자매는 3남 4녀로 7명이었는데, 형과 큰누나는 일찍 세상을 떠났다.

잡 장군은 아버지로부터 엄격한 가정교육을 받고 자랐다. 그의 아버지는 자식들에게 한문과 공자나 맹자 같은 동양 성인들의 이론, 서양의 신학문을 가르쳤다. 초등학교 3학년 이후에는 집에서 20킬로미터 떨어진 곳에 사는 아버지 친구의 집에 기거하면서 공부했으며, 1925년 동허이소학교를 꽝빈성 전체 수석으로 졸업했다. 그 후 응우옌 왕조의 수도였던 후에로 가 후에국학교에 차석으로 합격했다.

그러나 모든 게 탄탄대로는 아니었다. 친구 응우옌찌지에우가 동맹 수업 거부를 주동한 인물로 지목되어 퇴학을 당하자, 잡 또한 친구의 퇴학 처분에 반대해 수업 거부 운동을 주도했고, 사태가 확산되면서 그 역시 퇴학을 당했던 것이다. 향리로 돌아온 잡은 친구 응우옌찌지에우가 가져온 자료《전 세계 피압박 민족 연합》에서 응우옌아이꾸옥(호찌민 주석의 이름 가운데 하나)의 글을 읽고 감명을 받았다. 이것이 계기가 되어 1928년 여름, 잡은 후에로 돌아와 혁명전사의 길을 걷게 된다.

잡은 응우옌찌지에우의 소개로 1924년에 설립된 민족주의 정치

단체인 신월혁명당新越革命黨에 가입했다. 응우옌찌지에우는 그에게 후인툭캉이 운영하는 《인민의 소리》 신문사에 일자리를 소개해주었다. 이를 계기로 잡은 언론활동의 기본을 익히고 경제, 사회, 민족, 혁명에 대한 이론을 무장하게 되었다.

### 혁명의 길에서 희생된 가족

잡은 1930년 10월에 발생한 쏘비엣응에띤 사건에도 연루되었다. 응에안과 하띤 지방에서 1930년 5월 1일에 시작되어 1931년까지 지속된 노동자·농민 무장해방운동으로 프랑스 식민지배에 항거하여 베트남공산당이 주도한 최초의 해방운동이다. 이 사건으로 잡은 첫 번째 부인 응우옌티꽝타이 열사, 남동생인 보투언뇨, 당타이마이 교수 등 많은 애국지사들과 함께 후에 소재의 트어푸 감옥에 수감되었다. 잡은 프랑스구제회의 도움으로 석방되었으나 후에 프랑스 공사의 압력으로 더 이상 그곳에 거주할 수 없게 되었고, 하노이로 가 알베르사로학교에 입학하여 3년 과정의 법학사 학위 과정을 밟았다. 그러나 혁명활동을 하느라 경제와 정치 과목을 이수하지 못해 최종적으로 변호사 자격을 취득하지는 못했다.

잡 장군은 1936년부터 1939년까지 인도차이나 민주전선운동에 참여했고, 민주전선 인도차이나대회의 북부 언론 담당 위원장을 맡았다. '우리의 프랑스어' 방송, 노동지, 소식지 《민중신문》에서 기자로 활동했고, 1939년 5월부터 하노이의 탕롱사립학교에서 역사를 가르쳤다.

잡 장군과 첫 번째 부인 응우옌티꽝타이 사이에는 보홍아인이라는 딸이 하나 있었다. 응우옌티꽝타이는 딸이 성장하면 혁명활동을 그만두겠다고 약속했으나 프랑스 당국에 체포되어 1940년에 옥사함으로써 이 약속은 지켜지지 못했다. 잡 장군은 1946년에 혁명 동지인 당타이마이 교수의 딸인 당빅하 여사와 재혼했으며, 슬하에 2남 2녀의 자녀를 두었다.

## 베트남인민군의 모체, 해방군선전대를 창설하다

1940년 5월, 보응우옌잡은 호찌민 주석을 만나기 위해 '즈엉호아이남'이라는 가명으로 훗날 베트남 역사상 최장 기간 총리가 되는 팜반동과 함께 중국으로 건너갔다. 호찌민은 그가 훌륭한 인물임을 알아보고, 중국공산당에 연락하여 연안延安에서 군사교육을 받게 했으나 연안으로 가는 도중 호찌민의 부름을 받고 되돌아왔다. 유럽에서 나치독일이 프랑스를 침략했기 때문인데, 호찌민은 이로 인해 인도차이나에서도 큰 변화가 있을 것이라 예상하고 이 중요한 시기에 그가 필요하다고 판단했다.

1940년에 잡 장군은 인도차이나공산당에 가입했고, 베트남독립동맹회의 활동을 시작했다. 1941년 구정에 귀국해 호찌민과 잡은 빡보 동굴기지에서 혁명을 준비하고 8월혁명을 성공으로 이끌었다. 이후 잡은 까오방에서 비엣민군사훈련소를 설립했으며, 1944년 12월에는 호찌민의 지시로 쩐흥다오 전투지구에서 34명으로 구성된 베트남 해방군선전대를 조직했다. 무기라고는 권총 2정, 장총 17정, 화승총 14정, 기관총 1정이 전부였다. 비록 미약한 출발이었지만 이 단체가 바로 베트남인민군의 전신前身이고, 이 단체가 만들어진 12월 22

일은 베트남인민군 창설 기념일이 되었다. 공교롭게도 12월 22일은 1992년 한국과 베트남이 외교관계를 정상화한 날이기도 하다.

잡 장군은 1945년 8월 14일 인도차이나공산당 중앙집행위원회 위원으로 선출되었고, 이어 중앙당 상임위원 및 전국 궐기위원회 위원으로 참여했다. 8월혁명 이후에는 임시정부의 내무부장관, 국방부 차관, 군과 민간자위대 총사령관을 맡았다. 연합정부에서는 1947년 7월까지, 1948년 7월부터 1980년 2월까지 두 차례에 걸쳐 국방부장관을 역임했다. 또한 1954년부터 1982년까지 정치국원, 중앙군사위원회 비서, 베트남인민군 총사령관, 1955년부터 1991년 은퇴하기까지 국방위원회 부주석을 겸임하는 등 긴 세월 자신의 자리에서 역할을 다했다.

**두 차례의 인도차이나전쟁, 독립과 통일을 이뤄내다**

1946년 12월 제1차 인도차이나전쟁이 발발하자 보응우옌잡은 총사령관 겸 총군사위원회 비서로 프랑스와의 독립전쟁을 지휘했다. 그는 1948년 5월 37세의 나이로 베트남군 최초의 대장으로 임명되었으며, 1948년 8월에는 최고국방위원회 위원이 되었다. 그는 프랑스와의 장기전에서 탁월한 전술을 개발하고 장병들을 훈련시켜 디엔비엔푸전투를 승리로 이끌었다. 이로써 1858년 다낭 공격으로 시작된 프랑스의 식민지배는 종지부를 찍었고, 베트남은 완전한 독립을 달성하게 되었다. 이는 아시아 국가가 유럽 국가와 싸워서 승리한 최초의 전투이다.

비록 프랑스는 물러갔지만 그 기쁨은 그리 오래가지 못했다.

1954년 제네바협정에 따라 베트남은 북위 17도선을 경계로 남북으로 분단되고 만다. 이에 굴복할 수 없었던 베트남공산당은 미국의 지원을 받던 남부의 베트남공화국과 통일을 위한 전쟁을 시작했다.

보응우옌잡은 원래 평화적인 통일이 이뤄져야 한다고 주장하면서 베트남공화국 측에 제네바협정을 준수할 것을 요구했으나 남베트남의 응오딘지엠 정권은 베트남공산당을 말살한다는 의미의 또꽁지엣꽁掃共滅共 정책을 선언하면서 그 요구를 묵살했다. 결국 제네바협정이 준수될 가망성이 보이지 않자, 잡 장군은 무력을 통해서 남부를 해방시켜야겠다고 결심했다.

이에, 쯔엉선산맥을 통해 군사보급로를 구축하기 위해 559단을 창설했고, 남부 베트남에서의 게릴라 활동을 활발히 하고, 남부의 민족해방전선은 연대급으로 재편했다. 1964년에는 응우옌찌타인, 레쫑떤을 동남부 전선에 파견해 남부해방군의 지휘를 맡김으로써 전세를 호전시켰으며 1968년 구정에 대대적인 공세를 단행했다. 이 전투는 비록 많은 인명피해를 냈으나 전세를 전환시키는 커다란 성과를 거두었다. 이를 계기로 미국은 물론 전 세계적으로 반전 여론이 확산되었던 것이다. 특히, 미국의 폭격이 완전히 중단되었고, 휴전협상이 열림으로써 외국군이 베트남에서 철군하는 결과를 이끌어냈다. 1973년 그렇게 다른 나라의 군대는 모두 베트남을 떠났고, 이후 북베트남군은 남부 베트남으로 진격하여 무력에 의한 통일 과업을 완수했다.

### 골리앗을 물리친 탁월한 다섯 가지 군사전략

30년간 이어진 프랑스와의 독립전쟁과 그 뒤를 이은 미국과의 전쟁은 공통적으로 베트남이 상대하기 힘든 강력한 국가와의 전쟁이었다. 특히 1945년 독립을 막 선언한 초기의 베트남은 제대로 된 국가 체제를 구축하지 못했고, 군사력도 빈약해 무기다운 무기도 갖추지 못한 초보적인 수준에 불과했다. 그럼에도 불구하고 두 번의 위대한 승리를 이룰 수 있었던 요인은 과연 무엇일까.

미국의 하버드대학교 정치학자 이반 어렝귄토프트는 지난 200년간 벌어진 전쟁 가운데 인구와 군사력이 10배 이상 차이가 난 다윗(약소국)과 골리앗(강대국)의 전쟁을 분석했는데, 그 결과 골리앗의 승률은 무려 71.5%였다. 하지만 강자의 규칙을 따르지 않은 싸움에서는 다윗의 승률이 63.6%나 되었다. 다시 말하자면 약자가 승리하는 비결은 기존의 법칙을 거부하고 기존과는 다른 창조적인 전략을 구사하는 거라는 의미다. 베트남의 승리 또한 마찬가지다. 베트남군은 강대국과의 체급 차이로 인한 자국의 한계를 알고, 이를 극복하기 위해서 게릴라전을 폈다. 다윗 베트남이 강력한 군사력을 갖춘 골리앗인 프랑스와 미국을 상대로 채택한 몇 가지 전략은 다음과 같다.

첫째, '바무이잡꽁' 전략이다. 이는 군사적인 무장 투쟁과 정치적·외교적 투쟁을 함께 전개하면서 동시에 적을 선동하는 세 방향으로의 공격을 의미한다. 당시 신생국 베트남이 강대국과 전면전을 벌이는 것은 승리를 담보할 수 없는 무모한 일이었다. 따라서 군사적인 공격을 감행하는 한편, 정치적인 수단을 동원하여 국제적으로 반전 여론을 확산시키고, 적을 선동하여 전투 의지를 약화시키는 것을 기본 전략으로 삼았다.

둘째, '국민 각자를 한 사람의 전사로' 만들었다. 프랑스와 미국을 상대로 한 전쟁을 수행하기 위해선 군사조직을 정비하고 강화하기 위한 시간이 필요했다. 이에 베트남이 택할 수 있는 전략은 유격전의 확대였다. 강력한 화력을 갖춘 적은 속전속결 작전을 펴는 데 반해, 유격전은 이를 지연시키는 최선의 방법이었다. 전국적으로 유격전을 확대시키는 것은 바로 국민 각자를 한 사람의 전사로 만드는 전략이었다. 민간인 복장을 한 전사들은 때와 장소를 가리지 않고 전투를 벌였다. 다만 민간인 복장의 사람들과 전투를 벌였던지라 많은 경우 민간인 학살로 오인되었고, 이는 아직까지도 논쟁거리가 되고 있다.

셋째, 대동단결 전략이다. '친구를 돕는 것이 자신을 돕는 것'이라는 호찌민의 주장에 따라 이웃 나라인 라오스와 캄보디아를 도와주는 한편 이들을 프랑스와의 독립투쟁 대열에 합류시키는 전략을 취했다. 이를 통해 투쟁 역량을 강화하고, 끊임없이 국민의 대동단결을 유도하여 강력한 힘을 발휘하도록 했다. 일례로 사회 모든 분야에서 '나라 사랑 경시대회'를 지속적으로 실시해 국민의 애국심을 경쟁적으로 고취시켰다. 해마다 다방면에서 우수한 성과를 낸 창의적인 인물을 애국자로 선정하여 격려하고 시상함으로써 일종의 애국심 고취 운동을 펼쳤다.

넷째, 동시다발적인 봉기 전략이다. 적의 공격으로 수세에 몰렸을 때 불시에 동시다발적으로 봉기하여 적을 혼란에 빠트려 국면을 역전시키는 전략이다. 소규모 요원이 적의 전기·통신시설을 파괴하여 암흑천지로 만들고 수도, 철도, 유류저장고 등 기간시설을 파괴하여 인구 밀집 지역에 대혼란을 일으켜 아비규환으로 만듦으로써 적을 약화시키고 전의를 상실하게 하는 전략을 구사했다.

다섯째, '1인 2역' 전략이다. 쉽게 말하자면 전 국민이 자신의 생업 터전에서 총을 들게 하는 것이다. '한 손에는 망치, 한 손에는 총을', '한 손에는 쟁기를 다른 한 손에는 총을' 들도록 하여 전 국민을 무장시켜 전쟁에 참여케 함으로써 국민의, 국민에 의한, 국민을 위한 독립과 통일전쟁으로 승화시키는 전략이었다. 그리고 그 결과는 매우 효과적이었다.

이 다섯 가지 전략은 베트남의 낙후한 경제, 열악한 무기와 부족한 병력으로 현대화되고 잘 조직된 강대국을 대상으로 효과적인 전쟁 수행 능력을 발휘했고, 독립과 통일을 달성하는 데 결정적인 역할을 했다. 잡 장군은 인류 역사상 최강의 군사력을 자랑하는 미군에게 최초로 수치심을 안겨준 베트남군의 총사령관이었다. 그는 극도의 어려운 전투 상황에서도, "미국은 베트남 사람들을 잘 모르기 때문에 베트남에 패할 것이다"라며 항상 승리를 낙관했으며, 결국 그 말을 현실로 만들었다.

## 베트남 국민의 가슴에 남고 역사의 뒤안길로 사라지다

102세가 되던 해인 2013년 10월 4일, 잡 장군은 영광과 고난을 뒤로한 채 조용히 눈을 감았다. 베트남 정부는 국장國葬으로 온 국민의 존경과 애정을 모아 장례를 치렀다. 뜨거운 햇볕에도 불구하고 자발적으로 빈소를 찾아 헌화하는 조문객들이 장사진을 이루었다. 길가에 늘어선 조문 행렬이 2킬로미터 가까이 이어져 외신 기자들이 취재하느라 동분서주하는 모습도 방영되었다. 그의 사후 2년 뒤에는 하노이 노이바이공항에서 시내 중심을 잇는 신규 고속도로가 '보응우옌잡도로'로 명명되었고, 그를 기리는 기념우표도 발행되었다. 이처럼 베트남 사람들은 일생 동안 나라를 위해 헌신한 그에게 계속해서 애정을 표현하고 있으며, 그의 충의忠義와 애국정신을 널리 기리고 있다.

# 독립운동에 앞장선 까오다이교

## 베트남의 토착 종교, 까오다이교

1991년 5월 21일, 석가탄신일에 업무차 떠이닌성 롱타인에 갔을 때였다. 어딘가 낯선 건물을 발견했는데 아무리 봐도 사당도 아니고, 불교 사원도 아니고, 성당도 아닌 것이 도대체 어떤 용도로 쓰는 건물인지 알 수가 없었다. 그때 현지 비즈니스 파트너였던 쿠옌 씨에게 그 건물이 무엇이냐고 물으니 그는 뿌듯한 표정으로 "까오다이교 성전聖殿입니다"라고 답했다. 그리고 이어서 까이다이교에 대해서 친절하게 알려주었다.

까이다이교는 베트남에서 자생한 세계 유일의 종교다. '까오다이'라는 말은 노자의 도덕경에 나오는 '상도고대上禱高台', 즉, 옥황상제인 까오다이에 기도한다는 말에서 유래했다. 신도는 현재 400만~600만 명으로 추산되며 거의 베트남인이다. 신도 수로만 보면 베트남에서 3대 종교에 해당한다. 까오다이교의 교리는 옛부터 동양에서 행해진 기존 종교의 가르침 중에서 진리로 인정되는 핵심을 추출하여 통합한 것이다.

까오다이교 본질의 첫째는 제3의 중생제도를 의미하는 대도삼기보도大道三期普度다. 둘째는 지고지성의 신이자 본존인 까오다이 혹은 옥황상제, 셋째는 지상신의 상징인 천안天眼이다. 이에 따르면 까오다이는 인류 사회에 이미 두 번 출현해 중생을 가르치고 이끌었다고 한다. 시기마다 동양에 한

명, 서양에 한 명 있었다고 보는데 첫 번째는 서양에서는 모세, 동양에서는 석가모니이고, 두 번째는 서양에서는 그리스도, 동양에서는 노자였다고 한다. 까오다이가 이들의 모습을 빌려 세상에 나타났다고 보는 것이다. 그리고 세 번째로 친히 새로운 종교의 창립자로 출현하여, 스스로 까오다이라고 이름을 밝히고 대도를 칭했다는 것이다. 마침 내가 들렀던 곳이 남부 베트남의 캄보디아 접경 지역 떠이닌성에 본당을 둔 까오다이교 본부 성전이라고 한다.

### 교단의 설립과 가파른 성장

까오다이교는 1926년에 프랑스 식민정청으로부터 설립 허가를 받았으나 종교 자체는 그 전에 성립했다. 1921년부터 프랑스 식민정청 직원인 응오반찌에우吳文昭가 이미 상제의 '눈' 모양인 천안을 표상으로 삼고 까오다이교를 존숭하고 있었다. 창립 초기의 신자 수는 12명으로, 주로 사이공의 프랑스인 농장과 식민관청에 근무하던 하급 직원들이었다. 그러나 교세가 점차 번성해나가자 응오반찌에우는 두려움이 앞서 식민정청의 복무 규율을 빌미로 교단과의 관계를 단절했다.

이에, 인도차이나 연방총독부 평의원이었던 명망가 레반쯩黎文忠이 지도자가 되었다. 이후 나날이 신도가 증가했으며, 특히 서민층의 환영을 받았다. 세계적인 경제공황과 프랑스의 착취로 의지할 곳 없는 서민들의 삶은 고달팠고, 이들은 정신적인 피난처가 필요했기 때문이다. 그리고 1926년 10월 7일, 신도 28명이 서명하여 코친차이나(남부 베트남) 지역 식민장관 앞으로 신청서를 제출하고 정식으로 교단 설립을 인가받았다.

교단이 설립된 지 2개월 만에 신도는 2만 명으로 급격히 증가했다. 이러한 성공에는 베트남 사람들이 신봉하는 기존의 종교와 갈등이 발생하지 않게 민간 신앙을 핵심으로 한 것이 큰 몫을 했다. 1926년 11월에는 떠이닌에 있는 뜨럼뜨茲林寺라는 사찰에서 창립식이 거행되었다. 인도차이나 총독, 코친차이나 식민장관, 기타 프랑스인 및 토착민 고위 관리들이 대거 참석하여 축하해주었다. 이후 교단은 현재의 본당이 된 떠이닌성 롱타인에 토지를 매입했고, 이듬해 3월에 이곳으로 이전해 오늘에 이르고 있다. 1930년에 신자의 수가 약 50만 명에 달할 정도로 까오다이교는 급성장해나갔다.

### 인간의 일거수일투족을 투시하는 하늘의 눈, '천안'

까오다이교 본부 성전은 약 3백만제곱미터 규모의 대지에 장엄한 탑, 사원과 교단 운영에 필요한 모든 설비가 구비되어 있다. 경내에 솟은 대사원은 천주교 성당의 양식을 동양화한 콘크리트 건물이다. 1939년부터 신자들이 헌금을 내고 노력 봉사로 건설에 착수했다. 하지만 제2차 세계대전으로 공사 자재가 부족했고, 프랑스 당국의 방해도 있어 절반만 지어진 채 공사가 중단된 적도 있다.

본당의 태극등 앞에는 4개 층의 제단이 있고, 최상단에는 석가釋迦, 제2단 전면에는 신의 측근 가운데 1인자인 이태백, 그 우측에는 노자, 좌측에는 공자가 모셔져 있다. 제3단의 정면에는 그리스도가, 우측에는 관음보살, 좌측에는 중국의 무신武神인 관성제군關聖帝君이 있으며, 4단에는 도교의 신 강태공姜太公이 모셔져 있다.

그리고 까오다이교를 말할 때 빠트릴 수 없는 것이 바로 종교의 상징, 천안天眼이다. 구름 사이에 있는 인간의 눈을 형상화한 것인데, 성전 어디에서든 찾아볼 수 있다. 제단의 정면, 본당 유리창, 천장 할 것 없이 어디에든 그

까오다이교는 베트남의 토착 종교로 유교, 불교, 도교, 그리스도교, 민간정령 다섯 가지 신앙의 핵심만을 취해 교리를 만들었다. 이 종교의 상징인 '천안'은 구름 사이에 있는 인간의 눈을 형상화한 모습으로, 이는 옥황상제의 시선이 인간의 모든 것을 내려다보고 있다는 것을 의미한다.

려져 있다. 천안, 즉 옥황상제의 시선이 인간의 일거수일투족을 모두 내려다보고 있으니 신율을 어기지 말라는 의미다. 신도들은 천안이 사람의 깊은 내면을 투시하고, 영혼을 선도한다고 믿는다.

### 유교, 불교, 도교, 그리스도교, 민간정령의 5합五合을 지향하는 종교

까오다이교의 주장에 따르면, 과거에는 석가모니, 그리스도, 공자처럼 실제 인간의 모습으로 나타나 인류를 구했으나 오늘날은 그보다는 동서의 모든 종교를 통합하여 중생을 제도하기 위해 시대의 대도인 5분파를 창립했다고 한다. 첫째, 인도仁道 즉, 유교를 의미한다. 둘째, 신도神道 강태공의 가르침으로 정령신앙이다. 셋째, 성도聖道는 그리스도교를 의미하며 넷째 선도仙道는 도교, 다섯째는 불교이다.

까오다이교는 이 다섯 종류의 신앙을 통합해 인류 전체의 조화와 공존을 실현하고자 한다. 모든 종교의 존재가 인류를 분열시켰고, 종교를 널리 펴는 역할을 맡은 자들이 타락하여 세인의 눈으로부터 멀어졌기 때문에 까오다이가 친히 나타나 대도를 지도할 결의를 공고히 했다는 것이다.

까오다이교는 베트남인의 민간신앙에 뿌리를 두고 성장하였으며, 식민지 주민의 암울한 삶에 희망을 주고자 했다. 베트남인의 삶에는 기본적으로 정령 숭배가 널리 퍼져 있고, 유불선의 세 종교가 그 위에 가지를 뻗고 있다. 거기에 식민지배 세력인 프랑스 사람들이 신봉하는 천주교의 교리와 의식까지 적당히 혼합하여 새로운 교리를 구성한 것이 까오다이교인 것이다. 이는 민중에 깊이 침투할 수 있는 힘을 확보하는 동시에 지배 세력에게는 방어막을 쳐서 그 정치적인 영향력을 최소한으로 줄이려는 목적도 갖고 있었다.

## 삼강오륜과 악습타파의 계율

까오다이교는 오계금五戒禁, 오상五常, 사대조규四大調規 및 삼강三綱을 계율로 삼고 있다. 순서대로 알아보자.

오계금은 불교의 오계에 해당한다. 1)먼저 살생을 금하고 모든 생물은 살생해서는 안 된다는 것을 가르친다. 생성력을 저지하는 것은 신에 대한 모독이라고 주장한다. 2) 투도계偸盜戒는 강탈, 약취, 기망, 반환의 의지가 없이 빚을 얻는 것, 장물의 고의적인 매매, 유실물의 은닉, 타인의 착오를 이용하여 재물을 취득하는 것, 도박에 열중하는 것을 금하는 것이다. 인간의 비극은 이러한 행위에서 시작되어 가정을 어렵게 하고, 국가를 위태롭게 하고,

사회를 소란스럽게 하는 것이니 경계하라는 것이다. 3) 사음계邪婬戒는 타인의 처나 미모의 부녀자에 혹하여 음담패설 하고 음행을 탐하는 것을 경계하라는 것이다. 4) 음식계飮食戒는 음식의 호사를 경계하고, 음주는 개인의 이성뿐 아니라 질서를 어지럽게 하는 것이니 과도함을 금한다는 것이다. 회교 또는 기독교에서 술을 완전히 금하는 것과는 의미가 조금 다르다. 다만 어지러울 때까지 마시는 것은 피하라고 강조한다. 5) 망어계妄語戒는 기망欺妄, 위만僞瞞, 과부誇負, 중상中傷 등을 경계하는 의미다.

오상五常은 인륜의 상도로, 부자의 친親, 군신의 의義, 부부의 별別, 장유의 서序, 붕우의 신信의 도를 가르치고 있다. 사대조규四大調規는 4개의 도덕률로 덕을 쌓고 행하는 것으로 유순柔順, 굉량宏量, 예절, 청렴, 멸사滅私 등의 사회 도덕의 규준을 강조하고 있다. 삼강은 군신 · 부자 · 부부에 대한 규율이다. 이렇듯 유교의 근본 도리를 그대로 따르고 있다.

여기에 더해 여성 교도들은 삼종三從의 도를 지켜야 한다. 부녀가 갖춰야 할 세 가지 도리를 말하는데, 가정에서는 아버지에 순종하고, 출가해서는 지아비에 순종하고, 지아비가 죽은 후에는 아들을 따를 것을 가르치고 있다. 이처럼 오상, 사대조규, 삼강, 삼종은 전형적인 유교의 충효와 부녀자의 도리를 강조한다. 하지만 굳이 비교해서 말하자면 까오다이교는 교리 면에서 유교보다는 불교의 색채가 더 짙다.

이외에도 신자의 혼인에 관한 규정, 세례洗禮, 취학의 의무, 상부상조와 공동묘지의 설치, 장송에 관한 규율, 공물供物의 선정, 복장 규정, 이재민 발생 시 부조에 대한 규준, 신앙 및 신율에 배반되는 업무에 종사하는 것과 반종교적인 인쇄물의 출판 금지, 비단옷 착용을 자제하라는 원칙을 정하고 있으며, 교단의 의무를 태만히 하는 자는 연성평의회의 결의에 의해 파문한다고 규정하고 있다. 특히, 까오다이교가 상호 부조를 강조하는 것은 프랑스대혁명의 자유, 박애, 평등의 정신을 실천 교리로 삼고 있기 때문이다. 또한 장례 복장과 묘지를 만드는 것에 대한 규정은 베트남 고유의 습관을 존중하면서도 형식적인 폐단을 없애고, 풍수지리설에 따라 묘를 쓰는 번거로움을 타파하고 있다.

## 하루에 네 차례에 걸쳐 행하는 제식祭式

그렇다면 까오다이교의 제식은 어떤 절차로 이루어질까? 제식을 올릴 때는 먼저 공물로 꽃, 술, 차를 바치고, 5개의 선향線香을 피운다. 이는 신자가 입문할 때 밟을 단계인 오향五鄕을 의미한다. 오향은 각각 순결을 나타내는 계향戒鄕, 심사성찰深思省察을 이르는 정향定鄕, 예지叡智를 지시하는 혜향慧鄕, 영감靈感을 지시하는 지견향智見鄕, 오悟의 뜻을 담고 있는 해탈향解脫鄕을 의미한다. 제단은 성당 또는 신자의 자택에 설치하고, 365일 내내 아침 6시, 정오, 저녁 6시, 한밤중, 이렇게 하루에 네 번 제단에 향을 피우고 나서 독경을 한다. 본당에서는 제단을 정면으로 볼 때 우측에 있는 관성제군關聖帝君 앞에는 남성이 앉으며, 좌측의 관음보살 앞에는 여성이 앉는다. 여성은 가톨릭 신자들이 그러하듯이 머리에 백포를 쓰고 제식을 올린다.

## 까오다이교의 독립운동

까오다이교는 기본적으로 정치적인 영향력을 최소한으로 유지해왔지만 위급한 상황에서는 나라를 위해 힘을 보탰다. 1940년 8월, 프랑스 식민 당국은 각지에 있는 까오다이교 포교소를 일제히 수색하고 모든 인쇄물을 압수했다. 프랑스령 캄보디아에서 국경 분쟁이 발발하고, 제2차 세계대전으로 프랑스의 위치가 흔들리자 독립단체들이 반프랑스 운동을 일으켰는데 그 중심에 까오다이교가 있었기 때문이다.

압수수색을 당한 사이공의 까오다이교 신자들은 그해 11월 총검으로 무장하고 프랑스 경비병들의 주둔지를 습격했다. 그리고 이는 점차 인근 지역까지 확산되었고, 프랑스인과 식민정청 관리, 경찰을 납치하고 명망가의 저택과 공공건물에 방화를 하는 단계로까지 나아갔다. 또한 남부 베트남에서의 반프랑스 독립운동은 떠이닌성 까오다이 교도 40만여 명이 중심 세력이었다.

프랑스 식민정청은 이를 공산주의자들의 폭동으로 간주하고, 보도를 통제하고, 모든 수단을 동원하여 진압하려 했다. 12월 27일부터 이틀간 진압작전이 실시됐으며, 폭동의 중심인 떠이닌성과 사이공, 미토, 껀터 인근의 촌락들은 프랑스군의 폭격으로 소실되었고 기관총 사격으로 남녀노소 가릴 것 없이 약 6,000명의 사상자가 발생했다. 까오다이교는 기본적으로 민족주의 색채가 깊은 교단이었으므로 프랑스의 압제에 침묵할 수 없었고, 격렬하게 항거했기에 박해를 면할 수 없었다.

동양의 유불선과 정령신앙과 서양의 기독교 교리까지 다섯 종교의 가르침을 통합하고, 독립운동에도 결정적인 영향을 미쳤다는 점에서 까오다이교는 비슷한 시기 조선에서 일어났던 동학농민운동을 떠올리게 한다. 동서양의 종교적 가르침을 통합하고, 그를 기반으로 인간의 존엄과 민족의 자주의식을 고취하고, 나아가 민족해방운동에 적극적인 역할을 담당했다는 점에서 두 종교가 데칼코마니처럼 닮았다는 느낌을 받았다.

까오다이교는 오늘날에도 그 교세를 유지하고 있으며, 가장 베트남다운 종교다. 또한 필요에 따라 일치단결하여 외세를 배척하고 자주의식을 고취하는 모습을 보이는데 이것이야말로 바로 베트남 정신의 산실인지도 모른다.

# 격렬한 영유권 경쟁의 장이 된
# 호앙사군도와 쯔엉사군도

### 비엔동을 둘러싼 갈등의 불씨

1991년 중국과 벌인 3차 인도차이나전쟁은 끝이 났지만, 베트남과 중국의 관계는 같은 공산권 국가임에도 여전히 껄끄러운 상태로 남아 있다. 바로 해상에서의 영유권을 둘러싼 갈등 때문이다.

비엔동('동해'를 뜻하는 베트남어로, '남중국해'를 가리킨다)에서 벌어지는 영유권 다툼은 비단 어제오늘의 일이 아니다. 비엔동은 인도양과 태평양을 잇는 해상교통의 요충지로서 중동의 원유와 가스 수송에 매우 중요한 역할을 담당하고 있다. 전 세계 원유의 3분의 1, 천연액화가스의 2분의 1이 이곳을 통해서 운송된다. 특히, 한중일 삼국의 에너지 수입량의 80~90%가 이곳을 통과하므로 만약 이 해역이 어느 한 국가에게 장악되어 봉쇄된다면 다른 국가들은 경제가 붕괴하는 상황이 발생할 수 있다. 때문에 이 해역에서 자유항행의 권리를 확보하는 것은 매우 중요한 일이다.

그런데 중국은 비엔동을 자국의 '핵심 지역'으로 선포하고, 이 지역에서 대규모 군사훈련을 일삼는다. 미국도 주요 자원 수송로인 이곳에서의 자유통항권을 주장하고 있는지라 중국과 커다란 입장 차이를 보이고 있다.

베트남도 이곳의 영유권 문제로 중국과 갈등을 빚고 있는데, 바로 호앙사군도와 쯔엉사군도에 대한 논쟁이다. 호앙사군도는 중국에서는 '시사군도'로, 영어로는 '파라셀Paracel제도'라고 칭하는 지역으

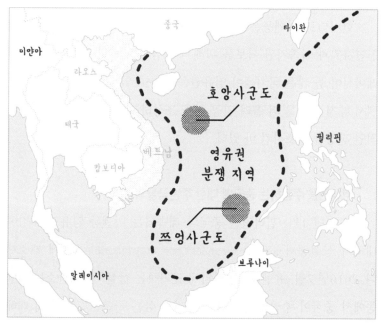

베트남과 중국은 호엉사군도와 쯔엉사군도 두 지역에서 서로의 영유권을 주장하며 갈등하고 있다. 중국 문화의 영향을 가장 많이 받았고, 같은 공산권 국가라는 공통점이 있음에도 이 문제 때문에 현재 베트남과 중국은 매우 불편한 관계에 놓여 있다.

로서 37개의 섬으로 구성되어 있고, 3만제곱킬로미터 해역에 걸쳐
산재해 있다. 쯔엉사군도는 중국에서는 '난사군도'로, 영어권에서는
'스프래틀리Spratley제도'로 칭하며 역시 147개의 많은 섬으로 구성
되어 있고, 18만제곱킬로미터 면적의 해역에 산재해 있다.

　　각국이 이 지역을 두고 치열한 영유권 주장을 하는 것은 해저에
매장된 막대한 천연자원과 지정학적 중요성 때문이다. 호앙사군도와
쯔엉사군도를 포함한 베트남 동해에는 약 300억 톤의 원유가 매장되
어 있는 것으로 추정되고 있다. 천연가스 매장량도 450억 톤에 달하
는 것으로 조사된 바 있다. 또한 해조류 등 어족자원이 풍부할 뿐 아
니라 섬에는 인산질비료로 널리 쓰이는 구아노[12]도 풍부하다.

　　한마디로 비엔동은 국제 해양항로의 대동맥인 것이다. 이곳의
천연자원과 어족자원 확보를 위해 베트남, 중국, 타이완, 필리핀, 말
레이시아 등 많은 국가들이 영유권을 다투고 있다. 특히 중국은 이곳
에서 해저 모래를 퍼 올려 인공 섬을 조성하고 미사일을 배치해 국제
적인 긴장을 고조시킨 바 있다.

### 영유권을 주장하는 중국에 대한 주변국들의 견제

　　2013년 1월, 필리핀은 중국의 계속되는 비엔동 영유권 주장에
대하여 상설중재재판소Permanent Court of Arbitration: PCA에 제소했
다. 2016년 7월, 유엔해양법협약에 근거하는 상설중재재판소는 비엔
동에서 중국이 주권을 주장하는 근거로 삼는 구단선九段線[13] 에 대해

---

12　해안 지방에 바닷새들의 배설물이 응고 및 퇴적된 것.

국제법상의 근거가 없다고 판결했다. 중국이 조성한 인공 섬도 인정하지 않았다. 중국이 조성한 미스치프 환초 등은 만조 시에 수몰하는 암초이기에, 영해를 설정할 수 없다는 필리핀의 주장을 인정한 것이다. 이로써 중국이 실효적 지배를 강하게 주장해온 비엔동 문제에 대해서 처음으로 국제적인 차원의 사법적 판단이 내려졌다. 하지만 중국은 이를 인정하지 않고 있다. 중국도 1996년에 유엔해양법협약을 비준한 바 있음에도 중재재판소의 판결을 받아들이지 않고 있다.

또한 2016년 5월 일본에서 개막된 G7 주요국 정상회의에서 참가국들이 '국제법에 근거하는 주장', '무력 사용 금지', '평화적인 분쟁 해결'이라는 원칙을 확인했음에도 중국은 여전히 막무가내다. 시진핑 주석이 취임한 후 중국은 노골적으로 팽창정책을 펼치고 있다. 시진핑은 "남중국해의 섬들은 옛부터 중국의 영토이며, 영토, 주권, 해양 권익은 어떠한 상황에서도 중재 판결의 영향을 받지 않는다. 판결에 근거하는 어떠한 주장이나 행동도 받아들이지 않는다"고 주장하고 있다.

이후 비엔동에서의 군사적 긴장은 더욱 높아졌고, 수차례 무력 충돌 직전까지 가기도 했다. 2016년 3월 31일, 미국 핵 항공모함 존 C. 스테니스호가 비엔동을 지날 때 중국 군함이 이를 추격해 포위했다. 미 해군 정찰기가 군도 상공을 비행해 중국을 자극하기도 했다.

---

13  비엔동(남중국해)에서 중국이 임의로 아홉 군데의 섬을 연결하여 자국의 영해라고 주장하는 가상의 선을 가리킨다. 베트남에서는 이 개념을 인정하지 않고 있으나 모양이 마치 소의 혓바닥 같다고 하여 '소 혓바닥 선'이라는 의미로 '드엉 르어이 보'라고 부른다.

비엔동의 패권을 두고 미국과 중국이 한 치의 양보도 없이 국제사회를 긴장시키고 있는 것이다.

## 두 군도의 소유권에 대한 역사적인 사실

그렇다면 이렇게 여러 나라가 영유권을 주장하는 이 지역에 대한 역사적인 사실은 어떠할까? 호앙사군도는 베트남 중부 꽝응아이에서 동쪽으로 120해리 부근이고, 쯔엉사군도는 냐짱시에서 동쪽으로 250해리 부근에 위치해 있다. 베트남은 이미 수백 년에 걸쳐서 두 군도에 대한 영유권을 행사해왔다. 고문서에도 엄연히 이 지역은 베트남 영토로 표시되어 있다.

중국 청나라 말기인 1904년에 제작된 황조직성지여전도皇朝直省地與全圖에서도 호앙사 · 쯔엉사 두 군도는 청나라 영토로 표기되어 있지 않다. 이는 중국의 역사 이래 그 영토가 남으로는 하이난섬까지였다는 명확한 증거인 것이다. 또한 베트남 고대 역사 및 지리 서적에는 두 군도의 개척과 관리 임무를 맡아 수행하던 함대의 구성과 운영에 대한 증거가 명백하게 남아 있다. 1802년 왕조의 탄생부터 1884년 프랑스와 후에조약을 맺어 식민지화 되었을 때까지 응우엔 왕조도 이 두 군도의 영유권을 지키기 위하여 최선의 노력을 했다. 베트남 봉건 왕조에서 매년 5~6개월 동안 함대를 정기적으로 파견하여 두 군도에서 일정 임무를 완수했다는 결정적인 증거도 남아 있으며, 청나라에서도 이에 대해 반대한 적이 없으므로 국제법 학자들도 호앙사군도와 쯔엉사군도는 베트남 영토에 속한다는 것이 일반적인 견해다.

## 프랑스 식민통치 당시 두 군도의 영유권

1884년 6월 후에조약이 체결된 이후, 프랑스는 모든 외교 문제에서 베트남을 대표했으며, 주권과 영토의 보존 또한 대행했다. 베트남과 중국의 경계와 관련해 프랑스는 1887년과 1895년 두 차례에 걸쳐 청나라와 협정을 체결했고, 이에 따라 프랑스가 호앙사·쯔엉사군도의 영유권을 행사하게 됐다. 식민통치 기간 내내 프랑스는 외교 문서에서 이 입장을 유지했으며, 이를 위협하는 행동에 대하여 이의를 제기했다. 예를 들어, 1931년 12월과 이듬해 4월 중국 광둥성에서 호앙사군도의 구아노를 개척하려 한 것을 비난했으며, 1939년 4월에는 일본이 쯔엉사군도의 일부 섬을 자체 사법관할권으로 영입하려는 움직임에 반박한 기록이 남아 있다.

프랑스는 제2차 세계대전이 끝나고 인도차이나로 복귀한 후, 불법적으로 베트남의 섬을 점령하고 있는 군대를 철수해달라고 당시 중화민국 정부에 요청했다. 프랑스는 두 군도에 대한 통제권을 재개하고 기상관측소와 무선국을 다시 만들었다. 1951년 9월 일본과의 평화조약과 관련해 샌프란시스코회담에 참석한 베트남 총리는 호앙사·쯔엉사군도가 오랫동안 베트남의 영토였음을 확인하고, 다시 이곳에서의 권리를 주장했다. 그리고 당시 이 선언문에 대한 다른 국가의 어떠한 반박도, 의견의 유보도 없었다. 이처럼 프랑스의 식민통치 기간에도 두 군도는 변함없이 베트남의 소유였다는 게 역사적 사실인 것이다.

## 오늘날 비엔동의 영유권을 둘러싼 갈등과 베트남의 노력

1975년, 베트남이 통일된 후 베트남사회주의공화국은 호앙사·쯔엉사군도 관련 법을 공포했다. 2003년에는 쯔엉사군도와 호앙사군도를 각각 동나이성과 꽝남-다낭성 소속으로 행정구역을 개편했다. 현재, 호앙사군도는 다낭시 소속, 쯔엉사군도는 카인호아성의 행정구역으로 되어 있다. 베트남 정부는 여기서 그치지 않고 백서를 발행해 두 군도가 베트남에서 분리할 수 없는 영토이며, 베트남은 국제법과 관행에 따라 두 군도에 대한 완전한 영유권을 갖는다고 주장하고 있다.

제2차 인도차이나전쟁 때 군사적인 지원을 아끼지 않았던 중국과 베트남의 관계가 틀어진 것은 2014년 여름 중국이 호앙사군도에 원유시추선을 설치하면서부터다. 때문에 중국과의 영유권 문제를 원만하게 풀어나가는 일은 21세기 베트남이 당면하고도 가장 엄중한 문제가 되었다. 현재 비엔동에서의 영유권 문제 해결의 실마리를 찾기란 쉽지 않다. 분명한 것은 앞서 밝힌 대로 역사적으로 두 군도가 베트남 영토라는 것이다. 자료가 이를 뒷받침하고 있다.

중국 이외에도 세계의 많은 강대국이 비엔동에서의 이권을 차지하기 위해 군사력을 강화해 오고 있다. 미국과 호주는 비엔동에 순찰 계획을 약속하면서 일본, 인도 등과 협력하여 중국에게 국제사법재판소의 판결을 준수하라고 촉구했다. 러시아 역시 비엔동에 초계함을 배치하기도 했다. 일본 항공자위대는 비엔동과 태평양을 잇는 미야코해협 상공에 진입한 중국의 전투기에 즉각적으로 대응했으며, 미국은 비엔동에 언제든지 주둔할 수 있다고 선언하고 여러 상황을 가정한 다양한 훈련을 실시했다.

　이처럼 중재재판소의 판결 이후 자국의 이익을 보호하려는 국가 간의 경쟁이 심화되고 있는 것은 중국이 해양영토를 확장하려는 야욕을 보이면서 연안국들이 이에 대응해 자국의 해양 관련 이권을 유지하고 싶어 하기 때문이다. 또한 비엔동과 물리적 거리가 먼 강대국들도 이곳에서 전략적 이익을 얻고자 하기 때문이다.

　대체적으로 ASEAN 회원국 가운데 베트남과 필리핀은 중국의 비엔동 지배 야욕에 적극적으로 대응하고 있다. 반면 말레이시아, 브루나이, 인도네시아는 매우 소극적으로 대응하고 있다. 인도네시아와 브루나이는 중국을 다자협력 틀에 불러들여 비엔동 행동 수칙에 합의하도록 하는 것이 유일한 해결책이라 생각하고 있다. 말레이시아는 중국과의 관계가 악화되면 무역, 투자, 관광객 유치에 부정적인 영향을 미칠 수 있어 가능하면 중국의 심기를 상하게 하지 않으려는 입장이다. 나머지 국가들은 중국의 구단선과 중첩되는 해역이 적어 중국과 직접적으로 충돌할 일이 별로 없는 상황이다.

　비엔동을 둘러싼 영유권 문제는 국제적으로 매우 민감한 사안으로, 중국의 비엔동 장악을 저지하기 위하여 미국과 일본은 동맹관계를 강화하고, 연안국들과의 경제 협력을 확대할 것으로 예상된다. 반면, 중국은 동남아시아 국가들에 대한 원조를 확대하여 이들 국가의 '원미친중遠美親中' 외교 노선을 가속화시킬 것으로 예상된다. 이처럼 베트남은 고유의 영토인 호앙사군도와 쯔엉사군도의 영유권을 빼앗기느냐 되찾느냐 하는 중대한 기로에 서 있다. 한국도 에너지 수송로인 비엔동에서의 갈등은 직접 이해당사자이며, 우리도 독도와 이어도의 영유권 문제를 겪고 있는 만큼 이 문제에서 결코 자유로울 수 없다는 것을 깨닫고 신중한 태도로 접근해야 할 것이다.

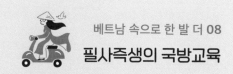

베트남 속으로 한 발 더 08

## 필사즉생의 국방교육

### 전 국민을 대상으로 이뤄지는 안보교육

베트남 역사에서 외침을 막아내기 위한 노력은 한시도 멈춘 적이 없다. 잦은 외침이 그들의 삶과 터전을 흔드는 일이 너무 빈번했기에 무엇보다도 중요한 문제였다. 그래서일까. 베트남 역사상 가장 평화로운 시기인 오늘날에도 각 학교에서는 국방 및 보안 교육에 중점을 두고 있다. 조국 수호에 관한 문제에는 단 한 사람도 예외가 있을 수 없다. 1975년 베트남이 통일된 때부터 18세에서 25세 사이의 모든 남성에게는 병역의 의무가 있고, 여성은 자원입대할 수 있다.

국방·안보교육은 조국 수호 과업에 대한 자각과 국민의 책임감을 고취하기 위하여 고등학교, 전문대학, 대학교의 필수과목으로 지정되어 있다. 국방교육은 변화하는 국제 정세에서 국가를 혁신하고, 조국을 수호하는 것을 목표로 삼고 전 국민과 학생을 대상으로 실시한다. 초등학교와 중학교의 국방 및 안보 교육은 문학, 체육, 외국어, 예술과 같은 과목을 통해 간접적으로 필요성을 깨닫게 하는 수준이지만 고등학교와 대학에서는 유사시를 대비하여 실질적인 군사교육을 실시한다.

지금은 사라졌지만, 한때 한국도 교련이라는 이름으로 학교에서 군사교육을 실시한 적이 있다. 일제강점기 군국주의 교육의 일환으로 시행되던 교련은 해방 이후 잠시 사라졌으나 1949년에 학도호국단을 만들면서 다시 등장했다. 그 뒤로 이어진 군사정권에서는 더욱 강조되었다. 그러다가 1988년 대학에서, 1994년 고등학교에서 군사교육은 완전히 자취를 감췄다. 고등학교와 대학 시절 군사교육을 받았던 개인적인 경험 때문인지 베트남 청년들이 군사교육을 받는 것을 볼 때마다 반가움과 안쓰러운 마음이 교차한다.

## 남녀노소를 가리지 않는 '필사즉생, 필생즉사'의 자세

베트남 학교에서의 국방 · 안보교육은 국가 건설과 국토 방위에서 중요한 역할을 하므로 교육훈련부는 교육 과목, 훈련 수준, 연구 및 내용과 프로그램의 목표와 요구 사항을 면밀하게 검토하여 교육 과정을 편성한다.

특히, 군사교육을 통해서 베트남의 현대사, 역사적 교훈, 조국 수호를 위한 영웅적인 희생, 군인정신, 독립과 주권에 대한 의식, 영토 수호 정신과 결의를 강조한다. 영유권 분쟁 중인 군도에 대한 주권 수호 의지를 확인하는 한편, 이에 대한 법적인 근거를 제공한다.

이처럼 학생들은 군사 분야의 교육을 통해 필수적인 군사 및 보안 기술을 갖추고 자신감을 갖고 조국을 수호할 수 있도록 정신 무장을 하며, 유사시에 곧바로 국토방위 전선에 투입할 수 있는 역량을 축적한다. 실제 전투에 가까운 군사훈련을 하고, 실탄 사격 훈련을 하고, 상무정신을 함양시키는 것은 국가 건설과 국방에 대한 젊은 세대의 인식을 공고히 하고 책임감을 갖게 하는 중요한 역할을 담당한다.

베트남에서 조국 수호 의지는 남녀노소가 따로 없고, '필사즉생必死則生, 필생즉사必生則死' 정신이 베트남을 지켜왔다. 민족의 정신적 지주 호찌민은 "독립과 자유보다 귀한 것은 없다"는 말을 남겼다. 이런 전통의 연장선상에

서 적어도 국방에 관해서만큼은 베트남에 포퓰리즘 같은 건 존재하지 않는
다. 유구한 역사를 통해 나라를 잃고 나면 아무 것도 누릴 수 없다는 사실을
국민 모두가 누구보다 잘 알고 있기 때문이다. 또한 이러한 군사교육을 통해
서 국가를 통합하고, 사회 질서를 세울 수도 있기 때문이다.

# 국민적인 규모의 축제,
의원선거

### 정치야말로 오늘날 베트남 성장의 원동력

오늘날 베트남을 찾는 사람들은 하루가 다르게 발전하는 베트남의 모습을 보면서 놀라움을 금치 못한다. 경제 부흥을 이끌고 있는 베트남 정부의 노력에 힘입어 전통적 농업국가에서 혁신적인 미래산업 국가로 나아가고 있기 때문이다. 마치 1980~1990년대 한국의 발전 과정을 보는 듯한 활력이 느껴진다. 여러 요인이 있겠지만 베트남 사회의 이러한 괄목할 만한 성장을 이끈 것은 정치다.

자본주의 시장경제가 도입된 지 오래되어 쉽게 알아채긴 힘들지만, 베트남의 정체는 공식 명칭에도 나타나듯 사회주의공화국이다. 다시 말하면 공산당 일당에 의한 집단지도체제로 국가의 번영을 이끌고 있다는 뜻이다. 국가 주도의 국력 신장은 우리도 일찍이 경험한 바 있다. 한국이 1960~1970년대에 강력한 정치적 리더십을 바탕으로 빠른 경제 성장을 이룩한 것은 모두가 아는 사실이다. 지금의 베트남 역시 그 과정을 차근차근 밟아가며 성장하고 있다고 할 수 있다. 모든 정치 시스템이 그렇겠지만 특히나 빠른 성장을 견인하겠다는 국가적 목표를 갖고 있는 베트남의 정치 또한 장점과 단점이 공존한다.

### 축제처럼 펼쳐지는 베트남의 선거

베트남은 5년마다 전국적인 규모의 선거를 실시한다. 5년 임기의 국회의원과 각급 지방 인민의회의원 선거를 동시에 실시한다. 각급 지방 인민의회는 하노이, 호찌민시, 하이퐁, 다낭, 껀터 등 5개 중앙정부 직할시와 성省, 군郡, 현縣, 동洞, 면面 단위로 구성된다. 선거 때가 되면 베트남 최남단 까마우의 땅끝 마을 덧무이에서부터 최북단 하장성의 룽꾸, 동해상의 호앙사군도와 쯔엉사군도에서 국토 방위로 복무 중인 해군 장병들까지 유권자 6,900만여 명이 8만 4,700여 개 투표소에서 한 표를 행사하는 범국민적 축제가 열린다. 소수민족들은 형형색색의 민족의상을 입고 투표소 앞에서 춤과 노래로 흥을 돋운다.

정부는 선거를 국민 단합을 도모하는 행사로 진행하기 때문에 기업과 근로자들의 경제활동에 지장이 없도록 반드시 일요일에 실시한다. 선거법에 따라 18세 이상의 전 국민이 축제 분위기 속에서 순서에 따라 투표소에 입장하여 질서 정연하게 투표한다.

2021년에 실시되었던 선거는 총 184개 선거구에서 국회의원 500명, 중앙정부 직할시·성 인민의회 4,000여 명, 군郡·현縣 2만여

① 2021년 호이안 지방의 한 투표소에서 자신의 순서를 기다리고 있는 시민들의 모습.
② 투표장 건물 벽면에는 유권자들이 결정하는 데 도움이 되도록 입후보자의 정보가 정리된
벽보가 게시되어 있다.

명과 24만여 명의 동·면 단위 인민의회 의원을 선출했다. 투표율은 95.65%를 기록하여 2016년 98.77%보다 약간 낮았다. 까오방, 박깐, 디엔비엔, 하장, 바리아-붕따우는 투표율이 99%, 산악 지방인 랑선, 라오까이는 99.98%에 달했다.

전체적으로 투표율이 높은 것은 입원 중이거나 거동이 불편한 사람에게도 투표함을 들고 가 투표할 수 있게 하고, 손을 쓸 수 없는 사람은 의견을 타진하여 대신 투표해주기 때문이다. 출장 중인 사람은 사전 신고를 통해 위임받은 가족이 대신 투표해준다. 때문에, 특별한 사유가 없는 한 기권이 발생할 수가 없다. 아이러니하게도 보통·평등·직접·비밀선거의 4원칙이 제대로 지켜지지 않는 게 높은 투표율의 주요 원인으로 볼 수 있다.

그럼에도 입후보자들 가운데 누구에게 투표하느냐는 전적으로 유권자에게 달려 있다. 선거 결과는 대략 10일 이내에 발표하는데, 도서·산간 지방의 투표함을 운반하는 데 시간이 걸리고, 오로지 수작업으로 개표를 진행하고, 전국 개표소에서 투표 결과를 집계하는 시스템이 첨단화되어 있지 않기 때문이다. 방송에서는 선거 기간 내내 노모를 등에 업고 투표장으로 향하는 장면, 처음으로 투표에 참여하는 젊은이들의 모습, 전국의 투·개표 소식을 속속 전하며 국민의 투표 참여를 독려한다.

### '5無'의 베트남 선거

5년마다 새로 구성되는 베트남 국회는 단원제로 500명을 선출하며, 입후보자 추천과 모든 선거 관리 업무는 베트남조국전선이 담당한다. 2025년에는 창립 70주년이 되는 베트남조국전선은 1955년 9월 호찌민이 창설했다. 베트남공산당 직속 기관으로서 그 역할은 베트남 헌법 제9조에 명시되어 있다. 조국을 방위하고 건설하는 모든 국가 활동에 참여하고, 국민의 합법적인 권리를 보호하며, 민족의 대단결을 유도하고, 민주화를 실현하고, 사회 통합을 제고시키는 역할을 부여받았다. 이 조직은 각종 정치 및 사회단체, 소수민족, 해외 교포, 종교 등 다양한 사람들의 연합으로 구성된다.

베트남조국전선은 정세 변화에 따라 변화를 거듭했다. 1951년 3월 비엣민전선과 베트남연합회를 하나로 묶어 베트남연합전선이 되었다. 1954년 제네바협정으로 남북이 분단된 이후 조국 통일을 강력히 주장한 북부의 베트남민주공화국은 1955년 9월 베트남연합전선을 대신할 베트남조국전선을 설립했다. 이 조직은 북부에서의 사회주의혁명, 남부에서의 민족 해방 투쟁을 위해 만들어졌다. 반면 남부에서는 1960년 12월 베트남남부민족해방전선이 출범했는데, 미국 측은 이 단체를 소위 '베트콩'으로 불러왔다. 훗날 1987년부터 5년간 국가주석을 역임한 보찌꽁이 핵심 인물 중의 하나였다. 1968년 4월 북베트남에서는 남부의 베트남공화국과 미국에 대항하기 위하여 베트남평화민주민족총연맹이 탄생했으며, 통일 후에는 1977년 2

베트남조국전선의 로고

월에 이 3개 단체를 베트남조국전선으로 통합해 오늘에 이르고 있다.

베트남의 선거는 크게 '5無' 선거라고들 말한다. 첫째, 현수막이 없다. 재활용이 안 되는 현수막은 선거 후에 처치 곤란한 쓰레기가 된다. 친환경 소재로 재활용되면 그나마 낫지만 그 양은 많지 않다. 대부분 소각하게 되며 이 과정에서 온실가스가 배출돼 환경이 오염된다. 또한 현수막은 도로 미관을 해치고 운전자의 시야를 가려 교통사고를 유발하기도 한다. 이에 베트남은 선거 기간 내내 현수막을 하나도 걸지 않고, 자연히 이와 관련된 문제가 발생하지 않는다.

둘째, 선거운동원이 없다. 셋째, 선거 유세와 벽보가 없다. 한국은 선거철만 되면 확성기를 틀고 노래와 율동으로 유권자의 시선을 끌기 위한 선거운동이 끊임없이 이어지고, 때로는 보는 이로 하여금 피로감을 느끼게 한다. 베트남에는 이 모든 게 없다. 유권자들 앞에서 목청을 돋우는 선거 유세가 없으니 당연히 유세용 차량도 없다. 선거용 벽보 자체가 없으니 벽을 도배할 일도 없다. 베트남 사람들은 입후보자의 인생역정이 어떠했는지, 그동안 국가 발전을 위해 무엇을 했는지를 중요한 척도로 삼는다.

넷째, 선거로 인한 국고의 낭비가 없다. 후보의 연설비, 홍보물 제작비, 방송 광고비 등에 들어간 비용을 득표율에 따라 보전해주는 선거공영제가 없다. 조국전선에서 앞서 후보자의 범죄 전력과 도덕성을 철저히 검증한 이후에 추천하기 때문에 후보의 자질 문제가 없다.

다섯째, 재·보궐선거가 없다. 선거법 위반으로 당선이 무효가되거나 선출된 의원의 사퇴, 사망, 실형 선고 등으로 인해 공석이 발

생해도 보궐선거를 실시하지 않는다. 유권자는 선거구별 의원 정수
만큼의 입후보자에게 투표하고, 50% 이상 득표한 후보자 가운데 다
수 득표자 순으로 당선자가 정해진다. 따라서 선거구별로 50% 이상
득표한 후보자가 없는 경우에는 결선투표제도가 없어 해당 선거구는
공석이 된다.

### 까다로운 후보 추천 조건

후보자는 선거에 출마하려면 먼저 베트남조국전선의 추천을 받
아야 한다. 조국전선은 입후보 신청자의 과거 경력을 통해 국가에 대
한 충성심과 애국심을 면밀히 검증한다. 예를 들면, 신청자의 가족
가운데 식민지 시기에 프랑스 측에 도움을 주었거나 제2차 인도차이
나전쟁 때 적국과 내통한 자가 있다면 제외된다. 그 외에도 범법자,
병역 기피자, 이중국적을 가진 사람, 체납자, 파렴치범, 횡령범, 밀수
범, 토지 사기범, 마약사범 등 국민 눈높이에 맞지 않는 후보자들은
초기에 걸러진다. 조국전선은 이처럼 엄격한 자격 심사를 통해 충분
한 자질을 갖춘 국회의원 입후보자를 추천하여 국회의 품격을 높이
는 데 큰 역할을 한다.

그렇다면 심사의 기준은 무엇일까? 첫째 요건은 베트남사회주
의공화국의 헌법을 수호할 애국심과 충성심이 있는지 여부다. 국가
의 공업화와 현대화 사업을 견인하고, 국민을 잘살게 하고 나라를 부
강하게 만들고, 민주화·문명화를 추구하고, 공정한 사회 건설을 위
해 헌신할 수 있는 자질과 능력을 갖추었는지를 검증하는 것이다.

둘째는 법을 집행하는 데 근검염정勤儉廉正 하고 지공무사至公無私

한 도덕적 품성이 있는지를 판단한다. 이 두 가지는 호찌민이 국가를 통치한 기본 행동철학이었다. 이로써 관료주의, 탈법 행위, 부정부패와 공직자들의 권위적인 태도를 척결할 투쟁성이 있는지를 판단한다. 쉽게 말하자면 호찌민의 정치철학에 부합하는 인물들을 추천하고, 그들 가운데서 국가를 이끌어갈 국회의원을 선출하는 것이다.

셋째는 국정을 책임지는 국회의원의 임무를 수행할 능력이 있는지 여부다. 즉, '국민과 소통하며, 국민의 의견을 듣고, 국민으로부터 대중적인 신임을 받고 있는가?'라고 할 수 있겠다. 국민과의 소통 능력과 도덕성이 중요한 잣대이므로 국민으로부터 지탄받는 사람이 당선되는 일이 없다.

### 베트남 국회의원에게는 특권이 없다

베트남 국회의원은 특권이 없다. 한국 국회의원이 면책특권, 불체포특권을 비롯하여 보좌관 8명, 본인 급여를 포함하여 1년에 인건비 6억여 원, 45평 사무실, 출국 시 귀빈실 이용, 차량 유지비·유류비·교통비 지원 등의 특혜를 누리는 것에 비하면 신선한 일이다.

또한 베트남에는 다수결주의라는 민주주의 원칙에 숨어 당리당략에 따라 절차를 어겨가며 편법으로 법을 제정하는 야합정치는 없다. 베트남 국회의원들은 국가 경제 발전과 국방을 위해서는 하나가 된다. 자고로 베트남 사람들에게 국가의 독립을 위해 외세에 의존하는 것은 있을 수 없는 일이다. 특히 중국에 의존해 독립을 유지하려는 생각은 추호도 없다. 또한 앞서 말한 대로 의원 선출 전에 후보의 자질을 철저하게 심사해 자질이 의심되는 사람은 국회의 문턱을 넘지 못하도록 제도화되어 있다. 이러한 원칙들을 바탕으로 2021년도에 실시된 선거는 코로나19의 확산 위험 속에서도 안전하고 효율적으로 치러졌으며, 이를 통해 베트남의 선거 관리 능력을 대내외에 과시했다.

### 베트남에서 다당제는 영원히 불가능할까?

베트남에서도 가끔 다당제에 대한 이야기가 나올 때가 있다. 언론에 기고되는 칼럼을 들여다보면 다당제가 실현되어야 좀 더 민주적인 사회가 될 것이라는 게 중론이기는 하다. 일반인들도 다당제가 도입되면 좋겠다는 데 동의하지만 이를 공론화할 기회를 찾기 힘들다. 무엇보다 베트남공산당을 중심으로 일치단결하여 독립을 달성했고, 경제 성장도 하는 등 이룩한 성과가 너무 크다.

1986년 도이머이정책을 표방한 지 38년이 지난 지금, 외국인 투자에 힘입어 베트남 경제는 급성장했다. 더 이상 극심한 가난으로 고통을 받았던 베트남이 아니다. 2025년이 되면 베트남은 통일 50주년을 맞이한다. 2030년은 공산당 창당 100주년, 2045년은 건국 100주년이 된다. 자신감을 회복한 베트남 국민들은 530만 당원을 주축으로 54개 민족의 힘을 결집하여 "국민이 잘살고, 부강한 나라, 민주·공정·문명사회"를 건설하기 위해 도움닫기를 시작했다. 국민들은 다당제가 필요하긴 하지만 아직까지는 베트남공산당의 주도 아래 계속해서 앞으로 나아가는 것이 낫다고 생각하는 듯하다. 그런 면에서 베트남에서 다당제를 논의하기에는 아직 때가 무르익지 않은 것 같다. 하지만 언젠가 경제가 더욱 발전하고, 다당제가 국가 발전에 도움이 된다는 인식과 공감대가 사회 깊숙이 널리 자리 잡는다면 베트남 사람들은 당연히, 그리고 서서히 그 길을 택해서 걸어갈 것이라고 믿는다.

그러므로 선거는 앞으로 더욱 중요해질 것이다. 애국심이 투철한 훌륭한 정치 지도자를 선별하여 입후보자로 추천하는 조국전선의 역할은 베트남 발전과 역량 강화에 큰 힘을 발휘하게 될 것이다. 그런 점에서 베트남조국전선은 '홍강의 기적'을 일으키는 추동력이라고도 할 수 있다. 물론 모든 게 장밋빛이지는 않다. 공무원 사회에서 만연한 부정부패를 척결해야만 진정한 기적이 다가올 것이다.

# 세계 배낭족들의 꿈의 여행지 1

## 관광지로서의 무궁무진한 매력

베트남에는 배낭족들이 가보고 싶어 하는 세계 20대 여행지가 5곳이나 있고, 유네스코가 공인한 2개의 세계자연문화유산을 포함하여 모두 8개의 세계문화유산이 있다. 이는 외국인 관광객을 유치하는 데 큰 역할을 한다. 통계에 의하면 2019년도에 1,800만 명의 외국인 관광객이 베트남을 찾았다. 유사 이래 최대 호황이었다. 2019년은 베트남이 '아시아에서 가장 매력적인 관광지', '아시아 최고 음식 여행지', '세계 최고의 골프 여행지' 모두에 선정된 기록적인 해였다. 베트남 관광업이 기록적인 호황을 누린 데에는 2019년 2월 하노이에서 개최된 북미정상회담으로 세계의 이목이 베트남으로 집중되었기 때문이라고 보는 시각이 있다. 하지만 이러한 관광업의 호황은 2020년에 발생한 예기치 못한 코로나19의 전 세계적인 확산으로 직격탄을 맞고 막을 내렸다. 코로나19가 안정화된 지금 베트남 관광 산업은 다시금 회복의 움직임을 보이고 있다. 최근 베트남 관광청에 따르면 2024년 1분기 외국인 관광객이 460만 명이었고, 이는 전년 대비 72%p, 2019년 같은 기간에 비해 3.2%p 증가하여 베트남 관광산업의 본격적인 회복세를 보이고 있다. 베트남은 연간 외국인 관광객 1,800만 명 유치를 목표로 삼고 있다.

앞으로도 베트남은 외국인 투자 유치를 통해서 관광 인프라를 구축하고, 서비스의 품질을 개선하여 관광객 유치에 심혈을 기울일 것이다. 관광산업이 경제 발전의 견인차 역할을 할 수 있기 때문이다.

## 할롱만: 1,969개의 섬

베트남의 절경 할롱만下龍灣을 처음 여행한 것은 베트남에 발을 들인 지 얼마 되지 않은 1989년 12월이었다. 처음 본 할롱만은 놀라움 그 자체였다. 경치가 너무 아름다워서 마치 신선이 사는 곳인 줄 착각할 정도였다. 당시에는 지금처럼 관광객이 많지 않아 더욱 한적한 매력을 마음껏 누릴 수 있었다. 아름다움에 취해, 여권을 호텔에 맡겨놓은 것도 잊어버리고 체크아웃 했다가 다시 찾으러 간 기억이 지금도 또렷하다.

할롱만은 1994년에 세계자연유산, 2000년에 세계지질유산으로 각각 공인받았다. 프랑스 관광회사가 발행한 한 자료는 "인도차이나의 무수한 자연경관 중에서 사람들의 호기심을 가장 많이 불러일으키는 곳이 할롱만이다. 북부만(통낀만)에 위치한 할롱만은 사람들에게 잊을 수 없는 경치이며 세계에서 가장 아름다운 경관이라 확신한다"고 소개하고 있다. CNN에서도 이곳을 베트남에서 반드시 가보아야 할 곳으로 꼽았다.

할롱만에는 약 1,553제곱킬로미터의 면적에 총 1,969개의 크고 작은 섬들이 마치 바다 위에 흩뿌려 놓은 듯이 흩어져 있다. 시적이면서도 웅장한 광경이 감탄을 자아내게 한다. 바위 섬 대부분이 약 5억 년 전에 형성된 석회암으로 구성되어 있다. 이중 약 40개의 섬은 유인도이며, 989개의 섬에는 이름이 있고, 나머지에는 아직도 이름이 없다. 섬의 생김새에 따라 두꺼비섬,

할롱만에는 1,969개의 크고 작은 섬이 여기저기 흩어져 있다. 기암괴석으로 이루어진 섬과 수많은 동굴을 구경하고 있노라면 왜 이곳을 '세계에서 가장 아름다운 경관'이라고 하는지 이해할 수 있다.(①macrider/ CC BY, ② Abai2k/ CC BY)

말안장섬, 닭싸움섬 등의 재미있는 이름이 붙어 있다. 섬 정상에 전망대가 있는 띠똡섬은 호찌민이 1962년 소련의 우주비행사 게르만 티토프와 함께 섬을 방문한 기념으로 그의 이름을 따서 작명되었다.

할롱만의 경치는 사계절이 다 다르고, 하루에도 몇 번씩 변화무쌍하게 바뀌는지라 할롱만에는 365경이 있다고들 말한다. 유람선을 타고 기암괴석으로 이루어진 섬과 석회암 동굴을 구경하면서 선상에서 삶아 먹는 꽃게와 새우의 싱싱한 맛은 그 무엇과도 비교할 수 없는 추억거리가 될 것이다.

### 퐁냐–깨방국립공원: 세계 최대 규모의 석회동굴

퐁냐–깨방국립공원은 2003년 유네스코로부터 세계자연유산으로 공인받았다. 총면적이 858제곱킬로미터에 달하며 하노이로부터 남쪽으로 500킬로미터, 중부 베트남 꽝빈성 동허이로부터 서북쪽으로 50킬로미터 거리에 있다.

약 4억 년 전부터 형성되기 시작했으며, 크고 작은 300개의 석회동굴이 분포해 있다. 2009년 4월, 영국의 탐사대가 이곳의 선둥동굴이 길이 5킬로미터, 높이 200미터, 폭 15미터로 세계 최대 규모의 석회동굴임을 확인한 바 있다. 이 수많은 동굴의 총길이는 무려 80킬로미터 이상으로, 동굴 안에 13킬로미터에 달하는 강이 있으며, 멸종 위기의 동식물도 잘 보존되어 있다. 그야말로 살아 있는 생태의 보고가 아닐 수 없다.

풍냐라는 이름의 어원에 대해서는 두 가지 설이 있다. 수많은 동굴에서 바람이 불어 나오고, 동굴 속 종유석이 짐승의 이빨처럼 주렁주렁 달려 있다는 뜻의 '풍아風牙'라는 한자에서 왔다는 게 첫 번째 설이다. 또 다른 설은 산봉우리들이 관청처럼 우뚝 서 있다는 뜻의 '봉아峰衙'에서 유래되었다는 것이다.


## 동반지질고원

동반 카르스트 지질고원은 세계 20대 여행지 가운데 4위에 랭크되어 있으며, 유네스코에서 2010년 10월 동반세계지질공원으로 공인되었다. 카르스트는 석회암과 같은 용해성 암석으로 이루어진 지형으로, 수백만 년 동안 빗물에 의해 침식되어 형성된 독특한 형태를 보인다. 동반지질공원은 해발 평균 1,000~1,600미터에 위치해 있으며, 최고봉은 1,971미터의 매오박산이다. 히말라야산맥 동쪽 끝자락이 연장되는 지점에 있는 공원은 하장성 북부 매오박, 동반, 옌민, 꽌바 4개 현에 걸쳐 있다. 캄브리안기인 약 5억 5천만 년 전부터 생성된 카르스트 지형이다.

동반지질공원에는 아시아 흑곰, 동아시아 영양, 다양한 종류의 조류를 포함해 독특한 동식물군이 서식하고 있어 그야말로 생태자원의 보물창고라고 할 수 있다. 또한, 베트남의 54개 민족 가운데 20개 소수민족이 어울려 살고 있어 소수민족의 전통문화와 야생차, 당도 높은 오렌지, 토종 꿀, 천여종류의 각종 한약재로 유명하다. 특히 품질 좋은 계피와 생강은 주요 수출품이며, 야생 녹차인 산뚜옛山雪차는 동반지질공원 일대에서 생산되는 특산물이다.

4장

# 도이머이와 성장 잠재력

# 베트남판 개혁개방,
# 도이머이 이야기

**수차례의 전쟁과 경제 기반의 파괴**

1945년부터 시작된 제2차 인도차이나전쟁은 베트남이 통일될 때까지 무려 30년간이나 지속되었다. 3년간의 한국전쟁으로 폐허가 되었던 한국의 경우를 떠올려 보면 그 10배에 달하는 시간 동안 전쟁을 치른 베트남은 그야말로 초토화되었다. 당시의 참상은 미국 사진 잡지 《라이프》와 미 주간지 《타임》, 프랑스의 《파리마치》 등에 실린 보도사진으로 전쟁 당시에도 서방세계에 널리 알려질 정도였다. 프랑스로부터 독립하고 통일만 되면 잘살게 될 줄로만 알았는데, 민족 간 갈등을 끝내고 평화가 찾아오면 경제 성장의 기회를 잡아 발전할 수 있을 줄 알았는데, 실상은 참혹했다.

한때 전 세계 쌀 생산량 2위를 자랑하던 베트남은 식량 부족을 겪을 정도로 빈궁해졌다. 기나긴 전쟁의 여파로 경제 기반이 무너져

당장 먹고살기도 막막했다. 내수가 파탄 난 상황에서 엎친 데 덮친 격으로 전쟁에 패한 미국의 경제 제재로 인해 수출길이 막혔다. 이에 베트남사회주의공화국 정부는 남부 베트남에 북부의 집단농장 제도를 도입하고, 시장경제체제를 보급경제체제로 바꿔버렸다. 하지만 이 역시 성과를 내지 못했고 농민들은 자신들이 생산한 곡물을 암시장에 내다 파는 상황이었다. 1979년, 결국 베트남 정부는 집단농장을 중단하고, 국민들이 각자의 공산품을 시장에 내다 팔 수 있게 하는 등 부분적인 경제개혁을 단행했다.

그러나 중국과 제3차 인도차이나전쟁이 발발했고, 국가 예산의 상당 부분이 전쟁 비용으로 소모됐다. 불행 중 다행으로 중국과의 국경 충돌은 단기간에 끝났고, 이내 경제가 다소 안정되고 시장화가 진척됐지만 빈부격차라는 문제가 고개를 들었다. 이후 당내 보수파들이 개혁파를 누르면서 주도권을 잡았고, 집단농장화 등 1970년대 후반의 통제 조치를 다시 시행했다. 통일 후 경제적 기반이 탄탄하지 않았던 상황에서 이러한 통제 조치의 재도입은 심각한 인플레이션을 야기했다. 물가가 무려 700배나 치솟았다. 경제는 다시 후퇴했고 경상수지 적자가 가중되었다. 상황이 너무 절망적이었다. 경제난을 극복할 돌파구가 필요했다.

### 개혁개방정책 도이머이가 이끈 놀라운 변화

당시 베트남 지도자들에게는 개혁을 촉구하는 세 가지 정치적인 움직임이 있었다. 첫째, 1985년 이후 정치개혁으로 인한 사회주의가 붕괴될 지경이 되자 시장경제 도입에 대한 개혁주의자들의 강한 요청이 있었다. 둘째, 부분 개혁이었지만 그 덕분에 이득을 본 사람들이 더 많은 개혁을 요구했다. 셋째, 남부 베트남의 자유주의자들은 1975년 통일 이전의 시장경제체제로 돌아가기를 희망하면서 개혁을 강력히 지지했다.

이러한 요인들로 베트남 경제는 나름의 전환기를 맞이했고, 국영기업은 자유시장경제체제로 전환하여 더 많은 이윤을 얻었으며, 이러한 혜택은 노동자, 관리자, 고위층을 포함한 다양한 계층이 공유하게 하였으며, 시장경제로의 개혁 기반을 제공했다.

이즈음 베트남 정부는 경제 부흥을 목표로 하는 결정적인 개혁개방화정책을 도입했다. 바로 1986년 12월 제6차 전국대표자회의에서 채택한 도이머이 개혁·개방화정책이 그것이다. '도이머이'는 '바꾸다'를 의미하는 '도이đổi'와 '새로운, 새롭게'라는 의미의 '머이mới'가 합쳐진 말로, 1978년에 시작된 중국 공산당의 개혁개방 정책의 성공에 비유되며 베트남 개혁개방의 대명사가 되었다. 이 정책은 베트남의 경제 환경을 송두리째 바꿔놓았다.

대표적으로 1988년 이전에는 베트남에 민간 기업이 하나도 존재하지 않았으나 1990년 회사법이 제정됨에 따라 국영기업의 민영화 사업이 시작되었고, 점차 민간 기업의 수가 증가했다. 이후 베트남은 1995년 ASEAN, 1998년 APEC, 2007년 WTO에 차례로 가입하면서 실리적이고 능동적인 경제외교를 꾸준히 추진해 오고 있다. 특히 WTO 가입은 베트남이 시장경제체제에 본격적으로 진입했다는 대외적인 선언으로 무역량 확대의 전환점이 되었다. 그리고 2013년에는 마침내 헌법 개정으로 도이머이정책을 확고히 정착시켰다.

그 결과 베트남의 경제 규모는 비약적인 성장을 이루게 되었다. 개방화 정책을 표방할 당시인 1986년 베트남의 수출액은 7억 9천만 달러였는데 2022년에는 3,718억 5천만 달러로 증가했다. 약 470배 증가한 것이다. 수입은 2022년 기준 3,600억 5천만 달러로 전년 대비 8.4%p 증가했다. 외국인 투자는 2,760억 7,600만 달러를 기록했다. 수출의 국가별 비중으로 보면 미국이 1,090억 1천만 달러로 가장 큰 시장이고, EU는 310억 8천만 달러를 수출하여 전년 대비 36.8%p가 증가했다. 수입은 1,190억 3천만 달러로 중국이 가장 큰 비중을 차지했다. 한국과의 교역도 수입 초과 액수가 380억 3천만 달러에 달해 전년 대비 11.5%p 증가했고, ASEAN과의 교역도 130억 6천만 달러로 전년 대비 10.6%p가 증가했다.

베트남은 2016년 10억 6천만 달러의 무역수지 흑자를 달성한 이래 계속해서 흑자 증가세를 이어오고 있다. 2017년 10억 9천만 달러, 2018년 60억 4,600만 달러, 2019년 100억 5,700만 달러, 2020년 190억 9,400만 달러로 꾸준히 증가했다. 하지만 2021년에는 코로나19의 세계적인 확산으로 30억 3,200만 달러로 축소되었다. 2022년에도 코로나19의 여파로 심각한 어려움을 겪었지만 110억 2천만 달러의 무역수지 흑자를 달성했다.

향후로도 외국인 투자 유치를 위한 베트남 정부의 개혁개방화 노력, 풍부한 노동력과 낮은 비용은 외국인 투자를 더욱 확대시키는 요인이 될 것이다. 도이머이정책을 도입한 1986년부터 2022년까지 베트남의 연평균 실질 GDP 성장률은 약 6.5%였다. 이와 같은 베트남의 높은 경제 성장은 한국의 경제 성장과 결을 같이한다. 근면한

국민성과 강력한 국가의 개발정책이 경제 성장을 견인하고 있다는 점에서 유사점이 있다.

한국은 1964년 수출 1억 달러에서 시작해 1977년 100억 달러를 달성했으며, 실질 수출 증가율은 1973년 55.8%에서 시작해 1974년 9.5%, 1975년 23.2%, 1976년 35.4%, 1977년 19.3%로 오일쇼크 시기를 제외하면 고도의 성장률을 보여줬다. 이처럼 베트남과 한국은 여러 공통점을 갖고 있다. 두 나라 모두 출발은 농경국가였기에 유사한 삶의 방식을 갖고 있으며, 한국이 전쟁의 참화를 극복하고 '한강의 기적'을 일구었듯이 베트남은 세 차례에 걸친 인도차이나전쟁의 상흔을 극복하며 '홍강의 기적'을 꿈꾸고 있다.

베트남은 시장경제체제를 추구하면서 한국의 새마을운동을 연구하고, 잘살아보기 위해 부단히 노력하고 있다. 전쟁의 상흔과 사회주의 보급경제체제를 벗어나 삶의 질을 돌아보게 되었고 중산층이 늘면서 소비 패턴이 바뀌고 있다. 가족 단위의 외식, 해외여행, 외제차량 구입, 골프 인구 증가 등 변화가 두드러지고 있다.

여전히 정치는 사회주의체제를 표방하고 있으나, 경제는 이미 자본주의체제가 되어 나아가고 있다. 특히 대도시의 마천루와 수없이 뻗은 도로, 산업단지의 위용과 도시인들의 생활은 우리네 대도시의 모습과 크게 다르지 않다. 누가 봐도 전형적인 자본주의사회의 모습이 아닐 수 없다. 그래서 베트남에 살면서 종종 이곳이 자본주의사회인지, 사회주의사회인지 되묻게 될 정도다.

이제는 쌀이나 자전거 타이어 같은 생필품을 배급받기 위해 줄을 서서 기다렸던 '보급시대'의 추억은 어르신들의 옛이야기 속에나 존재할 뿐이며, 요즈음 젊은이들은 그 아픔을 모른다. 지금의 노년층은 도이머이를 '삶의 명령'이었다고 회고한다. 그리고 아이러니컬하게도 1986년에 태어난 이들은 '도이머이세대'라 불리지만, 그들은 베트남 역사 이래 최고의 풍요로움을 누리며 살고 있다.

## 경제 개발을 이끈 도이머이의 그림자

하지만 세상 모든 일이 그렇듯 찬란한 경제 발전에 따른 부작용도 만만치 않다. 빈부격차의 간극이 점점 커지고 있고. 공무원들의 부정부패가 만연해 힘없는 서민들은 상대적인 박탈감 속에서 사회에 대한 불만을 토로하고 있다. 당권을 장악한 권력자들의 입에서 나오는 '열심히 노력하는 사람들이 잘사는 나라, 부강하고 공정한 사회를 건설하자'는 구호는 부질없이 허공에 내뱉는 메아리로만 느껴져 국민의 비웃음거리가 되고 있다. 부정부패를 척결하지 못하면 '홍강의 기적'은 허망한 꿈으로 남을 수도 있다.

개혁개방이 야기한 지역 간 불평등이 더 커진 이유는 외국인 직접투자 때문이었다. 1988년 법의 제정과 함께 본격적으로 외국인 투자가 시작되었는데, 그 가운데 3분의 2는 호찌민시와 인접 지방에, 나머지는 하노이와 최대 항구도시인 하이퐁에 집중되었다. 2000년 기준 외국인 직접투자의 90%는 산업, 건설, 서비스 영역에 집중되었고, 여기서 더 많은 이익을 얻은 건 도시 지역이었다.

게다가 토지가 없는 농민들이 점점 증가한 것도 크나큰 문제였다. 이는 우리가 즐겨 먹는 커피 때문이다. 현재 베트남은 브라질 다음으로 세계 2위의 커피 수출국이다. 1990년대에 기업인들이 민간 커피농장을 설립하여 소수민족이 재배하고 있는 토지를 점유했기 때문에 가능했다. 베트남의 커피 재배 면적은 1985년 447제곱킬로미터에서 2000년 5,167제곱킬로미터까지 증가했다. 커피 수출량도 큰 폭으로 증가했다. 1985년에는 1만 2,300톤이었던 것이 2011년에는 120만 톤에 이르렀다. 그러나 토지의 수요가 증가함에 따라 농부들은 적절한 보상 없이 시장 가치보다 훨씬 낮은 보상가에 토지를 몰수당하다시피 하는 사례가 빈번했다. 커피 수출이 증가해 국가 전체의 가계소득에 기여한 것은 사실이지만 한편으로는 농민들이 토지를 잃게 되는 부정적인 결과도 벌어지고 있는 것이다.

### 베트남 경제의 오늘과 내일

베트남은 ASEAN 국가 가운데 가장 가파르게 성장해 온 나라 중의 하나다. ASEAN에는 경제 개발 정도에 따라 필리핀, 말레이시아, 싱가포르, 인도네시아, 태국, 브루나이 등 '선발 6개국'과 캄보디아, 라오스, 미얀마, 베트남 등 '후발 4개국'이 있다. 이들은 ASEAN경제공동체로 인구 8억여 명의 거대한 경제블록을 형성하고 있다.

베트남의 인구수는 약 1억 명으로 평균수명은 약 75세이지만 전체 인구의 평균 나이는 약 29세로서 노동력이 매우 풍부한 생산시장이자 소비시장이다. 이제 베트남은 미국 및 한국과 포괄적 전략 동반자 관계로 외교관계를 격상하여, 반도체 및 인공지능 공급망을 강화하고 있다. 향후 미국-베트남의 경제 협력은 가속화될 것으로 보이며 베트남은 탈중국 공급망의 대안으로 부상하고 있다. 중국이 희토류 최다 보유국임을 내세워 자원을 무기화해 미국과의 경쟁을 심화

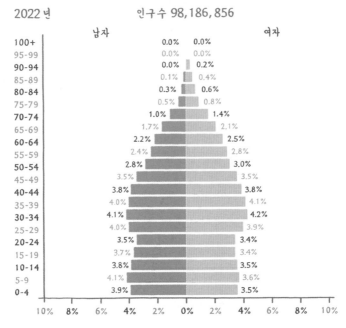

|  | 남자 |  |  |  | 여자 |  |
|---|---|---|---|---|---|---|
| 100+ |  | 0.0% | 0.0% |  |  |  |
| 95-99 |  | 0.0% | 0.0% |  |  |  |
| 90-94 |  | 0.0% | 0.2% |  |  |  |
| 85-89 |  | 0.1% | 0.4% |  |  |  |
| 80-84 |  | 0.3% | 0.6% |  |  |  |
| 75-79 |  | 0.5% | 0.8% |  |  |  |
| 70-74 |  | 1.0% | 1.4% |  |  |  |
| 65-69 |  | 1.7% | 2.1% |  |  |  |
| 60-64 |  | 2.2% | 2.5% |  |  |  |
| 55-59 |  | 2.4% | 2.8% |  |  |  |
| 50-54 |  | 2.8% | 3.0% |  |  |  |
| 45-49 |  | 3.5% | 3.5% |  |  |  |
| 40-44 |  | 3.8% | 3.8% |  |  |  |
| 35-39 |  | 4.0% | 4.1% |  |  |  |
| 30-34 |  | 4.1% | 4.2% |  |  |  |
| 25-29 |  | 4.0% | 3.9% |  |  |  |
| 20-24 |  | 3.5% | 3.4% |  |  |  |
| 15-19 |  | 3.7% | 3.4% |  |  |  |
| 10-14 |  | 3.8% | 3.6% |  |  |  |
| 5-9 |  | 4.1% | 3.6% |  |  |  |
| 0-4 |  | 3.9% | 3.5% |  |  |  |

2022년 기준 베트남의 인구는 9,800만여 명인데, 그중에서 노동이 가능한 젊은 세대의 비중이 매우 높다. 베트남이 매우 풍부한 생산시장이자 소비시장임을 보여주는 지표이며, 이는 베트남이 성장 잠재력이 큰 젊은 국가라는 것을 의미한다.

시키고 있으므로 미국과 베트남 두 나라는 중국의 공급망 위협에 맞서기 위한 경제안보전략을 공유하게 될 것이다.

미국과 베트남은 보잉, 마이크로소프트, 엔비디아 등 미국 주요 기업이 주도하는 수십억 달러 규모의 거래 및 파트너십에 동의했다. 또한 클라우드 컴퓨팅, 반도체, 인공지능 분야에서 협력을 강화할 것이라고 밝혀, 두 나라의 혁신 및 투자 서밋에 구글, 인텔, 엠코, 마벨, 글로벌파운드리, 보잉 등이 참석하면서 미국의 베트남 투자가 활성화될 것으로 예상된다.

## 탈중국 공급망과 베트남의 부상

오늘날, 미국 기업들은 생산기지를 자국으로 되돌리는 리쇼어링 Reshoring이 주류가 되었고, 글로벌 기업도 미국 시장 개척을 위해서 미국 내에 생산기지를 배치하는 프렌쇼어링Friendshoring을 진행하고 있다. 더불어 미국과 중국의 무역전쟁은 양국의 패권전쟁 성격이 짙어졌고, 트럼프 전 대통령은 이 상황을 자신의 정치적 생명을 유지하는 데 최대한 활용했다.

중국은 1980년부터 2010년까지 30년에 걸쳐 미국 주도 세계질서에 편승해 영향력을 확대해왔지만 현재는 상황이 많이 바뀌었다. 2013년 9월 시진핑 국가주석이 발표한 일대일로一帶一路 프로젝트는 중국이 주변 참여국들에 인프라 건설 협력을 약속하고 이를 위해 개발도상국과 저개발국가에 1조 달러를 빌려주는 것을 골자로 한다. 이후 10년간 일대일로에 참여한 국가는 152개국으로 늘어났다. 하지만 그 과정이 순탄하지는 않았다. 중국에게서 돈을 빌려 프로젝트를 추진한 나라들이 이를 갚지 못해 국가부도 사태를 맞기도 했고, 23개국이 고금리 부채 상환 부담으로 파산 위기를 맞는 등 문제가 발생하고 있다. 이로 인하여 시간이 지남에 따라 중국에 대한 기대와 열망이 식으며 냉소와 적대감이 확산되고 있다. 베트남에서도 중국에 대한 기대와 열망이 전과 같지 않다.

역사적으로 베트남과 특별한 관계인 중국은 오늘날 호앙사군도와 쯔엉사군도의 영유권 문제를 두고 첨예한 외교적 갈등을 빚고 있다. 이에 중국을 견제하려는 미국과 베트남의 입장이 서로 맞물렸고, 외교정상화를 이룬 지 17년 만인 2022년 9월에 미국과 베트남은 포괄적 전략 동반자 관계가 되었다. 바야흐로 미국을 중심으로 한 탈중국 공급망 구축에 베트남이 대안으로 부상하고 있는 것이다.

### 베트남 청년들의 꿈의 직장, 삼성

2008년 3월 '삼성전자 베트남SEV'은 베트남 정부로부터 투자 허가를 받아 이듬해 4월부터 정식 활동을 시작했다. 투자 규모는 25억 달러로 한국은 전 세계에서 베트남 투자 규모 1위가 되었다. 삼성전자는 한국, 인도네시아, 인도에 각 하나씩, 중국과 베트남, 브라질에는 각 두 개씩 전 세계에 모두 9개의 휴대전화 생산 공장을 갖고 있다. 그중 베트남 공장은 베트남 북부의 박닌성과 타이응우옌성에 위치해 있다.

두 공장은 세계에서 가장 규모가 크고 현대화된 삼성의 생산 공장으로, 박닌성에는 4만 명, 타이응우옌성에 7만 명, 총 11만 명이 일하고 있다. 이 두 공장에서 일하는 근로자가 세계 삼성전자 인력의 30%를 차지하고 있고, 생산되는 휴대전화 부품의 70%가 국내 조립용 부품으로 활용되며, 다른 회사의 수출용품에도 사용되고 있다. 베트남의 실업난 해결과 경제 발전을 견인하고 있는 것이다. 삼성전자 베트남은 2022년도에 총 650억 달러를 수출하여 베트남 총수출액의 17.5%를 차지했다. 삼성전자가 베트남의 경제에 얼마나 중요한 역할을 하고 있는지를 가늠해 볼 수 있다. 삼성은 베트남에서 한국의 위상을 드높였고 오늘날 베트남 청년들의 꿈의 직장이 되었다.

## 베트남의 중산층과 MZ세대는 어떤 소비 패턴을 보일까

베트남 경제는 한국 기업의 투자, 중국을 견제하는 대안으로서 부상, 급격한 경제 성장에 따라 중산층이 두터워지고 있다. 베트남의 연평균 경제성장률은 6~8%로 매년 중산층으로 편입되는 사람이 150만 명씩 늘어나고 있으며, K-마트를 비롯한 대형 유통업체들 진출이 줄을 잇고 있다.

흔히 베트남의 경제 수준이 한국의 1990년대 초반 수준이라고 들 한다. 하지만 오늘날 베트남 사람들은 너 나 할 것 없이 최신형 스마트폰을 뽐내며 거리를 걷는다. 단순히 그 시절의 한국과 비교해서는 중요한 것을 놓치기 십상이다. 그만큼 베트남의 성장 잠재력은 무궁무진하며, 생활수준 또한 빠르게 올라가고 있다. 여느 나라가 그렇듯이 경제가 활기를 띨 때, 그 나라의 소비는 중산층과 젊은 세대가 주도한다. 젊은 세대라 하면 소위 'MZ세대'를 의미한다. 베트남 중산층과 MZ세대에 주목해야 하는 이유다. 이 두 소비 주체들의 소비 패턴을 주목해보면 베트남 전체의 소비 현황을 파악하고 전망할 수 있을 것이다.

베트남에 진출한 유통업체 가운데 점포 수가 가장 많은 빅씨Big C는 태국 기업 센트럴리테일이 운영하는 업체로 다양한 농산물과 식료품, 자체 개발 상품을 판매하며 베트남의 중산층으로부터 좋은 평판을 받고 있다. 2023년 베트남의 1인당 GDP는 4,284달러 수준으로, 전년 대비 160달러가 증가했다. 소득 규모에 비해 대형 유통업체의 성장세가 가파른 편으로 2021년 시장 규모가 14억 1,890만 달러로 전년 대비 5.5%p나 성장했다. 그만큼 중산층과 MZ세대가 소비를 이끌고 있다는 방증이다.

이들에게 농식품의 최우선 구매 기준은 '품질'이다. 현지 유통업체들은 시장 조사를 거쳐 적정 가격을 도출하고, 납품업자와 여러 차례 협상을 거쳐 판매 가격을 결정한다. 높은 가격을 매겨 판매하려면 소비를 주도하는 이들의 기호와 요구에 맞춰 품질을 높일 수밖에 없으므로 제품의 품질이 전체적으로 향상된다.

중산층과 MZ세대는 한국산 농식품에도 높은 관심을 보인다. 현재 가장 호평을 받고 있는 한국산 농식품은 인삼이다. 국민의 소득이 늘면서 자연스레 건강제품에 대한 선호도도 높아지기 때문이다. 향후 10년 내 베트남의 중산층은 3,600만 명까지 증가할 것으로 예상되므로 베트남에 진출한 한국 기업들은 이러한 중산층의 증가와 MZ세대의 소비 패턴 변화에 따른 맞춤형 마케팅 전략을 세울 필요가 있다.

더불어 베트남에서 불고 있는 'K-푸드'의 열풍을 관망하기만 해서는 안 된다. 베트남 청년층을 중심으로 떡볶이에 대한 관심과 사랑이 매우 뜨겁다. 더운 나라지만 호떡도 인기가 많다. 먹거리 위생 문제에 관심이 많은 베트남에서 한국산 가공식품 및 농산물에 대한 신뢰는 상당하다. 이 신뢰를 토대로 어떻게 좀 더 깊은 관계를 맺을 수 있을 것인지에 대해 한국 기업들은 끊임없이 고민하고 자문해야 할 것이다.

# 베트남과 미국은 철천지원수다?

## 스치듯 어긋난 두 나라의 관계

베트남과 미국은 2차 인도차이나전쟁, 흔히 말하는 월남전에서 격돌한 적국 사이였다. 그렇다면 현재의 베트남 사람들은 미국을 어떻게 생각할까? 여전히 한 하늘 아래 함께 있을 수 없는 철천지원수로 생각할까? 현실은 그와 정반대이다.

베트남과 미국의 관계는 양국이 외교정상화를 한 1995년에 시작된 게 아니라 200여 년 전으로 거슬러 올라간다. 두 나라의 교류는 사람들이 생각하는 것보다 더 오래되었다. 그뿐만 아니라 한때 서로 총부리를 겨눌 때를 제외하고는 서로를 필요로 하는 관계였다. 이제 이 두 나라의 교류를 잠시 들여다보자.

홉킨스 밀러는 저서 《미국-베트남 1787~1941》에서 독립선언 이후 미국 정부가 처음으로 '코친차이나'[14]의 존재를 알게 되었다고 썼다. 그리고 이곳에 관심을 가진 최초의 미국인은 토머스 제퍼슨이다. 1787년 7월, 무역 협상에 참여하기 위해 파리에 있던 당시 프랑스 주재 미국 대사 토머스 제퍼슨은 베트남에서 쌀 품종을 사겠다고 제안했다. 제퍼슨은 내륙 지역의 쌀은 하얗

---

14 프랑스에 의하여 점령된 베트남의 남부 지역을 일컫는다.

고 향긋하며 잘 자라는 것으로 안다며 자롱 황제인 응우옌푹아인阮福暎의 아들 까인 왕자에게 연락해 쌀 품종을 찾고자 했다. 1789년 프랑스대혁명이 발발하기 전에 제퍼슨은 프랑스의 정치가이자 식물학자인 말레셰르베스에게 이에 대한 도움을 달라는 내용의 편지를 보냈으나 도움을 받지 못했다. 비록 베트남과 무역을 시작하고 싶어 했던 제퍼슨의 바람은 이루어지지 못했지만, 제퍼슨과 베트남의 인연은 훗날 이와는 조금 다른 방향으로 이어진다. 1776년 제퍼슨이 쓴 미국 독립선언서의 "모든 사람은 평등하게 태어났다"는 문구가 1945년 하노이 바딘광장에서 호찌민이 베트남민주공화국의 수립과 독립을 선언하는 연설문에 인용된 것이다.

미국은 1829년 앤드루 잭슨 대통령이 취임했을 때도 베트남과의 교류를 시도했다. 1832년 1월 초, 에드먼드 로버츠는 전함 피콕을 타고 붕람(현재 카인호아성 소재)항구에 도착했다. 그는 미국을 대표하여 응우옌 왕조와 서명할 수 있는 무역 협정 초안을 가지고 있었으나 며칠간의 논의 끝에도 협정은 체결되지 않았다. 로버츠의 말에 따르면, 책임은 전적으로 응우옌 왕조에 있으며, 외교 절차가 너무 번거롭고, 관리들은 명확한 의견이 없으며, 협상할 수 있는 권한이 없었다고 했다. 또한, 종종 미국이 제기한 직접적인 질문에 답변하지 못했으며, 베트남 측은 너무 조심스럽고 신중하며 의심을 많이 했다고 말했다.

그러나 응우옌 왕조의 사절들이 서명에 동의하지 않은 가장 중요한 이유는 협약서 형식 때문이었다. 그들은 조약의 문구가 베트남 황제를 존중하지 않는다고 생각했다. 즉 미 대통령은 임기가 있는 선출직이므로 황제와 상응할 수 없다는 게 응우옌 왕조 관리들의 논리였다. 이에 그들은 로버츠와 협상하기 위해 응우옌찌프엉阮知方과 리반푹李文馥을 파견했다. 이들은 미국 대통령의 서한과 무역협정 초안을 왕에게 올리지 않았고, 이것이 협상이 결렬된 진짜 이유다. 참고로 응우옌찌프엉은 1858년, 1861년, 1873년 세 차례에 걸친 프랑스의 공격 때 방어를 맡았고, 전투에서 큰 부상을 당해 사로잡혔다. 그는 프랑스의 협박에도 불구하고 일체의 협조를 거부하고 약 한 달간의 단식 끝에 자결한 충신이었다. 이런 사람이 자국의 왕을 존중하지 않는다고 느낀 협정안을 받아들일 리가 만무했다.

한편 베트남 최초의 미국 주재 '특명 전권대사'는 부이비엔裵援이다. 1858년 프랑스 해군이 다낭 항구에 발포하여 베트남 침공을 시작하자 나라를 구하기 위해 뜨득왕은 자신의 측근을 보내 프랑스의 압력을 완화하고 나라를 개혁할 방법을 찾았다. 이에 부이비엔은 1873년 7월 배를 타고 홍콩으로 건너간 뒤 곧장 홍콩 주재 미국 영사관으로 가 미국 대통령을 만나는 데 도움을 줄 미국 특사와 친구가 되었다. 그는 이후 홍콩을 떠나 일본 요코하마를 거쳐 미국으로 향했다. 그야말로 신임장도, 공식 수행원도 없이 혼자서 자신만의 임무를 다하려 한 것이다.

부이비엔은 샌프란시스코를 거쳐 워싱턴D.C.로 갔다. 여기서 그는 율리시스 그랜트 대통령에게 베트남에서 프랑스 세력을 몰아내는 데 도움을 달라고 간청했다. 미국은 오랫동안 베트남에 진출하여 동남아에서 활동할 발판을 찾고자 했던지라 그의 요구에 관심을 보였으나 부이비엔은 임명장도, 위임장도 없었기에 결국 빈손으로 귀국할 수밖에 없었다.

부이비엔의 두 번째 미국 방문은 1875년이었다. 이번에는 공식적으로 뜨득왕의 서신을 갖고 왕명을 수행하기 위해 길을 나섰지만, 제국주의 국가들은 세계를 나누어 자기들 손아귀에 넣는 것에만 혈안이 되어 있었다. 미국은 남북전쟁 이후 국내의 상황을 안정시킬 필요가 있었기에 베트남을 도울 형편이 되지 못했다. 부이비엔은 다시금 실망할 수밖에 없었다. 만약 미국과 베트남이 이때부터 손을 잡고 협력했었더라면 20세기에 벌어진 참혹한 베트남전쟁도 없었을 것이다.

## 과거의 아픔을 딛고 전략적 파트너가 되다

1973년 1월 베트남전 종식을 위한 파리휴전협정 체결 후 20여 년이 훌쩍 지난 1995년 7월, 빌 클린턴 미국 대통령과 보반끼엣 베트남 총리가 양국의 외교정상화 서류에 서명했다. 이에 하노이에는 미국대사관이, 호찌민시에는 미 총영사관이 설치되었고, 워싱턴에 베트남대사관이, 샌프란시스코에 총영사관이 각각 설치되었다.

베트남의 공식 통계에 따르면 베트남과 미국의 양자 간 무역 규모는 1995년 수교 당시 4억 5천만 달러에서 2022년 기준으로 1,230억 달러로 증가했고, 미국의 직접투자액은 2022년 기준 110억 4천만 달러를 기록했다. 베트남은 주로 의류와 신발, 스마트폰, 목재가구를 미국에 수출한다.

무엇보다 양국은 인도-태평양 지역에서 중국을 견제해야 한다는 공동의 목표가 생겼다. 이에 2023년 9월, 응우옌푸쫑 베트남 공산당 총비서의 초청으로 조 바이든 대통령이 베트남을 이틀간 방문했다. 미국 대통령이 베트남 공산당 총비서의 초청으로 국빈 방문을 한 것은 처음 있는 일이었으며, 이는 양국의 포괄적 전략 동반자 관계 수립 10주년을 기념하기 위해서였다. 국교정상화 이후, 빌 클린턴, 조지 부시, 버락 오바마, 도널드 트럼프, 조 바이든 대통령까지 모든 대통령이 베트남을 방문한 것만 봐도 오늘날 양국의 관계가 어떤지를 알 수 있다. 미국은 베트남과의 외교관계를 격상함으로써 인도-태평양 지역에서 중국에 대한 견제 기반을 한층 더 확대할 수 있을 것으로 기대하고 있다.

두 나라는 스마트폰과 전기차 배터리에 사용되는 희토류 공급 협력 강화를 위한 양해각서도 체결했다. 베트남은 중국 다음으로 희토류 매장량이 많은 국가다. 중국이 희토류를 무기로 횡포를 가하는 것을 견제하기 위함이다. 미국은 또 양국 간 안보 협력 강화 차원에서 베트남에 890만 달러 상당의 군수물자 지원 방안도 발표했다. 바야흐로 미국과 베트남은 인도 · 태평양 시대의 동반자로 서로를 필요로 하는 밀월관계가 되었다.

베트남이 포괄적 전략 동반자 관계를 맺은 나라는 중국(2008년), 러시아(2012년), 인도(2016년), 한국(2022년), 미국(2023년) 다섯 나라뿐이다. 한국과 베트남은 2022년 12월 수교 30주년을 맞아 외교관계를 전략적 동반자 관계에서 포괄적 전략 동반자 관계로 격상시켰다. 서로 총부리를 겨눴던 적에서 매우 긴밀한 전략적 파트너가 된 미국과 베트남을 보며 앞으로 한국도 베트남과 어떠한 관계를 만들어가야 할지 실마리를 찾을 수 있을 것이다.

# 사업가라면
# 노동법을 공부하라!

**베트남 사람들은 길게 쉬는 걸 좋아한다?**

베트남 전체에서 약 백만 명의 노동자가 한국 기업에서 일하고 있다. 그중 규모가 가장 큰 공장의 경우, 그곳에서만 3만~7만 명이 일할 정도로 현지인들의 한국 기업 취업은 보편적인 현상이 되었다. 이처럼 한국 투자 기업들의 베트남인 고용이 늘어나면서 노무 관리에 대한 관심도 덩달아 높아지고 있다. 기업에서 베트남 노동자들의 노무 관리에 실패하면 이는 기업의 경영에도 손실을 가져오지만 자칫하면 외교 문제로 비화될 수도 있기 때문이다.

베트남 사람들은 연차 휴가를 평소에 사용하지 않고 모아두었다가 구정 연휴에 몰아 쓰는 경우가 많다. 심지어 어떤 여성은 결혼식 다음 날에도 출근해서 왜 신혼여행을 가지 않았느냐고 물었더니 구정이 얼마 남지 않았으니 그때 휴가를 붙여 사용한다고 했다. 그만큼 휴가를 효율적으로 사용하려는 경향이 강하다. 이러한 노동자들의 문화와 경향을 알고 갈등을 빚지 않는 동시에, 기업을 문제 없이 효율적으로 경영하려면 베트남의 노동법과 관련 제도들을 잘 알고 있어야 함은 물론이다. 그럼 베트남의 노무 관련 제도가 어떻게 되어 있는지 간단히 살펴보자.

### 베트남의 노동법과 연금제도

노동자가 고용되면 업무를 시작하기 전에 필수적으로 노동계약서를 체결하여야 하며, 노동자가 15세 이상 18세 미만인 경우에는 법정대리인의 동의를 받아야 한다. 공휴일과 명절은 9월 2일 독립 및 건국기념일 전후로 1일이 추가되어 베트남의 공휴일과 명절은 총 11일이며, 외국인 근로자는 베트남의 공휴일과 명절 이외에 자국의 설날이나 국가공휴일 1일을 휴일로 더하여 총 12일의 공휴일을 갖게 된다.

초과근무는 정규 업무 시간 1일 8시간, 1주 48시간에서 1일 12시간, 월 40시간, 연 200시간(섬유, 봉제 등 예외는 300시간)을 초과하면 안 된다. 공휴일, 구정 연휴 기간에 근무하는 경우 1일 12시간을 초과할 수 없다.

유급 근무 시간에는 업무 중 휴식시간을 포함하여 12개월 미만의 자녀를 양육하고 있는 여성은 1일 60분의 휴식시간, 노동자의 책임이 아닌 사유로 인해 업무가 중단된 시간, 학습 및 훈련 시간, 노동조합법에 따른 모임과 학습 시간, 정년퇴직 마지막 연도에 적용되는 1일 최소 1시간의 업무 단축시간도 포함된다.

만약 기업이 법을 위반하고 일방적으로 노동계약을 해지한 경우, 사용자는 노동자를 복직시켜야 하고, 근무하지 못한 기간의 임금, 사회보험료, 의료보험료 및 2개월간의 임금을 가산하여 지급하여야 한다.

연금 수령 연령은 2021년부터 매년 남성은 3개월, 여성은 4개월씩 상향 조정되고 있으며, 2024년 현재 남성 60세, 여성 55세다. 추후 2028년까지 남성 62세, 여성 60세로 상향 조정될 예정이다.

연금제도를 들여다보면 남성은 20년간, 여성은 15년간 사회보험료를 납부하면 남자는 60.6세, 여성은 55.8세부터 혜택을 받을 수 있다. 혹은 위험한 업무에 종사하거나 사회적·경제적으로 어려운 지역에서 15년 이상 근무한 사람은 남자는 55.6세, 여성은 50.8세부터 혜택을 받는다. 연금 계산은 사회보험 부보付保 평균 급여액×지급률로 계산하는데 남녀 모두 45%를 지급받으며 매년 2%p씩 인상되며 75%가 최대한도이다.

이 정도면 간략하게나마 설명이 됐을까? 가격 경쟁력을 상실한 한국 기업들의 베트남으로의 이전이 가속화되어감에 따라 투자 기업에서의 노무 관리는 기업의 성패를 좌우할 수 있는 매우 중요한 문제다. 위에서 열거한 것들은 기본적인 얼개일 뿐이고, 베트남에서 기업 활동을 하려는 생각이 있는 이라면 노동법을 잘 준수하고, 베트남 문화를 이해하고, 노동자들의 애사심을 진작시키는 방안을 찾고 강구하는 일이 중요하다.

# 호찌민 루트가 산업화의 동맥으로

## 통일전쟁의 보급로로 시작된 호찌민 루트

베트남은 1954년 5월 라오스 국경 근처의 프랑스 공군 요새 디엔비엔푸에서 승리하면서 프랑스로부터 독립을 쟁취했다. 하지만 그해 7월 제네바협정이 체결되면서 남북으로 분단되었다. 남북 간의 격렬한 전투가 벌어졌고 남부 베트남공화국에 대한 미국의 강력한 지원에도 불구하고 1975년 4월 북부 베트남에 의해 무력 통일되었다. 이러한 베트남 통일에는 군수물자 보급로가 큰 역할을 했는데, 사람들은 이 길을 '호찌민 루트'로 명명했다.

베트남은 남북으로 길게 S자 형태로 뻗은 나라로, 북쪽 중국 국경에서 남쪽 땅 끝까지 직선거리로 1,650킬로미터나 되지만 동쪽 해변에서 서쪽 라오스 국경까지는 50여 킬로미터밖에 되지 않는다. 북부, 중부, 남부의 기후가 다 다르고, 54개 민족이 섞여 살고 있어 각 지역마다 문화도 다르다. 이런 지리적·문화적·물리적 여건이 열악한 환경에서도 북부 베트남군은 전쟁 수행 의지를 갖고 호찌민 루트를 만들었다.

호찌민 루트는 육상, 해상 양쪽 모두에 존재한다. 내륙의 호찌민 루트는 북에서 남으로 뻗은 쯔엉선산맥을 따라 야생 짐승과 독충들이 우글거리는 정글에서 미군 정찰기의 정찰과 폭격, 고엽제 살포, 폭우 및 무더위와 싸우며 건설되었으며, 라오스와 캄보디아의 국경을 넘나들며 이어지는 군수품

빡뽀-까오방

까마우

민족 통일을 이룬 '호찌민 루트'가 산업화의 동맥으로 변신하고 있다. 전국을 관통하는 3,167킬로의 신개념 호찌민로가 건설 중이다.

보급로이다. 1959년에서 1975년까지 이 보급로 건설에 참여한 인원만 200만 명이었다. 인부들은 특별한 숙소도 없이, 흔적을 남기지 않고, 연기가 나지 않게 밥을 해 먹으며, 최대한 공사 소음이 밖으로 새어나가지 않게 은밀하게 도로를 건설했다. 그야말로 비밀리에 건설한 군수품 보급로인 것이다. 베트남 정부는 고난과 승리를 상징하는 이 길을 특별 국가유적으로 등록했다.

해상 호찌민 루트 역시 군수품 운송 목적으로 사용되었다. 이름, 등록 번호도 없는 비밀 선박이 사용되었다. 소형 어선을 위장시켜 먼 바다로 나갔다가 비밀리에 남부의 여러 항구로 나누어 입항해 군수품을 전달하는 방식으로 운용되었다.

### 과거를 넘어 미래로 향하는 호찌민 루트

이처럼 기상천외한 방법으로 군수품을 보급해 남북통일에 중요한 역할을 담당했던 육상과 해상의 호찌민 루트는 이제 베트남 산업화의 대동맥으로 변신하고 있다. 이를 현대적 개념에 맞게 이른바 '업그레이드'하기로 한 것이다. 2000년부터 3단계에 걸쳐 빡뽀-까오방에서 최남단 까마우까지 전국 30여 개 성을 관통하는 총 길이 3,167킬로미터에 달하는 신개념 호찌민로를 건설했다. 2021년 10월 해상 호찌민 루트 개척 60주년 행사를 개최하기도 했다. 이제 호찌민 루트는 단순히 전쟁의 기억을 담은 길이 아니라 눈부신 '홍강의 기적'을 위해 나아가는 길로 자리매김하고 있다.

# 베트남에 투자할 때
# 당신이 꼭 알아야 할 여섯 가지

**베트남에서 사업을 하고 싶어 하는 사람들에게**

한국과 문화적 유사성이 많고 물가가 저렴하니 소자본으로 사업을 시작하기에 베트남이 좋다고 생각하는 사람들을 자주 만나게 된다. 하지만 베트남에 대한 자세한 정보까지는 알 수 없으니 주변 사람의 소개로 나를 찾아오는 분들이다. 대기업이야 자체 시장조사 팀이 있고, 중소기업들은 코트라에 협조를 요청하면 친절한 안내와 함께 정보를 얻을 수 있다. 하지만 일반인들에게는 정보의 창구가 그다지 많지 않은 게 사실이다. 그래도 이처럼 관심을 갖고 나 같은 이에게 도움을 청하는 사람들은 걱정되지 않는다. 아무런 경험도 없이 그저 뭔가를 시작해보려고 하는 사람들이 문제다. 그래서 지금부터 베트남에서 어떻게, 어떤 사업을 해야 할지 고민하는 이들을 위해 조금이라도 도움이 될 만한 몇 가지 예를 들어볼까 한다.

2013년 겨울방학에 하노이 출장을 갔다가 베트남 북중부 하띤성 응이쑤언현의 가난한 어촌에서 한국으로 유학을 떠나 고학으로 학업을 마치고 귀국한 젊은이를 만났다. 간단한 인사를 나눈 후, 그는 내게 "교수님, 제가 무엇을 하면 성공할 수 있을까요?"라는 참으로 답하기 어려운 질문을 했다. 그래도 진지하고 간절한 마음으로 질문했으리라 짐작하며, 곰곰이 생각한 후에 베트남에 불고 있는 한류에 편승해 'K-뷰티'를 베트남에 접목해 보는 게 어떻겠느냐며 아이디어를 던져주었다. 지금 그는 어떻게 됐을까? 그는 특유의 성실함으로 한국의 성형 전문의들과 협력하여 사업을 시작했고, 이제는 한국에 온 베트남 유학생 가운데 많은 돈을 번 사업가로 소문나 있다.

빈푹성 땀다오현 출신으로 건설회사를 운영하는 다오떳탕 회장은 한국산 닭고기를 베트남으로 수입해 성공했다. 2015년 겨울에 그의 집에 초청받아 닭고기 요리를 대접받았는데 고기가 질겨서 여간 먹기 힘든 게 아니었다. 일반적으로 한국 사람들은 삼계탕용 닭은 생후 1개월 전후의 영계를 사용한다고 말해줬다. 영계가 살이 부드럽고 연해 좋아하기 때문이라고 말이다. 그런데 다오떳탕 회장은 베트남 사람들은 오히려 고기가 질겨야 좋아한다고 했다. 알을 낳는 역할을 다한 한국의 노계는 사료용으로 싸게 판매한다는 말을 전했더니, 그는 그 말을 듣고 한국산 닭고기를 싸게 수입해서 베트남 시장에 제값을 받고 팔았다. 내 조언이 사업체를 중견회사로 키우는 데 큰 밑천이 되었다고 늘 고마워한다.

1992년 외교정상화 이후 얼마 지나지 않아 호찌민시에서 식당을 연 K씨는 현지인의 명의를 빌려 아직 외국인 투자 허가가 나지 않았던 한국식 식당을 운영했는데, 손님이 앉을 자리가 없을 정도로 장사가 잘 됐다. 아직 한국 음식이 베트남에 잘 알려지지 않았던 때라 베트남인들에게 신선하게 다가왔기 때문인 것 같다. 그런데 가게가 번성하는 걸 본 현지인은 K씨에게 식당에서 손을 떼고 나가라고 통보했다. 본인 명의가 아니다 보니 K씨가 할 수 있는 건 없었다. 나중에 그의 하소연을 듣고 뭔가 도움을 줄 수 있을까 해서 계약서를 찬찬히 살펴보았더니 베트남어로 된 계약서에는 K씨의 권리를 주장할 만한 내용은 단 한 글자도 없었다. 베트남에 대한 정보가 부족한 상태에서 무리한 투자를 한 것이 화를 자초한 것이다.

자, 지금까지 열거한 몇 가지 사례에서 독자들은 무엇을 느끼셨는가? 잘 모르는 남의 나라에 가서 장사를 하는 것은 역시 무모한 일이라고 느껴지시는가? 아니면 베트남이야말로 기회의 땅이라고 생각하시는가? 내가 말하고자 하는 바는 해외에서 하는 사업의 책임은 전적으로 투자자 본인에게 있다는 것이다. 투자를 결정할 때는 심사숙고해야 한다. 한국과 베트남은 동아시아의 유교문화를 공유하는 까닭에 유사성이 많지만 깊이 들어가 보면 다른 점이 더 많다. 특히나 정치, 사회, 법률제도가 다르다. 엄연히 다른 나라이니 조금만 생각해보면 알 수 있는 사실이다. 돌다리도 두드려 보고 건너야 물에 빠지지 않는다는 말은 상투적인 표현이 아니라 사업 하는 모든 이들이 새겨야 할 교훈이다. 베트남에서 사업을 벌이는 것은 단순하게 지인이나 제삼자의 의견을 듣고 결정할 사안이 아니다. 투자자 본인이 여러 번 발품을 팔아 현지 분위기와 시장성을 면밀하게 조사해야 한다.

베트남에 투자하거나, 사업을 진출할 때는 반드시 베트남 시장에 대한 경험이 풍부한 변호사, 회계사, 관세사 등 전문가들의 도움을 받아 절차를 밟아야 추후 발생할 수 있는 시행착오를 최대한 줄일수 있다. 이제 베트남은 단지 저임의 노동력, 외국인 투자자에 대한 특별 세제 등의 동기만으로 투자를 결심해서는 안 되는 곳이다. 경제 성장과 더불어 베트남 국민들의 소비 수준도 향상되어 세계 시장에서 경쟁력을 갖춘 물건이 아니면 잘 팔리지도 않는다. 그런 이유로지금부터 베트남 투자에 앞서 눈여겨볼 유의사항 몇 가지를 열거해볼까 한다. 이 정보가 베트남에서 무언가를 하고자 하는 이들에게 조금이나마 도움이 되기를 바랄 뿐이다.

### 모든 서류는 관공서 직원 맘에 달려 있다

대부분의 관료주의사회가 그렇겠지만 베트남 관공서는 특히나 서류 하나 접수하는 데도 절차가 까다롭기가 이루 말할 수 없다. 이를테면 간단한 인허가를 위해서 각종 서류와 계약서를 제출할 때, 내용보다도 서류의 외관, 형식, 문구 등의 지엽적인 것에 대해 잘못을 지적하고, 내용을 추가하라고 요구하기도 하며, 심한 경우 서류 접수를 거부하기도 한다.

통관 서류에 약간의 오타라도 있으면 이를 이유로 수속을 제때 밟지 못하는 경우도 있다. 그러므로 계약서의 형식뿐만 아니라 사용하는 단어, 토씨 하나까지도 주의할 필요가 있다. 예를 들면, 설계·설비 조달·건설 관련 사항이 한 번의 계약인지 각각의 계약인지에 따라 전혀 다른 과세 비율이 적용되기도 하고, 본사가 현지 법인과

정산할 경우, 청구서만을 보고 과세하기 때문에 터무니없는 세금을 징수당하는 사례도 있다. 단어 그대로, '청구액·청구서=매출=과세 대상'이라는 사고방식을 갖고 추징하는 세무서 직원이 적지 않다.

누군가는 이런 건 일부의 사례라고 생각하겠지만, 이처럼 사소한 사항 때문에 인허가가 늦어지고 불필요한 비용이 드는 경우가 허다하다. 때문에 베트남의 행정 절차와 법제도를 잘 몰라 과세 대상이 아님에도 불구하고 막대한 세금을 납부하는 외국 투자 기업이 적지 않은 것이 베트남의 현실이다.

## 관리 체제를 정비하고, 유능한 직원을 구하라

자, 그럼 투자 신청서도 완비하여 제출하고, 기다리던 투자 허가서도 취득했다고 하자. 그다음은 기업에서 근무할 능력을 갖춘 사무 인력을 구하는 것이 문제다. 이 때문에 대부분의 유럽 기업은 현지 법인 설립 초기부터 공장 작업 개시 전까지 법무, 총무, 경리 담당 직원을 본국에서 파견해 사무 관리 체제를 정비하고, 현지 채용자의 교육에도 힘쓴다. 기술계 영업직원은 사무 체제 정비 후에 다음 단계로 파견한다.

이에 비해 한국 기업은 기술·영업 담당 직원을 우선 파견하고, 행정 사무 관리자는 작업 개시 후에도 파견하지 않는 경우가 있다. 법무, 인사, 경리 등의 업무까지 기술 영업 담당자가 겸임하기 때문에 작업 개시 단계에서 사무 관리 체제나 경리·원가 계산 제도 등이 정비되지 않아 당황하는 사례가 있다. 물론, 사무직원을 상주시키는 대신 변호사나 회계사무소에 필요 업무를 맡기는 것도 가능하지만 아무래도 비용이 만만치 않다. 따라서 기술 영업 수준에 맞추어 사무 직원을 추가 파견하든가, 법률·회계사무소 등을 활용하는 경우 그만 큼의 경비 부담을 감수해야 한다.

**사무직원에게는 높은 급여를 제공하라**

베트남 노동자의 교육 수준, 근면성, 손재주는 다른 개발도상국과 비교해보면 수준이 높은 것이 사실이다. 한마디로 베트남은 노동집약적 산업에 적합한 투자국이라고 할 수 있다. 유의할 점은 앞서 밝힌 바와 같이 사무직, 특히 중간 관리직이나 경리·총무 업무를 담당할 인력을 선발하기 쉽지 않다는 것이다. 따라서 어떻게든 타 업체에서 필요한 인력을 스카우트 하든지, 사내에서 자질이 있는 인력을 선정해 업무 숙달 과정을 통해 육성해야 한다. 베트남의 '값싸고 우수한 노동력'이라는 말은 사무직원에게는 해당되지 않는다.

베트남에는 만여 개의 한국 기업이 활동하고 있어 그곳에 취업하려는 사람도 많고, 그로 인해 대학에서 한국어 관련 학과는 취업 잘되고 급여도 많이 받는 인기학과로 부상했다. 2023년도 발표 기준 하노이 최저임금은 월 442만 동이다. 관련 직업훈련을 마친 경우는 추가로 7%를 올려주어야 해서 최저 임금은 472만 9,400동(약 23만~24만 원)/월이 된다. 위험 지역에 근무하고 있거나 건강에 무리가 갈 수 있는 업무를 수행하고 있을 경우는 여기에 다시 5%의 위험수당을 추가해야 해서 월 최저 임금은 496만 5,870동이 된다. 다만 최저임금은 어디까지나 참고사항으로 인건비 상승이 기업에 미치는 자금 압박이 크고, 직종과 직급 간의 임금 격차가 상당히 크다는 점에

유의할 필요가 있다. 회사, 아파트 경비, 미화원, 오토바이 주차 관리 등을 담당하는 직원들은 상대적으로 급여 수준이 낮은 편이다.

## 월급 수령 내역을 확실하게 명시하라

베트남도 우리와 마찬가지로 급여를 받으면 소득세나 사회보장세를 납부해야 한다. 그런 이유로 대부분의 구직자가 요구하는 급여 수준은 터무니없이 높은 경우가 있다. 따라서 고용계약서의 내용에 주의를 기울이지 않으면 회사와 종업원 간에 이견이 발생할 수도 있다.

예를 들면, 급여가 달러 기준일 때는 환율과 적용 기간, 소득세, 보험료 등을 급여에서 공제 후 베트남 동화로 지급한다는 내용을 명확히 기재해야 한다. 외국 기업에서는 베트남 동화의 환율 변동 요인으로 급여를 달러화 기준으로 책정하는 경우가 많은데 한국 기업도 이를 따르는 것이 여러모로 안전하다는 말이다.

본국에서 파견하는 직원도 마찬가지다. 현지와 국내 급여의 분리를 통해 과다한 소득세를 추징당하는 부담을 줄여야 할 것이다. 베트남 현지의 소득세율은 굉장히 높은데, 급여 전액을 현지에서 지불하면 엄청난 개인소득세를 납부해야 한다. 주택비, 자녀 교육비 같은 항목도 포함되기 때문이다. 베트남 동화는 달러로의 교환성이 떨어지고 환율 변동 폭이 심하므로 급여에서 복지 영역에 해당하는 주택임대료, 자녀 교육비, 교통비, 중식비 등을 분리하여 소득세를 낮추는 것이 필요하다.

## 현지 파트너와 비용 부담 문제를 협의하라

베트남의 환경 보호 규정은 엄격한 편이다. 하지만 지역에 따라 기본적인 환경 관련 인프라도 구축되지 않은 경우가 있기 때문에 기업이 추가로 오염 처리 설비를 갖춰야 할 수도 있다. 그러므로 애초에 기획 단계에서 이에 대한 추가 비용을 고려할 필요가 있다. 공업단지에 입주할 경우라도 상수도, 전기시설 등이 공장 부지까지 설치되어 있지 않는 경우가 있다. 이런 경우, 설치 비용을 현지 파트너가 부담할 것인지, 추가 비용을 투자 계획에 포함시킬 것인지를 협의할 필요가 있다.

## 철저한 사전 조사로 위험부담을 최소화하라

이 밖에도 단순한 감각이나 일반 상식으로는 생각할 수 없는 많은 일이 돌발적으로 발생한다. 표면적인 투자 조건만을 보고 진출한 뒤에 갖은 고생을 하고 손해를 입은 채 후회하는 일이 없도록 하려면 행동으로 옮기기 전에 신중한 조사가 선행되어야 한다. 매사가 그러하지만 조급한 결정은 금물이다. 현지에서의 오랜 경험이 있는 사람과 전문가로부터 정보를 수집하고, 우리로서는 알기 어려운 현지의 사정을 명확하게 확인하는 것이 중요하다.

여러 사람에게서 자문을 받아 손실을 막을 수 있는 길도 있다. 공장 건설이나 생산 일정을 계획대로 추진하는 것도 중요하지만 마음이 급한 나머지 위험부담을 무릅쓰고 계약을 서둘러서 문제에 휘말리는 기업도 적지 않다. 또, 각종 서류를 한국의 변호사나 본사의 법률 담당 부서가 작성했다고 해도 안심할 수 없다. 한국의 상식이 베트남에서는 통하지 않는 일도 있기 때문이다. 뚜렷한 이유도 없이 인허가를 보류하거나 뒷돈을 요구하는 경우가 비일비재하다는 것을 유념해야 한다.

만약 베트남 진출을 염두에 두고 있다면 현지에 나가 있는 한국인들에게 도움을 요청하는 것도 좋은 방법이다. 지역별로 한인회가 구성되어 있으며, 한국상공인협회인 코참 KORCHAM도 있으니 이곳 사무실을 방문해 직접 자문을 구하는 것이 바람직하다. 베트남에서 풍파를 헤치고 토대를 마련한 진귀하고 생생한 경험담이 투자자의 시간과 비용을 절약해 주고 성공의 길로 안내해 줄 것이다.

# 박항서 감독의 리더십

2017년 10월 베트남 축구대표팀 지휘봉을 잡은 후 소위 '박항서 매직' 열풍을 일으킨 박항서 감독은 60년 만에 동남아시안게임 축구 우승의 대업을 달성했다. 박 감독의 지도력으로 베트남 축구는 2018년 AFC U-23 챔피언십 준우승을 시작으로 아시안게임 4강 신화와 10년 만의 스즈키컵 우승을 달성하는 등 연거푸 새 역사를 창조했다. 박 감독이 사령탑을 맡았던 5년 동안 베트남 축구는 괄목할 만한 성장을 이루었고, 베트남은 축구 변방국에서 동남아 축구 강국으로 거듭났다. 베트남 축구 역사에 신기록을 세운 것이다.

이에 베트남 사람들은 박항서 감독에 열광했다. 축구 경기가 열리는 날마다 사람들은 대형 텔레비전 앞에 앉아 선수들의 발놀림에 따라 일희일비했다. 이런 날에는 자동차로 미딘국립운동장 지역을 통과하는 건 포기하는 것이 좋다. 사람들로 북새통을 이루어 진출입이 불가능하기 때문이다. 식당에서는 연신 맥주잔을 맞부딪히는 소리와 "못, 하이, 바! 못, 하이, 바! 못, 하이, 바! 우옹!"이라는 구호가 울려 퍼졌다. 우리 말로 번역하자면 "하나, 둘, 셋! 하나, 둘, 셋! 하나, 둘, 셋! 마시자!"인데 그 소리가 얼마나 큰지 귀청을 다 따갑게 한다. 베트남 축구팀이 승전고를 울린 날에는 온 거리가 난리다. 셀 수 없이 많은 사람들이 황성홍기를 휘두르며 오토바이를 타고 질주하고, 택시나 버스 등 온갖 차량이 경적을 울려댄다. 이러한 베트남 사람들의 축구 사

축구 국가대표팀 경기가 있는 날이면 베트남 사람들은 국기가 새겨진 옷을 입고 열정적으로 응원한다. 경기를 이긴 날에는 거의 모든 사람이 오토바이와 차량을 타고 거리로 쏟아져 나와 기쁨을 나눈다.

랑과 열기에 휘발유를 부어 준 사람이 박항서 감독이다.

　또한 박 감독은 베트남 사람들의 한국에 대한 인식을 바꿔놓았다. 택시를 타면 기사가 "한꾸옥(한국)?"이냐고 묻는다. 그렇다고 하면 "박항세오!" 하면서 '엄지 척' 제스처를 취한다. 또한 박 감독은 겸손한 사람이었다. 그는 낮은 자세로 선수들에게 다가갔고, 솔선수범했고, 권위의식을 버렸고, 선수들을 내 자식처럼 아끼고 쓰다듬어 신화를 창조했다. 박항서 감독의 리더십은 호찌민 주석의 '국민과 더불어 먹고, 자고, 일하는' 바꽁정신과 그 맥을 같이한다.

# 아파트 건설 붐에
# 당신도 편승하고 싶다면

### 하루가 다르게 바뀌는 베트남의 스카이라인

하노이 시내에 들어서면 한국 기업이 투자하고 건설한 베트남 최고
층 경남 랜드마크타워 72 빌딩이 시야에 들어오며 보는 이를 압도한
다. 리에우자이로에 있는 롯데호텔 65층 전망대에 올라가 보면 하노
이 시내가 한눈에 들어온다. 하노이 시내를 조망하기에 좋다.

　즐비한 고층건물과 도로를 바쁘게 달리는 차량은 베트남의 역동
성을 자랑한다. 경제가 성장하면서 농어촌 인구가 도시로 집중되면
서 주택난과 교통난이 심화되고 있고, 이를 해결하기 위해 곳곳에 건
설공사가 한창 진행 중이다. 그래서 베트남의 대도시 어디에 가든지
도시철도, 대규모 아파트, 고가도로의 건설 및 도로를 넓히는 공사
등이 진행되고 있으며, 이는 교통체증의 원인이다. 이외에도 수많은
신도시 계획이 입안되고 있으며, 그 결과 신축 건물로 베트남의 스카

이라인은 해가 다르게 바뀌고 있다.

베트남은 물가가 우리보다 저렴하고, 건축 시 바닥에 난방시설을 설치하지 않아도 되므로 건축비도 상대적으로 적게 든다. 아파트 구입비도 한국보다는 저렴하여 베트남에 아파트를 구입하여 월세 수입을 올리려는 사람들도 있다. 2015년 7월부터 시행된 주택법 159조에 따라 외국인 개인이나 기관도 베트남에서 주택을 소유할 수 있게 되었기 때문에 베트남 부동산 매매에 관심을 가진 사람들이 많다.

### 베트남에서 집을 사려면 이것만은 주의하라

그러나 베트남의 법과 시행령 그리고 부동산 현장에서의 법적 해석에 따른 절차적인 혼란이 있어 세심한 주의가 필요하다. 특히 중요한 것은 외국인 누구나 다 주택을 소유할 수 있는 게 아니라는 점이다. 주택을 소유할 수 있는 대상은 베트남에서 시행되는 프로젝트에 의거해 베트남에 주택을 건설하는 개인이나 단체, 베트남에서 활동하고 있는 외국 은행의 지점, 외국 투자기금, 외국인 기업의 대표 사무실과 지점, 외국인 투자 기업, 베트남 입국비자를 취득한 18세 이상의 외국인에 한한다.

주택 소유는 국방안보에 관련된 지역을 제외한 곳에만 가능하며, 아파트나 단독주택 모두 건설 가능하고, 구입, 임대, 분양, 증여, 상속이 가능하다. 아파트 소유권은 토지사용권과 토지에 속한 주택 및 기타 재산 소유권 확인서인 '레드 북'을 발급받은 날로부터 최대 50년간이며 1회 갱신이 가능하다. 확인서 표지가 붉은색이라 레드 북으로 부른다. 따라서 베트남에 부동산 투자를 고려하고 있다면 다

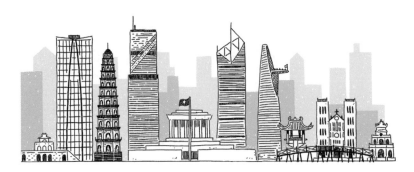

경제가 성장하고 인구가 도시로 집중되면서, 베트남의 대도시 어디에서나 아파트 건설, 고가도로 설치 등 수많은 공사가 진행되고 있다. 그중에서도 가장 많은 공사가 집중되어 있는 하노이는 새로 짓는 건물이 많아 스카이라인이 해가 다르게 역동적으로 변하고 있다.

음 몇 가지를 주의해서 살펴볼 필요가 있다.

첫째, 베트남에서는 모든 토지가 국가 소유여서 개인은 토지사용권만을 가질 수 있으며, 토지소유권은 없다. 엄밀히 말하자면 땅을 사는 게 아니라 빌리는 것이다. 때문에 국가의 정책에 의하여 자신의 토지사용권을 박탈해 가면 어떻게 할지 걱정하는 사람들이 있는데, 이 점은 염려할 필요가 없다. 국가 정책 때문에 토지를 환수해야 하는 경우가 생긴다면 주택을 신축할 대체 부지를 제공하고, 현재 거주하고 있는 주택 가격과 신규 주택 건축 비용을 감안하여 이주비를 주며, 건물이 완공될 때까지 거주할 장소를 제공해주게 되어 있기 때문이다.

둘째, 아파트를 구매하려면 우선 해당 아파트가 외국인에게 매매가 허용된 아파트인지를 확인해보아야 한다. 그래야 다른 외국인에게 되팔 수 있기 때문이다.

셋째, 부동산 가격 상승의 확실성, 환율, 매각 대금을 어떻게 국외로 송금할 것인가를 따져보아야 한다. 합법적으로 부동산에 투자한 돈이 아니라면 부동산을 매각한 후 그 대금을 해외로 송금하는 것은 거의 불가능하다고 보아야 한다. 외국인이 베트남에서 달러를 해외로 송금하려면 합법적인 근거가 있어야 하고, 당국으로부터 반드시 허가를 받아야 하기 때문이다.

넷째, 베트남이 경제 발전으로 건축 개발 상승세를 타고 있는 것은 사실이지만 부동산 거품이 잠복해 있음을 유의하여야 한다. 베트남 국적을 취득하고 영구적으로 거주한다면 부동산에 투자하는 것이 장기적이고 안정적인 투자가 될 수 있겠으나 베트남은 외국인이 편하게 부동산으로 돈 벌어 나갈 수 있게끔 기회를 주는 나라가 절대 아니라는 점이다. 베트남에 투자해서 사업을 운영한다거나 국적을 취득해서 영주할 목적이라면 위치 좋고, 환경 좋고, 사업장으로의 진·출입이 편리한 곳에 주택을 구입하는 것이 바람직하겠지만 단순히 시세차익을 누리기 위한 부동산 투자는 바람직하지 않다.

이에, 베트남 호찌민시 푸미흥 지역에 아파트를 구입하여 월세 수익과 시세차익을 노렸던 한 투자자의 사례를 보면 베트남 부동산 투자의 진면목을 알 수 있다. 푸미흥은 한국의 송도신도시 같은 세련된 분위기를 풍기는 지역으로, 동남아시아에서 가장 큰 규모의 한인타운이 들어서 있다. 베트남과의 외교 수립 이전부터 무역업을 하며 베트남에 자주 출장을 다녔던 중견기업의 사장 L씨는 2008년 신흥 주택지로 부상한 푸미흥에 113.82제곱미터(약 35평) 규모의 아파트

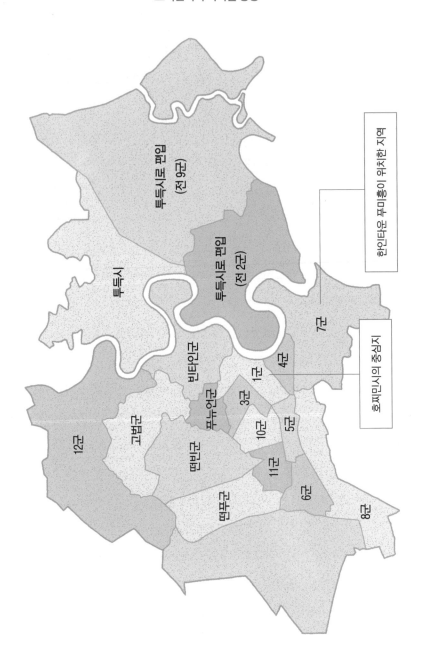

호찌민시의 지역별 명칭

투득시로 편입
(전 9군)

투득시

투득시로 편입
(전 2군)

7군

한인타운 푸미흥이 위치한 지역

4군

1군

호찌민시의 중심지

빈타인군

3군

푸뉴언군

10군

5군

고법군

멍민군

11군

6군

12군

멍부군

8군

| 1군 | 호찌민시의 중심지. 여러 핫플레이스가 모여 있는 주요 관광지이다. |
| --- | --- |
| 3군 | 1군과 마찬가지로 유명한 가게들이 모여 있는 지역이다. |
| 4군 | 서민들이 주로 거주하는 곳으로, 예전에는 우범지역으로 치안이 좋지 않았으나 최근에는 상당히 양호해졌다. |
| 5군 | 차이나타운이 위치해 있는 곳으로 중국풍의 주택, 상점이 포진해 있다. |
| 7군 | 한인타운인 푸미흥이 위치한 지역으로 아파트가 많이 건축되고 있다. 한국의 송도신도시와 비슷한 분위기다. |
| 8군 | 서민 밀집 지역으로 4군과 마찬가지로 치안이 좋지 않은 편이다. |
| 10군 | 가장 면적이 작은 지역이지만 다른 모든 지역으로의 접근이 용이해 유동인구가 많은 지역이다. |
| 12군 | 베트남 사람들이 많이 살고 있는 지역. 물가가 저렴해 현지인이 많이 방문한다. |
| 고법군 | 베트남 중산층이 가장 많이 거주하는 지역이다. 인구밀도가 높아 대형 마트, 쇼핑몰이 몰려 있다. |
| 떤빈군 | 현재 떤선녓국제공항이 위치해 있는 지역으로, 푸미흥이 한인타운이 되기 이전에 한국인들이 많이 거주했던 곳이다. 아직도 한국인 상가 등이 많이 남아 있다. |
| 빈타인군 | 고법군과 마찬가지로 중산층이 많이 거주하며, 인구밀도도 높다. 최근 강 주변에 아파트 단지가 많이 들어서고 있다. |
| 푸뉴언군 | 예쁜 카페와 옷가게가 밀집해 있는 곳이다. |
| 투득시 | 2021년 1월 1일부로 기존의 투득군과 2군, 9군이 병합되어 중앙 직할시 호찌민시 소속의 투득시로 승격되었다. 기존의 2군 지역엔 프랑스풍 고급 주택이 모여 있으며, 기존 9군 지역엔 신규 국제공항과 도심을 잇는 고속도로가 놓여 있다. |

를 21억 6,258만 동에 구입했다. 내심 아파트를 구입해 월세를 놓으면 출장비에 보탬이 되지 않을까 하는, 나중에 팔면 시세차익도 보는 일석이조의 이득을 얻을 수 있지 않을까 하는 기대도 있었다. 하지만 당시는 외국인의 부동산 취득이 허용되지 않던 때라 현지인 명의로 구입했다. 아파트 구매 당시의 환율은 1달러에 1만 6,660동으로 아파트 값을 달러로 환산하면 12만 9,806달러였다.

L씨는 이 아파트를 월세 놓아 지금까지 총 6만 9,600달러의 수입이 생겼다. 전세라는 개념이 없고 월세만 존재하는 베트남이기에 보증금 없이 현지에 거주하고 있는 국내 사업가에게 월세를 놓았다. 구매 당시 월세 700달러를 받았지만, 지금은 500달러를 받고 있다. 월세가 하락한 이유는 주변에 신흥 고급 아파트가 속속 들어서고, 아파트가 건설된 지 10년이 넘어가면서 배관이 노후화되어 수돗물에서 흙탕물이 나오는 등 구매 초기와 달리 인기와 선호도가 떨어졌기 때문이다. 최근에 새로 짓는 아파트는 설계나 디자인도 좀 더 세련되고, 국민소득이 증가하면서 소비자들의 취향도 바뀌어 이미 낡은 건물 취급을 받는 L씨의 아파트는 좋은 위치임에도 불구하고 인기 아파트 군에서 멀어지게 된 것이다.

따라서 약 2만 달러를 들여 노후 배관 등 보수가 필요한 부분을 모두 수리했을 경우 현재 아파트 시세는 24억~25억 동 수준에 형성되는 실정이다. 환율이 1달러에 2만 3,300동 수준이므로 달러로 환산하면 아파트 가격은 10만 3,000달러에서 10만 7,000달러 수준인 셈이다. 수리 비용이 부담이 되어 현재 상태 그대로 매물로 내놓을 경우, 약 8만 달러 이하 수준으로 매매가가 형성된다고 하니 따지고 보면 구매 당시보다 아파트 가격이 하락한 것이다. 그동안 받은 월세는 출장 갈 때마다 비용으로 지출되어 저축되어 있지 않다. L씨가 그동안 받은 월세 6만 9,600달러를 포함해도 이자를 감안해 본다면 성공한 부동산 투자라고 보기는 어렵다.

L씨는 선택의 기로에 서 있다. 처음부터 주거 목적으로 분양받은 아파트는 아니기 때문에 이제 처분해야 할 상황인데, 수리해서 매물로 내놓을 것인지 아니면 현 시세대로 월세를 600달러로 올려 계약하고 아파트를 계속 보유할 것인지 양자택일해야 하는 문제와 직면해 있다.

위와 같은 경우를 살펴보면, L씨는 베트남에서 남보다 먼저 부동산에 투자하여 월세와 시세차익을 기대했으나, 해외에 투자할 경우 반드시 고려해야 할 환율 변동에 주의하지 않았다는 점이 가장 큰 오점이 되었다. 마찬가지 이유로 현재의 환율이 1달러에 2만 3,300동에서 10년 후 3만 5,000동이 된다고 가정한다면 아파트 시세가 명목상 올랐다 하더라도 달러로 환산하면 아파트 가격은 역시 제자리걸음을 하고 있을 것이다.

마지막으로 베트남에서 부동산 투자를 할 때 유의해야 할 다섯 번째는 현지인 명의로 부동산을 구매하면 소유권을 보존하는 데 큰 위험이 있고, 이를 고스란히 매수자가 감수할 수밖에 없다는 점이다. 국내외를 막론하고 부동산 투자에 도사리고 있는 위험을 회피하기 위해서는 전문가의 면밀한 법률적 검토가 필요하다.

정리하자면, 베트남은 경제 발전으로 아파트 건설 붐이 불고 있으나, 부동산 거품이 꺼질 위험이 잠재해 있다는 점을 유의하여야 한다. 국적을 취득하여 베트남에 영구적으로 거주한다면 부동산에 투자하는 것이 장기적으로 안정적인 투자가 될 수 있겠으나, 단기 시세 차익을 노린 아파트 구매라면 신중할 필요가 있다. 외국인이 매입할 수 있는 아파트는 매매, 상속, 담보, 교환 등이 가능하다. 지역이나 생활 거주 여건에 따라 차이가 있지만 하노이에서 115제곱미터 규모의 아파트 분양가는 130억 동 전후 수준이고, 1제곱미터당 1억 동의 분양가가 보편화될 것이라는 전망이 많다. 어느 곳이든지 집을 사고 파는 데엔 신중할 필요가 있다. 베트남도 결코 예외가 아니다.

# 부동산에 투자할 때
# 꼭 주의해야 할 사항

**베트남은 정말 기회의 땅일까?**

베트남은 높은 경제 성장률로 부동산 투자자들의 주목을 받고 있다. 사람들은 대부분 30~40년 전 서울의 모습을 떠올리며 투자를 고려한다고 한다. 코로나 이전인 2018년 기준 외국인 직접투자 금액은 191억 달러로 역대 최고치를 기록했었는데, 이 가운데 부동산 분야에 투자한 비용은 66억 달러였다. 그럼에도 부동산 투자로 성공한 사람은 많지 않다. 코로나 여파로 주택 건축이 중단되거나 거래 사고가 있었기 때문이다.

이처럼 베트남은 기회의 땅인 것은 맞지만 그렇다고 장밋빛 전망만 있는 것은 아니다. 과도한 공급과 투기로 인한 부동산 거품이 끊이지 않고 있다는 지적이 이어지고 있고, 하노이에도 건설이 중단되어 골조만 서 있는 아파트, 완공되었음에도 사람이 살지 않는 빈집들을 많이 볼 수 있다. 누누이 말하지만 외국인들이 한국의 부동산처럼 시세차익을 노리고 투자하는 것은 바람직하지 않다.

한국은 베트남과 외교정상화 이후 내내 일본, 싱가포르와 외국인 투자 순위 경쟁을 해오다가 최근에는 확고한 1순위를 점하고 있다. 베트남과의 교역 규모도 중국, 미국에 이어 3위로 부상했고, 베트남과의 무역에서 가장 많은 무역흑자를 올리는 성과를 거두었다. 2022년 한국의 대對베트남 수출액은 609억 8천만 달러, 수입액은 267억 2천만 달러로 무역흑자가 무려 342억 6천만 달러가 되었다. 280억 4천만 달러를 기록한 미국을 제치고 베트남이 한국의 최대 무역흑자국이 되었다.

베트남에서 한국에 대한 호감이 높아지기 시작한 것은 1997년에 호찌민시 텔레비전 방송국에서 KBS 드라마 〈느낌〉과 SBS 드라마 〈금잔화〉가 방영된 것이 시작이었다. 이후 수백 편의 한국 드라마가 방영되면서 초창기 한류를 주도했으며, 베트남 사람들의 한국을 알고자 하는 열기를 고조시켰다. 오늘날 베트남 사람들의 한국에 대한 호감과 한국 상품의 인기는 매우 높다. 인구도 1억 명에 육박하여 소비시장도 크다. 외형상으로는 모든 것이 고무적이다. 이런 면을 보고 베트남은 기회의 땅이며 지금 투자하지 않으면 기회를 잃을 것처럼 말하는 사람도 있다.

그러나 실제로 베트남을 경험해본 사람들은 그들에게 서두르지 말고 신중하고도 면밀히 시장 조사를 해볼 것을 주문한다. 외국인 투자를 적극적으로 유치하기 위하여 새로운 법이 제정되고 있지만 시행령의 미비로, 혹은 담당 공무원들이 업무가 미숙하여 처리 기간이

의외로 많이 소요되며, 담당자들의 법 해석이 우리와 달라 예상치 못한 상황이 전개될 수 있기 때문이다.

외국인 투자 사업 허가는 성격에 따라 국회가 결정하는 사업, 수상이 결정하는 사업, 성급 인민위원회 위원장이 결정하는 사업 등 세 가지로 구분된다. 예를 들면, 국회에서 결정권을 갖는 사업은 환경 변화에 대규모 영향을 주는 원자력발전소 건설, 자연생태 보전지역, 국립공원, 50헥타르 이상의 실험 및 연구림, 방풍림, 방파림, 방사림, 500헥타르 이상의 환경보호림, 1,000헥타르 이상의 경작지, 500헥타르 이상의 쌀 이모작 농경지 투자 사업, 산악 지대에서 2만 명 이상, 기타 지역에서 5만 명 이상의 이주민이 발생하는 투자 사업 등이다.

아파트 건설 사업이나 호텔, 업무용 건물 등의 사업 허가는 중앙정부 직할시 또는 지방성 인민위원회 위원장이 허가권을 갖는다. 베트남의 주택 개발 사업을 보면, 대도시 인구 집중으로 인한 주택 해소를 위하여 임대주택을 건설하고, 노후화된 기존의 공동주택을 개량하고, 도심 하천변의 주택 철거, 홍수 취약 지역의 주택 개량으로 주거 생활수준을 높이는 데 주안점을 두고 있어서 베트남의 건설 경기는 당분간 호황을 맞게 될 것이다.

### 외국인이 부동산 건설업에 뛰어든다면

그렇다면 이쯤에서 외국 기업이 베트남에서 부동산 건설 사업을 구상하는 경우에 유의할 점을 몇 가지 살펴보면 다음과 같다. 2015년 7월부터 효력을 갖는 주택법 159조에 따라 외국인이나 외국 단체는 주택을 소유할 수 있고 주택사업에 투자할 수 있다. 이는 건설경기

활성화에 청신호이다. 단, 아파트 1개 동의 30% 이상 또는 한 아파트 단지에 250채 이상을 소유하지 못한다는 제약이 있다. 또한, 외국인 투자자는 토지사용권을 획득한 후 토지를 분할하여 매각할 수 없다. 예를 들어 공원묘지를 조성하여 분양하는 사업은 외국인이 할 수 없는 것이다.

당연한 말이지만 건설업에 투자하려면 외국인투자법에 따라 투자 허가를 받아야 한다. 다만 그 과정이 복잡하고 부대 자금이 필요하다는 점을 간과해서는 안 된다. 추진 과정에서 예상외로 시간이 많이 지체되고 추가 비용이 발생할 수 있기에 조급하게 결정하거나 서둘러서는 안 된다. 발품을 많이 팔고 정보를 많이 수집하여 지름길을 잘 찾아야 할 것이다. 사업 허가를 받았다 하더라도 승인 기간 내에 사업이 완성되지 못하면 토지사용권을 회수할 수 있다는 조항이 있어서 사전에 철저히 준비하고 시작해야 어려움을 피할 수 있다.

건설업에 투자할 때 가장 중요한 점은 보상비의 문제다. 건설부지가 나대지이면 몰라도 시내에 있는 노후 주택 지역을 재개발한다거나 주민이 거주하고 있는 집을 헐고 건물을 새로 지을 경우, 주민 이주 대책에 따른 보상 문제가 간단하지 않다. 아파트나 일반 주택 가격도 대도시 중심부에 있다면 서울 가격에 육박하여 비용도 만만치 않고 거주민과의 협상도 결코 쉬운 일이 아니다. 베트남은 사회주의국가이니 당에서 결정하면 쉽게 해결될 것이라고 속단해서는 안 된다. 베트남 정부에서 토지를 강제로 수용해서 외국인 투자자에게 사업을 허가해 주는 일은 결코 없을 것이기 때문이다. 따라서 장기적인 도시 개발 계획을 보고 입지를 정하되, 토지사용권과 주택의 보상 문제를 해결할 수 있는 명확한 방안이 있을 때, 베트남의 아파트 분양 관행 등을 꼼꼼히 살펴보고 투자를 결정하는 것이 바람직할 것이다.

### 베트남의 모든 토지는 전 인민의 소유

베트남 토지 임대에 대한 관심이 날로 높아지고 있다. 앞서도 잠깐 언급했지만 베트남에서 토지는 국민 모두가 공유한다는 게 기본 개념이자 원칙이기 때문에 토지의 개인 소유는 허용되지 않는다. 즉, 베트남의 모든 토지는 전 인민의 것이며 토지 소유주인 전 인민을 대신하여 국가가 관리하는 개념이다. 그러므로 베트남에 투자하려면 먼저 토지를 임대받아야 한다.

베트남에서 토지와 관련된 법률은 2013년에 제정된 토지법, 정부에서 토지를 환수할 경우의 가격 보상, 재정착 지원 등에 대해 다루는 2014년 5월의 시행령, 이에 대한 2017년 1월의 수정 시행령, 주택법과 부동산경영법 등을 기본으로 한다. 내국인 또는 국가기관을 포함한 모든 단체나 조직은 제한된 사용 목적을 위해 한시적으로 토지사용권만을 국가로부터 인정받는다. 외국인 또는 외국 기관, 각국의 대사관과 영사관 같은 외교기관, 국제기구 및 그 대표부, 외국인투자법에 의해 설립되는 모든 외국 기업들은 베트남 정부로부터 필요한 토지를 임차해서 사용해야 한다.

토지의 임대차 기간은 외국인 투자 기업의 경우 토지법 126조에 의거 50년을 초과할 수 없다. 다만, 투자 규모가 커서 투자금의 회수 기간이 긴 경우, 사업 추진에 장기간이 소요되는 경우에 한해 70년을 초과하지 않는 범위 내에서 사용 허가를 받을 수 있다. 임차 기간이 만료된 후에도 계속 토지를 사용할 필요가 있을 경우에는 심의를 거쳐 기간을 연장할 수 있다. 임차 기간은 토지 사용 허가가 확정된 날로부터 시작된다.

외국인 투자자들이 우려하는 것은 토지 임대차 기간이 만료된 후에 이를 연장해주지 않는 경우가 발생하는 것이다. 그러나 이 점은 걱정할 필요가 없다. 토지 이용 및 관리법에 따라 사용 기간을 연장하는 시스템은 잘 작동하고 있다. 단 유의할 점이 있는데 공단 및 산업단지에 입주할 경우에는 각 단지의 잔여 토지 사용 기간을 확인하고, 사업 기간이 이보다 긴 경우에는 꼭 조정을 요청해야 한다는 점이다. 또한 해당 면적의 사용 기간 연장은 70년을 초과할 수 없다.

도지사용권은 여타 상품과 마찬가지로 베트남 정부로부터 합법적으로 인정받은 재산이다. 토지사용권은 양도, 증여, 임대가 가능하고 금융기관의 담보물로도 가치가 있는 재산이며, 국가안보 목적이나 특별한 공공의 목적을 위해 토지를 회수할 경우, 국가로부터 정당하게 보상받을 수 있는 권리 증서이다.

마지막으로 한 번 더 말하자면 베트남의 토지 관련 법률은 한국과 다른 점이 많으므로 대규모 프로젝트를 진행할 시에 이를 꼼꼼하게 검토하지 않으면 예기치 못한 손실을 감수해야 할 사태가 발생할 가능성이 높다는 점을 염두에 둬야 할 것이다. 조금만 생각해보면 외국의 법제도가 한국의 법제도와 다른 건 너무나 당연한 이치가 아닌가. 만약에 당신이 베트남에 투자를 고려하고 있다면 믿을 만한 기관으로부터 확실한 자문을 받고 꼼꼼한 확인을 거쳐 의사결정을 하는 것이 바람직하다.

# 베트남 경제는
# 누가 이끌어가는가

**베트남의 경제를 견인하는 5대 기업**

현재 베트남 경제를 이끄는 5대 대기업을 든다면 빈그룹Vingroup, 국방부 산하의 통신회사 비엣텔Viettel, 베트남 전력공사EVN, 주유소 약 5,500개를 운영하는 페트롤리멕스Petrolimex, 철강 분야의 호아팟 Hoà Phát을 꼽을 수 있다.

빈그룹의 전신은 1993년에 우크라이나에서 설립된 테크노콤 그룹으로 베트남의 경제 발전에 기여하고자 2000년도에 베트남으로 옮겨 와 비약적인 발전을 거듭해왔다. 빈그룹의 주력 업종은 부동산, 도소매, 관광 여행, 의료, 교육, 농업 6개의 분야다. 이 그룹을 이끌고 있는 이는 1968년생으로 하떤성이 고향인 팜녓브엉 회장이다. 베트남 곳곳에 포진해 있는 휴양지 빈펄Vinpearl은 모두 빈그룹 소유며, 로얄시티, 타임시티, 빈홈 리버자이더 등 대규모 주택단지를 개발하여 주택 분양사업도 하고 있다. 빈그룹은 2021년 12월 전기차 생산 업체인 빈패스트VinFast의 지분 전체(51.52%)를 빈패스트 싱가포르에 양도했다. 그리고 2024년 3월 18일자 언론 보도에 따르면 빈그룹은 베트남의 대표적인 쇼핑센터인 빈콤센터를 매각한다고 한다. 빈콤센터는 베트남 44개 성·시의 핵심적인 위치에 83개의 쇼핑센터를 소유하고 있다.

두 번째로 큰 기업은 국방부 직속의 국영기업으로 통신기술회사인 비엣텔이다. 비엣텔은 통신 서비스뿐만 아니라 통신 인력을 양성하여 세계적인 기업으로 도약하려는 목표를 갖고 기술인력 개발에 집중하고 있다.

세 번째는 베트남 전력공사다 베트남의 전력 생산과 공급, 전기 관련 모든 설비의 생산과 수리, 관리 등 사업 영역이 넓어 베트남의 경제 발전과 함께 빠른 속도로 성장하고 있는 국영기업이다. 산하에 3개 발전회사, 8개의 수력 및 화력발전 회사, 5개의 전력 경영회사로 북부전력회사, 중부전력회사, 남부전력회사, 하노이전력회사, 호찌민시전력회사를 소유하고 있다.

네 번째는 베트남석유공사 페트롤리멕스로 석유의 수출입과 판매, 정유 사업 등을 전담하고 있다. 현재 가스, 보험, 부동산, 기계, 통신, 자동화 산업 분야로까지 그 활동 영역을 확장하고 있는 탄탄한 기업이다.

다섯 번째는 호아팟그룹으로 베트남 공업 생산 분야의 선두 자리를 차지하고 있는 회사다. 건설기계 판매업으로 시작하여 인테리어, 건설용 파이프, 냉동·냉각시설, 강판, 철근, 부동산, 가전제품 등 사업 영역을 다각화하고 있다. 주력 사업은 철강 생산으로 연 8백만 톤을 생산하며, 동남아에서 가장 큰 규모의 업체다.

### 진정 베트남을 기회의 땅으로 활용하길 원한다면

오늘날 베트남의 경제 발전 속도는 눈이 부실 정도로 빠르지만 기술의 수준은 상당히 낙후되어 있다. 사물인터넷, 인공지능, 가상현실 같은 신기술 분야와 패션, 엔터테인먼트, 재생에너지, 기후·환경 변화와 관련된 산업 등 거의 모든 분야에 한국의 선진기술을 필요로 한다.

베트남은 인적자원, 기술 역량, 경영 능력 등이 크게 부족해 언제나 납기일 준수 및 품질 관리 문제가 대두된다. 베트남 최대 기업인 빈그룹의 자동차 제조 계열사 빈패스트도 대부분의 부품을 수입해 사실상 조립 수준으로 생산한다. 베트남 협력 업체들은 단순한 기술제품만 공급할 수 있는 정도다. 한국 기업들이 이처럼 베트남의 부족하고 미진한 부분을 찾아 지원하고 개발한다면 베트남은 그야말로 기회의 땅이 될 수 있을 것이다.

베트남의 경제 발전을 주도하고 있는 삼성전자는 2022년 12월 대규모 연구개발센터를 준공하여 향후 베트남 내의 기술 및 생산 역량 향상에 첫걸음을 시작했다. 총사업비 2억 2천만 달러가 투입되었고, 1만 1,603제곱미터 부지에 지상 16층, 지하 3층 규모로 지어졌다. 삼성전자는 앞으로 2,200여 명의 연구원을 이곳에 상주시켜, 베트남 내 삼성전자의 전략 거점으로 발전시킨다는 방침이다. 주요 연구 과제는 5G, 인공지능, 빅데이터, 소프트웨어, 사물인터넷, 멀티미

디어 정보 처리 및 무선 통신보안 기술 향상 등이다. 기회의 땅 베트남을 선점해서 활용하는 모범적인 사례라 할 수 있다.

## 고도古都 후에 유적지

1993년에 세계문화유산으로 공인받은 고도古都 후에는 꽝쫑이 즉위한 1788년 떠이선 왕조 때부터 1945년 베트남의 마지막 왕인 바오다이가 호찌민이 주도한 8월혁명으로 퇴위할 때까지 157년간 왕도王都였다. 유네스코의 한 관계자는 후에시를 두고 '극찬해야 할 건축유적도시'라고 말한 적이 있다. 유유히 흐르는 흐엉香강 주위에는 왕궁, 사원, 왕릉 등 기품 어린 건축물이 즐비하고, 전체적으로 차분한 분위기를 자아내는 도시다. 후에는 대도시의 번화함이나 소음이 거의 없어서 조용한 궁궐 안을 걷고 있으면 마치 응우옌 왕조 때로 되돌아간 듯한 착각에 빠지게 된다.

후에는 응우옌 왕조를 세운 자롱왕이 1805년에 경성京城 건설의 일환으로 만들기 시작했으며, 한참 뒤인 1832년 민망왕 때 완공되었다. 후에의 주요 문화유적으로는 왕성, 국기를 게양하는 깃대, 국자감, 왕들이 풍작을 빌고 몸소 농사를 짓던 논밭인 적전籍田을 가는 친경의식 뒤에 책을 읽고 시를 지으며 휴식을 취했던 용안전, 궁중 미술박물관, 후에시에서 가장 오래된 고찰 티엔무사天姥寺, 왕릉 등 일일이 열거하기 어려울 정도로 많다.

프랑스 식민지 당시의 건물과 호찌민이 다니던 학교는 왕궁 쪽이 아닌 흐엉강의 짱띠엔대교 건너편에 있다. 프랑스가 1897년에 건설한 짱띠엔대교를 건너 후에 왕궁을 바라보며 정통 궁중음식을 맛보는 걸 추천한다. 식사를 마친 뒤에는 강변을 따라 한국국제협력단의 원조를 받아 2019년에 완공한 길이 450미터, 폭 4미터의 강변 산책로를 걸으면 한국의 국제적인 위상을 몸소 느낄 수 있다. 후에 시민과 관광객 양쪽이 모두 즐겨 찾는 산책로를 걷고, 강바람을 맞으며 마시는 베트남 코코넛커피 맛은 그야말로 일품이다.

후에는 베트남 중부에 위치해 있으며, 하노이의 노이바이공항이나 호찌민시의 떤선녓공항에서 비행기로 약 1시간 정도 걸린다. 후에를 여행한다면 세계에서 가장 아름답다고 하는 랑꼬해변도 방문하는 것을 추천한다. 후에에서 50킬로미터 거리라 방문하기에 용이하다. 다낭에서도 30킬로미터 거리로 접근이 용이하다. 다낭에서 가려면 기사에게 말해 지하터널로 가지 말고 하이번령縣을 경유해서 가자고 말해보자. 가는 길에 최고의 해변 풍경을 내려다볼 수 있을 것이다.


호이안, 살아 있는 건축박물관

호이안은 소위 살아 있는 건축박물관으로 1999년에 세계문화유산으로 공인되었다. 다낭시에서 동남쪽으로 약 30킬로미터 떨어진 인구 10만 정도 규모의 조그만 도시다. 길은 좁고 2층 미만의 낮은 건물이 대부분이며, 건물 지붕의 기왓장에는 이끼가 잔뜩 끼어 고풍스러운 느낌을 준다.

호이안은 하이포, 호아이포 등으로 불렸고, 유럽 상인들의 지도에는 Faifo, Haipo로 표기되기도 했다. 16세기부터 17세기에는 중국, 일본, 아랍, 이란 등 다양한 국가의 상선들이 드나드는 국제무역항으로 번성했다. 하지

①② 호이안은 세월의 흔적이 느껴지는 낮은 건물 위주로 이루어져 있다. 은은한 조명이 거리를 비추는 이곳의 밤거리는 독특한 정취를 자아낸다.(Jean-Marie Hullot/ CC BY, NKSTTSSHNVN/ CC BY)

③ 16세기에 일본 상인들이 세운 다리. 특이하게 다리가 지붕으로 덮여 있다.(François Guerraz/ CC BY)

만 세월이 흐르면서 강줄기의 흐름이 바뀌고 토사가 흘러들어 강 수심이 낮아지면서 항구로서의 면모를 잃어버리고 쇠퇴하기 시작했다. 침향, 계피, 옥, 상아, 수정, 비단, 별갑(자라 등껍질), 자개 등이 주요 교역품이었다.

호이안에는 베트남의 고대 건축양식을 연구할 수 있는 천여 개의 유적들이 즐비하다. 16세기에 일본 상인들이 건축한 일본교矯 거리가 남아 있는데, 이 다리는 지붕으로 덮여 있고 그 위에 조그마한 절이 세워져 있다. 다리 양쪽에는 원숭이와 개 형상의 석상이 수호신처럼 서 있다. 다리 동쪽으로 일본 상인들이 거주했다고 한다.

한편, 1597년에 경상도 진주 출신의 조완벽은 일본에 포로로 끌려가 상인의 종이 되어 1604년부터 1606년까지 안남국을 방문했다. 그는 조선 사람이라는 이유로 안남국에서 환대를 받았다고 하는데, 그곳이 바로 이 호이안이다.

### 힌두교 문화유산, 미선성지

미선성지聖地는 1999년에 세계문화유산으로 공인되었다. 호이안에서 서남쪽으로 50킬로미터 떨어진 곳에 4세기에서 12세기에 걸쳐 크고 작은 벽돌로 증축을 거듭한 탑들을 비롯해 짬빠국의 유적 70여 개가 남아 있다.

인도문화의 영향을 받은 건축물이고 링가와 시바신을 숭배하는 유적지다. 낮은 구릉으로 둘러싸인 지름 2킬로미터의 숲속에 위치해 있다. 짬빠국의 제례 장소였으며, 왕과 왕족들의 묘지이자 베트남의 유일한 힌두교 문화유산이다. 동남아시아에서 인도네시아의 보로부드르, 미얀마의 바간, 캄보디아의 앙코르와트, 태국의 아유타야사원과 비견된다. 짬빠국이 베트남에 병합되면서 한동안 정글에 방치되었던 미선성지는 1885년에 학자들에 의해

①② 미선성지에 남아 있는 짬빠국의 유적. 베트남 유일의 힌두교 문화유산이며, 1999년에 세계문화유산으로 공인되었다.(Dalbera Jean-Pierre/ CC BY, Thomas Hirsch/ CC BY)

발견되면서 세상에 알려졌고, 프랑스 고고학자들을 중심으로 연구가 이루어졌다.

## 천년의 고도, 탕롱성

탕롱昇龍은 하노이의 옛 이름이다. 탕롱성은 당나라가 안남도호부를 세우고 베트남을 지배하던 7세기부터 형성되기 시작하여, 리 왕조 시기에 가장 많은 발전을 했고, 쩐·레·응우옌 세 개 왕조를 거쳐 오늘에 이르고 있다.

앞서도 말했듯이, 리 왕조의 리꽁우언은 1009년 닌빈성 호아르에서 나라를 세웠다. 어느 날 다이라성을 방문했을 때 황룡이 하늘로 날아 올라가는 꿈을 꾼 그는 이곳을 길지로 여겨 도읍을 옮기고 이름을 탕롱으로 바꾸었다. 문자 그대로 용이 승천한 곳이라는 의미다. 이후 궁전을 건설하고 이를 방어하는 용성龍城을 둘러 세웠는데 바로 오늘날의 탕롱성이다.

탕롱은 1831년 민망왕 때에 행정구역을 개편하면서 하노이성으로 개편되었고, 1945년 9월 호찌민이 독립을 선언하고 베트남민주공화국을 수립하면서 나라의 수도가 되었다. 유네스코는 1999년 7월 하노이를 '평화의 도시'로 지정했고, 탕롱성은 2010년에 세계문화유산이 되었다.

## 호씨 왕조 성

2011년 6월 유네스코에서 세계문화유산으로 공인한 호씨 왕조의 성城은 서도西都 또는 서경西京이라고 불렸다. 호꾸이리가 세운 다이우大虞국의 궁궐이며 현재 북부 베트남의 타인호아성에 있다. 이곳이 서도로 불리면서 탕롱은 동도東都로 이름이 바뀌었다.

성은 돌로 지어졌으며, 한 면의 길이가 약 877~880미터, 높이 6미터, 둘레 3.5킬로미터에 달하는 사각형 모양의 성으로 동남아에 남아 있는 성 가운데 유일무이한 독창성을 자랑한다. 돌덩이 하나의 평균 무게가 10~16톤이고, 큰 것은 26톤에 이르기도 한다. 불과 3개월 만에 만들어졌음에도 아주 견고하게 지어져 6세기가 지난 지금까지도 거의 완벽하게 원형이 보존되어 있다.

호씨 왕조의 성은 정치, 경제, 문화의 중심지 역할보다는 군사적 방어에 유리하도록 지세가 험한 곳에 건축되었다. 이는 당시 호꾸이리가 쩐 왕조를 무너트리고 새 왕조를 세운 것에 반발한 세력이 명나라에 구원병을 요청해 침략해 오는 것을 대비하기 위한 목적으로 건설되었기 때문이다. 하지만 이러한 방비에도 불구하고 호 왕조는 명나라의 침략으로 7년 만에 멸망했으며, 20년의 세월에 걸쳐 명나라의 지배를 받게 되었다.

# 5장

# 쌀의 나라

# 음력설 뗏이
# 가장 중요한 명절

**베트남의 설날이자 새해의 시작, 뗏**

1989년 시장개척단으로 호찌민시에 파견되어 본격적으로 활동하기
시작했던 그해 겨울, 연말연시조차 가족과 함께 보내기 어려울 정도
로 일이 많았다. 민족 최대의 명절인 설을 가족과 떨어져서 보내는
것이 여간 허전하고 아쉬운 게 아니었다. 역시 같은 신세인 동료들과
설을 쇠게 되었다.

　그런데 1월 1일인데 정작 베트남 사람들은 별 말이 없었다. 새해
를 맞이하는 게 맞는지조차 의문이 들 정도로 조용해서 의문이었는
데, 얼마 지나지 않아 그 이유를 알게 되었다. 농경문화의 영향으로
베트남 역시 오래전부터 음력을 주로 사용해왔고, 음력설을 한 해의
시작으로 친다는 걸 말이다. 이후 자세히 관찰하니 우리의 설 풍경과
비슷한 점이 많았기에 낯설면서도 반갑고, 아쉬우면서도 집인 듯 편

안했다. 복합적인 감정이었다.

베트남에서는 음력설을 '뗏節'이라고 한다. 예전에 한국 사람들이 그러했듯이 음력 정월 초하루, 뗏이 다가오면 베트남의 민족 대이동이 시작된다. 고향을 찾아 가족과 함께 설을 쇠기 위해 말이다. 베트남 사람들은 귀향성친歸鄕省親의 민족이므로 뗏이 되면 반드시 고향에 가서 부모를 뵙는다. 이 외에도 베트남의 구정 세시풍속을 살펴보면 우리와 비슷한 점이 많다. 구정에 이들이 무엇을 하고, 어떤 풍습이 있는지, 그 유래와 의미에 대해서 살펴보자.

세시풍속이란 음력 정월부터 섣달까지의 시기에 행하는, 예로부터 전해 내려오는 의례적인 풍속을 말한다. 단오와 추석도 동일하지만 이 두 날은 공휴일이 아니다. 추석은 '뗏 쭝투中秋'라고 부르며, 공휴일이 아니므로 사람들은 정상 근무하며, 월병과 선물을 주고받으며 어린이를 위한 날로 보낸다. 단오는 '해충 잡는 날'이라고도 한다. 한국에서 단오에 쥐불놀이 같은 행사를 하던 것과 달리 베트남은 해충을 없애자는 캠페인을 벌이는 정도다.

뗏은 한 해의 풍년과 만복을 비는 그해의 첫 명절이다. '응우옌단元旦'이라고도 한다. 뗏이란 한국어로 '마디'를 의미하는데, 대나무의 마디처럼 계절과 기후가 서로 다른 시기를 구분한다는 말이다. 대나무의 마디와 마디가 연결되어 있는 것처럼 뗏에는 크게 세 가지의 결합이 이루어진다. 전국에 흩어져 살던 가족과의 만남, 돌아가신 조상 영혼과의 만남, 부엌신과 같은 생활 주변 각종 신과의 만남이다.

사람들은 뗏에 마음의 분노를 가라앉히고 공손하고 신중한 태도를 취한다. 새해 첫날이 그해의 길흉화복을 결정하는 것으로 믿고 있기 때문이다. 뗏은 봄의 시작이고, 봄은 만물이 소생하는 계절이다. 정결하게 한 해의 시작을 맞이하고자 집 안을 청소하고, 제기를 닦고, 목욕재계하며 새 옷으로 갈아입는다.

뗏이 가까이 다가오면 집집마다 분주해진다. 반터를 깨끗이 하고, 연휴 내내 향불을 피운다. 그리고 그 위에 꽃, 초, 물, 종이로 만든 각종 선물을 진열하여 조상에 대한 예의를 갖춘다. 또한 우리네 설날이 그렇듯이 뗏에 필요한 음식을 준비하느라 며칠 전부터 명절 분위기로 분주하다.

### 부엌신에게 제사를 지내면서 새해를 맞이하다

베트남의 뗏 맞이 준비는 음력 12월 23일에 '옹따오' 또는 '옹꽁'이라고 부르는 부엌의 신에게 예를 올리는 것으로 시작된다. 음력 12월 23일은 옹따오가 집주인의 지난 1년 동안의 선행과 악행을 옥황상제에게 보고하기 위하여 하늘로 올라가는 날이다. 집주인의 잘못된 행위는 숨기고 선한 것만 보고해달라는 의미에서 부엌신에게 제사를 올린다고 한다. 한국의 전통 풍속에도 부엌을 관장하는 신인 조왕신에게 제를 올리는 사조일祀竈日이 있다.

베트남의 부엌신은 남신 둘, 여신 하나로 세 명이다. 반터 위에는 황금빛 종이로 만든 모자, 신발, 상의 세 벌과 살아 있는 잉어 세 마리를 진설한다. 잉어는 부엌신이 천상에 올라갈 때 사용하는 교통수단이다. 집주인이 부엌신에게 일종의 교통 편의를 제공하는 거라고 볼 수 있는데, 이래야 옥황상제에게 좋게 말해줄 것이라 믿는다.

그런데 이쯤에서 베트남의 부엌신이 왜 세 명, 그것도 남신 둘에

여신 하나인지 궁금하지 않은가? 이와 관련해서는 가슴 아픈 이야기
가 전해온다. 전설에 의하면, 옛날에 한 가난한 부부가 살고 있었다.
하루는 남편이 먹을 것을 찾아 멀리 떠났다. 남편은 오랫동안 돌아오
지 않았고, 홀로 집에 남은 부인도 음식을 구하러 나가지 않으면 안
되었다. 갖은 고생 끝에도 가난을 해결하지 못한 아내는 호구지책으
로 다른 남자와 재혼할 수밖에 없었다.

그렇게 세월이 흐른 어느 날의 음력 12월 23일, 남편은 우연히
자신의 아내가 재가해서 살고 있는 집에 구걸하러 가게 되었다. 음
식을 구하러 온 이가 옛 남편임을 알아차린 아내는 새 남편이 일하
러 나간 사이에 막대한 양의 재물을 전 남편에게 가져다주었다. 이
를 눈치챈 새 남편이 의심하자 아내는 아궁이 속으로 뛰어들어 타
죽고 말았다. 이에 전 남편 역시 자신 때문에 아내가 죽었음을 알고
슬픔을 참다못해 아내를 따라 죽었다. 두 번째 남편도 아내 없는 세
상을 한탄하며 죽고 말았다. 사람들은 이 가여운 세 남녀를 기리고
부엌신으로 삼아 제례를 올렸고 그것이 오늘날까지 이어져오고 있
다고 한다.

### 조상에게 감사하고, 귀신을 쫓아내다

떼이 다가오면 사람들은 집에 대나무 장대를 세우는데, '꺼이네
우'라고 하며 늦어도 그믐날까지는 마쳐야 한다. 꺼이네우는 대나무
를 잘라 꼭대기 순만 남겨두고 나머지 가지를 모두 자른 뒤에 음(−)
과 양(+)의 표시를 하고 흙이나 종이로 만든 잉어나 말을 매달아 마
당에 세워 놓는 것을 말한다. 말 또한 잉어와 마찬가지로 부엌신이

옥황상제에게 보고하러 갈 때 사용하는 교통수단이다. 도시에서는 이보다 좀 더 간소화돼서 꺼이네우에 색종이로 잉어나 말을 달아 장식하여 놓는다. 또한 꺼이네우는 조상들이 집으로 찾아오기 쉽게 하는 안내 표지이자 기타 귀신을 쫓는 역할을 한다. 꺼이네우는 뗏 일주일 뒤인 음력 1월 7일에 철거한다.

이 밖에도 섣달 그믐날이 되면 조상에게 제사를 지내기 위하여 친지들이 한데 모이고, 온 집 안에 불을 밝히고 폭죽을 터뜨린다. 폭죽은 뗏을 즐기기 위한 의미보다는 마귀를 쫓는 의식이다. 전국적으로 송구영신의 자정을 기해 일제히 폭죽을 터뜨리는데 그 소리는 천지를 진동할 정도이다. 요란한 소리로 귀신을 쫓아버리려는 것이다.

1990년, 베트남의 구정 풍습에 대해 아무런 정보도 없었던 상황에서 처음으로 접한 뗏은 놀라움의 연속이었다. 우선 폭죽 소리가 포성만큼이나 크고 지축을 울릴 정도였으니 아무 것도 모르는 나로선 전쟁이 터진 줄 알고 깜짝 놀랐다. 밤새도록 울리는 폭죽 소리로 잠을 잘 수가 없었다. 아침에 일어나 나가 본 거리는 그야말로 전쟁 통이나 다름없었다. 밤새 터뜨린 폭죽의 파편과 껍질로 호찌민시인민위원회 청사 앞 거리는 대형 쓰레기장이 되어 있었다.

하지만 아무래도 대량의 화약이 필요하다 보니 이를 운반하다가 폭발 사고도 일어나고, 폭죽을 터뜨리다가 화재도 자주 발생하고 인명과 재산의 손실이 심심찮게 벌어졌다. 이에 베트남 정부는 1993년부터 폭죽 금지령을 내렸고, 오늘날에는 베트남에서 폭죽 터뜨리는 모습을 보기가 어렵게 되었다.

우리의 전통에도 이와 비슷한 풍속이 있었다고 한다.《동국세시기》에 보면 궁중 풍속으로 섣달그믐 전날부터 대포와 불화살을 쏘고 징과 북을 울리며 재앙을 쫓는 의식을 벌였다고 기록되어 있는데, 이를 연종포年終砲라 한다. 민간에서도 대나무를 태우고 폭죽이나 대총, 딱총 등으로 요란한 소리를 내며 무사 안녕을 빌고 집 안에 숨어 있던 잡귀들이 놀라서 도망가게 했다고 한다. 새해를 맞는 마음가짐과 행위는 우리나 베트남이나 크게 다르지 않았던 것 같다.

### 쏭덧, 새해 인사로 가정의 행복을 기원하는 행위

섣달그믐날 자정을 지나 맞는 새해의 첫 시간은 그해 복을 결정하는 매우 중요한 시간으로서 이때 첫 손님을 모시는 게 중요한 풍습이라고 한다. 이를 '쏭덧' 또는 '답덧'이라고 한다. 새해 첫날 복 많은 사람이 찾아오면 그 집에 행운을 가져다준다고 믿기 때문이다. 쏭덧은 가장과 띠와 사주가 맞고, 관직에 있거나 학식이 있고, 건강하고 가정이 화목한 남성을 초대하여 한 해의 복과 번영을 비는 행위다.

방문자는 초대받은 집에 도착하면 먼저 조상신을 모신 반터에 향불을 피운 뒤 집주인과 덕담을 하고, 어린이들에게는 세뱃돈을 준다. 세뱃돈은 베트남어로 리씨利市 또는 홍바오紅包라고 하는데, 돈은 빨간 봉투에 넣어 주는 게 예의다. 쏭덧에 소요되는 시간은 대개 20분 내로 쏭덧을 마치고 날이 밝으면 이웃의 친척이나 선생님, 동네 어른을 찾아가 새해 인사를 하고 마찬가지로 덕담을 주고받으며 새해의 복을 기원한다.

## 세화歲畵를 그려 새해를 축하하다

베트남에서는 뗏이 되면 복을 가져온다는 황금빛 금귤나무와 분홍색 복숭아꽃, 노란 매화꽃을 사서 집집마다 장식한다. 때문에 뗏이 되면 전국 곳곳에 꽃시장이 화려하게 펼쳐진다. 또한 집집마다 세화歲畵를 붙인다. 이 역시 뗏을 맞이하여 집 안을 장식하고, 새해를 축하하는 의미이며, 가족들의 건강과 자손의 번성, 재물의 번창을 기원하는 행위다. 세화는 보통 동호 민화와 항쫑 민화가 유명하다. 동호 민화는 박닌성 동호마을에서 제작되며 국가무형문화재로 등록되어 있다. 항쫑 민화는 하노이 중심부인 호안끼엠군 항쫑거

가족의 건강과 자손의 번성을 기원하는 민화. 그중 동호마을에서 제작되는 민화는 국가무형문화재로 등록되어 있다.

리에서 제작되는데, 최근 전수자가 없어 어려움을 겪고 있다고 한다. 두 그림 모두 나무에 그림을 새기고 천연염료로 채색한 후 판화로 찍어내는 방법으로 제작한다.


## 바인쯩 없는 뗏은 뗏이 아니다

'바인쯩이 없으면 뗏이 아니다'라는 말이 있을 정도로 바인쯩은

뗏에서 없어서는 안 되는 음식이다. 베트남 전통에 따르면 부엌의 평화를 위하여 뗏 기간에는 사흘간 화덕이나 화로를 사용하지 않는다. 그래서 연휴에 먹을 음식은 미리 만들어놓아야 하는데, 냉장 시설이 없어도 사흘간 보관하기에 적합한 음식이 바로 바인쯩과 바인자이다.

바인쯩은 찹쌀떡의 일종으로 강낭콩 고물과 돼지고기를 다져서 사각형으로 만든 뒤 그 위를 바나나 잎으로 싸고 6시간 이상 삶으면 된다. 이때 떡의 사각형은 음(−)인 지구를, 콩고물은 식물을, 돼지고기는 동물을, 바나나 잎은 한 해의 번성을 의미한다. 반대로 바인자이는 둥근 모양이 양(+)인 하늘을 상징하며, 흰색 빛깔을 띤다. 두 음식은 베트남의 음양철학을 상징한다.

바인쯩과 바인자이의 기원에 대해서는 재미있는 일화가 전해진

① 네모난 모양의 바인쯩(pmquan/ CC BY)  ② 동그란 형태의 바인자이(Viethavvh/ CC BY) 바인자이는 양(+)을, 바인쯩은 음(−)을 상징한다.

다. 베트남 최초의 국가 반랑국의 왕 홍브엉은 20명의 아들이 있었다. 누구에게 양위할지를 고민하던 왕은 어느 날 왕자들을 모아 놓고 "너희 중 누구든지 이번 구정에 제사를 지내기 위한 맛있고 의미 깊은 음식을 만들어 오는 사람에게 왕위를 물려주겠다"고 선언했다.

그 많은 왕자 가운데 한 명인 랑리에우는 어느 날 신을 만나는 꿈을 꾸었다. 신은 "세상에서 쌀은 그 무엇보다 가장 귀중하다. 이는 하늘과 땅의 상징으로 쌀로 각각 원형과 정사각형의 떡을 만들고, 나뭇잎으로 싸서 그 안에 음식을 넣어라. 속에 넣는 것은 우리를 태어나게 해주신 부모님을 의미하는 것"이라고 말했다. 꿈에서 깬 랑리에우는 신의 계시대로 사각형의 바인쯩과 찐빵같이 동그란 형태의 바인자이를 만들었다.

이윽고 왕자들이 만든 음식을 갖고 왕에게 나서는 날, 홍브엉은 왕자들이 가져온 음식을 하나씩 시식했으나 날마다 진수성찬을 먹어온 탓에 대부분의 음식에 별다른 맛을 느끼지 못했다. 그러나 랑리에우가 가져온 바인쯩을 먹고는 신기한 맛을 느꼈다. 왕은 랑리에우에게 이렇게 맛있는 음식을 만들어오게 된 경위를 물었고, 랑리에우는 꿈속에서 신이 나타나 전한 말과 떡을 만들게 된 경위를 소상히 설명했다. 이에 홍브엉은 랑리에우에게 왕위를 물려주었다. 그리고 그 뒤부터 베트남 사람들은 구정에 바인쯩과 바인자이를 만들어 먹게 되었다고 한다.

### 뗏 기간에 반드시 지켜야 할 몇 가지 사항
뗏 기간에는 반드시 지켜야 할 사항이 몇 가지 있는데 이는 지역별, 민족별로 조금씩 그 내용이 다르다. 그중 공통적인 것만을 몇 가지 애기하자면 다음과 같다.

우선 죽음을 상징하는 흰옷이나 검은 옷을 입지 않으며, 타인에게 험담을 하거나 죽음에 관련된 말은 하지 않는다. 상喪을 당했거나 가정에 우환이 있는 사람, 환자, 여성은 정월 초하루에 다른 사람의 집을 방문하지 않고 전화도 먼저 걸지 않는다.

청소를 하면 가정의 행운이 쓸려 나간다고 생각하여 새해가 밝으면 사흘간은 청소를 하지 않는다. 불가피하게 해야 한다면 집 안에 있는 쓰레기를 바깥으로 쓸지 않고, 문밖에서 집 안쪽으로 쓸어오는 식으로 청소한다. 복이 달아난다 하여 뗏 기간에는 가급적 쓰레기를 버리지 않고, 한구석에 모아 두었다가 나중에 버린다. 빗자루를 잃어버리면 집에 도둑이 든다고 해서 집 안 깊숙이 감추어 두기도 한다.

돈을 빌리거나 갚지 않는다. 새해 첫날에 돈을 빌려주면 한 해 동안 가족의 형편이 어려워지고, 빌리거나 갚으면 다른 사람에게 복을 넘겨주게 된다고 여기기 때문이다. 그리고 문은 신령들이 드나드는 곳이므로 닫지 않아야 한다. 문을 닫으면 신령들이 집에 들어올 수가 없고, 이는 불경스런 행위이므로 노여움을 사 1년 내내 가난할 것이라고 믿는다. 하여 외출할 때 외에는 항상 문을 열어놓아야 한다.

이러한 세시풍습은 도시와 농촌의 차이는 있지만 오늘날 젊은 이들도 여전히 잘 지키고 있다. 비록 빠른 속도로 산업화와 도시화가 이루어지고 있지만 전형적인 농경국가의 특성상 도시에 사는 이들이라도 명절에는 고향으로 가 가족과 지내기 때문에 이때 도시의 거리는 한산해지고 식당도 문을 닫는다. 베트남에 여행을 가거나 업무차 출장을 가는 사람이라면 뗏 기간을 피해서 가는 것이 현명하다.

# 대표적인 길거리 음식,
# 5합의 대명사 퍼

**베트남의 정체성을 담고 있는 국수, 퍼**

베트남 민족은 오래전부터 쌀농사를 지어왔다. 쌀이 주식이므로 지역별, 민족별로 쌀 음식이 다양하다. 한국도 쌀이 주식이고, 쌀로 만든 음식이 많지만 베트남이 더 다양한 음식을 갖고 있다.

특히 쌀로 만든 음식 중에 베트남을 대표하는 음식이 바로 퍼 Phở다. 퍼는 육수에 쌀로 만든 국수사리와 숙주, 향채, 라임 등을 넣어 먹는 음식이다.

"조화를 이룬 친구들이 동해라도 비운다"는 베트남 속담이 있다. 친한 친구들이 조화를 이루고 힘을 합하면 동해 바닷물이라도 비울 수 있다는 의미인데 그만큼 베트남 사람들은 조화를 중시하며, 퍼는 그러한 단결과 조화, 중화의 문화적인 특성을 상징하는 음식이다. 흔히 퍼에는 다섯 가지 맛이 난다고 한다. 신맛, 쓴맛, 단맛, 매운맛, 짠

맛인데, 이 다섯 가지 맛이 서로를 중화하며 어울리며 맛을 낸다. 한국에도 남도의 전통음식 삼합이 있지만 이 경우 그보다 많은 다섯 가지 맛이 조화를 이룬다.

베트남 음식은 복합문화의 전형으로, 베트남 토착 문화가 중국, 인도, 프랑스, 미국 문화의 영향을 받음으로써 다양한 음식문화를 갖게 되었다. 이는 오랜 시간 중국과 프랑스의 간섭과 지배, 그리고 미국과의 제2차 인도차이나전쟁으로 여러 나라의 식문화가 접목된 결과다. 퍼는 베트남이 도이머이정책을 표방한 이후 외국인 투자자와 관광객에게 널리 알려졌으며, 베트남을 대표하는 음식이 되었다. 그야말로 베트남의 정체성을 보여주는 음식이라고 해도 과언이 아니다.

한국에 김치가 있고, 일본에 스시가 있듯이 베트남에는 퍼가 있다. 퍼는 베트남의 대표적인 길거리 음식 중의 하나로서, 쌀농사의 특징을 잘 보여준다. 그 종류가 매우 다양하며, 조리 방법 역시 지역마다 다르며 명칭 또한 상이하다. 때문에 퍼를 단순히 쌀국수라고 지칭하는 것은 옳지 않다. 흔히들 알고 있는 바와 달리 퍼는 여러 종류의 쌀국수를 지칭하는 명칭 가운데 하나일 뿐이다. 김치를 외국에서도 김치라고 부르는 것처럼 우리도 그냥 퍼라고 해야 옳다.

퍼에는 여러 종류가 있지만 그중에는 소고기 쌀국수인 퍼버 phở bò와 닭고기 쌀국수인 퍼가 phở gà가 가장 유명하다. 어묵이나 생선이 들어간 쌀국수를 소스와 함께 먹는 분짜까 Bún Chả Cá는 한국인 입맛에도 잘 맞는 음식이다. 특히 퍼버는 2024년 1월 CNN Travel에서 발표한 '세계 20대 국수 요리'에 선정될 정도로 세계적으로 널리 알려진 보편적인 베트남 음식이다.

베트남 음식은 한국 사람들에게도 인기가 높다. 쌀과 채소를 많이 사용하고, 기름기가 적어 건강식으로 안성맞춤이기 때문이다. 한국에는 1998년 퍼호아Phở Hòa를 시작으로 베트남 음식점이 대중화되기 시작했다.

### 100여 년의 역사를 갖고 있는 퍼

퍼는 농촌은 물론 대도시의 뒷골목에서부터 호텔이나 고급 레스토랑에 이르기까지 어디서든지 접할 수 있는 음식이다. 베트남 사람들이 하루 세 끼 가운데 최소 한 끼는 퍼로 해결할 만큼 사랑받는 음식이다. '퍼'라는 단어는 1931년에 출간된 베트남 사전에 '잘게 썬 면발과 소고기로 이루어진 음식'이라고 처음으로 소개되었는데, 1909년에 출판된 화집에 퍼의 모습이 담겨 있는 걸로 보아 역사는 그보다 오래됐음을 알 수 있다. 이로 미루어볼 때 약 100년 전에 등장했음을 알 수 있다.

그렇다면 퍼는 언제 어디에서 시작되었을까? 퍼의 기원에 대해 다양한 설들이 있으나, 이를 증명할 만한 객관적인 증거는 아직까지 발견되지 않고 있다. 역사학자인 다오홍은 퍼라는 명칭이 '가루'를 뜻하는 중국의 '분粉'에서 비롯되었다고 주장한다. 고대 베트남인들이 중국의 광둥성과 광시성에 정착했던지라 관련성이 있다고 본 것이다. 중국의 북방 지역에서는 밀을 주로 재배해고 밀가루로 국수를 만들어 먹는 반면, 남쪽 지역 사람들은 벼를 재배하고 쌀가루로 국수를 만들어 먹었으므로 여기에서 어느 정도 영향을 받았으리라는 추측은 상당한 설득력이 있다. 하지만 아무리 중국에서 기원했다 하더라도 퍼는 엄연히 베트남 사람들이 만든 베트남 음식이다. 파와 채소, 백리향, 고수 등은 베트남인들이 즐기는 향채다.

베트남 사람들은 전통적으로 밀국수를 먹지 않았다는 점에서, 퍼의 면은 중국 남부 지역, 적어도 중국과 인접한 지역에서 시작되었고, 육수는 베트남 전통의 물소 기반의 국물에서 소고기 국물로 바뀌면서 베트남 사람들의 입맛에 맞게 발전되었다고 보는 것이 타당하다. 프랑스 식민지배 당시 정육점에서 파는 소고기의 가격이 저렴했고, 여기에 소뼈까지 덤으로 주었기 때문에 물소고기 국수(싸우쩨우) 대신 소고기 국수(싸우보)를 만들어 먹기 시작했다는 것이다.

싸우보는 일반적으로 분bún과 어울리지 않았기 때문에 사람들은 퍼 국수사리 바인퍼를 넣어 먹곤 했다. 싸우보 역시 쌀국수의 한 종류다. 퍼가 얇고 납작한 모양인 반면 분은 면이 가늘고, 모양이 둥글다. 한국에서도 많이 먹는 분짜에 들어가는 면이라고 생각하면 이해하기 쉬울 것이다. 분은 잔치국수처럼 둥글고, 퍼는 손칼국수처럼 넓적한 모양이라고 이해하면 쉽다.

**소고기 퍼의 대안으로 등장했다가 자리매김한 퍼가**

1945년 8월혁명 이전까지 퍼는 북부 하노이 사람들이 즐겨 먹던 음식이었다. 혁명 이후 점차 북부의 다른 지역으로 확산되었고, 남부에까지 이른 것이다. 하노이 최초의 퍼 식당은 중국인이 버호(서호 둘레길)에서 운영하는 가게와 꺼우고 108번에서 베트남인이 운영하는 가게가 원조라 할 수 있다.

당시 냉장시설이 부족하고 소는 중요한 운반 수단이라 도축이 제한됐기 때문에 공급이 부족했고, 소고기를 제때 구입하지 못했던 가게들은 이에 대한 대안으로 1939년에 닭고기를 사용한 퍼가를 선보이기도 했다. 처음엔 소고기 퍼에 익숙해져 있던 사람들의 반응은 시큰둥했으나 하루에 한 번은 꼭 퍼를 먹는 사람들이다 보니 자연스레 퍼가도 빈번하게 먹게 되었고, 이에 매력을 느끼는 이들이 많아져 또 하나의 대표적인 퍼 종류로 자리매김했다.

## 독립투쟁과 통일전쟁 시기의 고락을 함께한 음식

한 나라의 전통음식은 그 나라의 역사적 애환을 국민과 함께 견디기 마련이다. 퍼 역시 베트남 고난의 역사와 함께했다. 프랑스와의 독립전쟁이 발발하자 수많은 사람들이 피난을 떠났고, 그들과 함께 퍼도 농촌과 산악 지방으로 확산되었다. 전시에는 군인들의 사기를 진작시키기 위하여 한 달에 한 번씩 소를 잡아서 고기를 먹게 했는데, 이때 퍼도 먹게 했다 한다. 방어진지와 게릴라들이 활동하는 곳 근처의 퍼 음식점은 밤늦게까지 영업하여 그들의 주린 배를 채워주었고, 퍼는 항전 음식의 대명사가 되었다. 사람들은 퍼를 '항전 퍼'라고 불렀다

아무래도 전쟁이 한창이라 조리 환경이 열악하다 보니 항전 퍼는 주변에서 구할 수 있는 모든 것을 재료로 만드는 게 특징이다. 국수사리도 말린 것을 썼고, 생선 액젓인 느억맘이나 향채 없이도 조리했다. 전시라 배를 채우는 게 중요했으므로 맛보다는 양을 중요시했다. 이처럼 '항전 퍼'는 군인들과 생사고락을 함께한 향수의 음식이자 독립투쟁의 역사를 간직한 음식이 되었다.

1964년 치열한 반미反美 전쟁이 일어나면서 퍼는 또 진화해 새로운 모습을 보였다. 당시 미국의 무인 폭격기가 활동했는데, 이를 빗대어 고기가 들어가지 않은 '무인 퍼'가 등장했다. 무인 퍼는 오늘날 베트남 사람들에게 이 시기를 떠올리게 하는 추억의 음식이다.

### 지역별로 달리하는 맛과 특성

퍼는 기본적으로 베트남 북부에서 생겨난 음식이지만 분단 과정에서 남쪽으로 전해지게 된다. 1954년 7월 제네바협정이 체결되면서 나라가 분단될 때 북부 사람들의 일부가 남부로 이주했고, 이들이 퍼를 남부 사람들에게 전했다고 한다. 남부로 전해진 퍼는 그 지역에서 생산된 농산물과 지역문화의 특징이 가미되었다. 남부 사람들의 입맛에 따라 조리법이 달라졌고, 점차 남부 지역만의 특징을 갖게 되었다. 이처럼 퍼는 지역별로 맛과 모습을 달리한다.

그런 이유로 퍼는 크게 '북부 퍼'와 '사이공 퍼'로 나뉜다. 일반적으로 북부 퍼는 조금 짠맛이 특징이며, 사이공 퍼의 육수는 조금 달고 기름기가 있으며, 숙주나물 같은 생야채와 함께 먹는 것이 특징이다. 또한 남부의 국수사리는 북부보다 가늘다. 이러한 특성을 알고 나면 그 맛을 한층 더 깊게 느낄 수 있을 것이다.

그렇지만 북부 지방이라고 다 동일한 퍼를 먹는 것은 아니다. 북부와 남부의 차이에 비할 바는 아니지만 북부의 퍼도 종류와 결을 달리한다. 북부 지방의 퍼는 크게 하노이 퍼와 남딘 퍼로 나뉘며, 양쪽 모두 사람들의 사랑을 받고 있다. 두 지역은 지리적으로 북부 지역에 위치해 있고 거리상으로 멀지 않지만 그 조리 방법은 사뭇 다르다.

# 베트남의 대표 음식

## 넴꾸온

얇은 라이스페이퍼에 각종 식재료를 넣고 기름에 튀긴 음식. 남부에서는 '짜조'라고 한다.

## 분짜

새콤달콤한 맛이 나는 찬 국물에 쌀로 만든 국수사리, 구운 돼지고기, 여러 향채를 함께 말아서 먹는다.

## 후띠에우

쌀국수 사리에 돼지고기와 해산물로 조리한 음식.

## 껌스언

접시에 밥, 돼지고기, 오이, 토마토, 당근 등의 반찬을 함께 담아 먹는 대중적인 간이 음식.

## 퍼

넉넉하고 뜨거운 육수에 넓적한 면이 특징인 쌀로 만든 국수. 쇠고기 퍼는 '퍼버', 닭고기 퍼는 '퍼가'로 부른다.

## 바인미

베트남식 바게트 샌드위치. '바인미'라는 말 자체가 빵을 의미한다.

남딘의 퍼 음식점은 오로지 남딘 사람들이 만든 바인퍼만을 사용한다. 막 뽑아낸 면이라 식감이 부드럽고 맛이 좋다. 면이 가늘고 얇으며 쫄깃쫄깃한 점이 하노이나 사이공의 것과는 다르다. 소뼈를 끓여 육수를 낼 때도 소금으로 간을 하지 않고 느억맘을 사용한다. 장시간 우린 육수에 생강, 말려서 구운 자색 양파, 말린 사숭(땅콩벌레의 일종)을 추가하고, 고기도 은은하게 약한 불에 오랫동안 삶아 육질을 쫄깃하게 한 뒤에 물에 담궈 피를 빼고 양념으로 숙성시킨다.

반면 하노이에서는 사숭을 사용하지 않는다. 하노이 퍼는 육수 맛이 깨끗하고 담백하며, 면은 부드럽지만 으스러지지 않는다. 소고기도 질기지 않고 식감이 부드럽고, 레몬, 고추, 양파가 첨가된다. 만약 하노이의 퍼를 먹어보지 못했다면, 하노이의 음식을 즐길 줄 모르는 것이라는 말이 있을 정도로 퍼는 하노이를 대표하는 음식이다.

한편 남부 사이공의 퍼는 남부 지방만의 특색이 있다. 북부 퍼는 면발이 얇고 넓지만 이쪽은 좀 더 가늘고 두꺼운 편이다. 커다란 사발에 국수사리를 담아 샬롯, 파슬리, 숙주나물, 육계피, 고추, 레몬, 파, 얇게 썬 양파 등과 함께 제공되며, 손님이 취향에 따라 넣어 먹는다. 육수는 소뼈나 닭 뼈를 고아 만들며 새우, 구운 생강, 느억맘을 넣는다. 북부의 육수에 비하면 단맛이 강하고 기름기도 많다.

퍼에 얹는 고기의 종류도 다양하다. 소고기 퍼는 잘 익은 안심, 등심, 사태를 쓰고, 푹 익히지 않은 소고기를 올리기도 한다. 닭고기 퍼에는 여러 부위를 쓴다. 육수 이외에 퍼의 맛을 좌우하는 가장 중요한 요소는 국수사리인데, 퍼를 맛있게 요리하기 위해서는 신선한 국수사리를 사용해야 한다.

퍼의 맛을 제대로 즐기기 위해 알아두면 좋을 사항이 몇 가지 있다. 신선한 각종 채소와 향채는 향과 맛이 서로 다르고, 주로 고수, 아시아 바질, 박하 잎, 파슬리, 레몬, 매운 고추 등이 제공된다. 이를 자기 취향에 맞게 조절하여 먹는 게 중요하다. 숙주나물은 그냥 먹거나 끓는 물에 약간 데쳐 먹는다. 최근에는 숙주나물의 변질을 막는다는 이유로 화학약품을 많이 사용해 문제가 된 적이 있는데, 그 뒤로 건강상의 이유로 숙주나물을 식탁에 내놓지 않는 음식점이 많다.

### 통일 이후 세계적인 음식으로 발돋움하다

퍼의 세계화는 1975년 베트남 통일의 새로운 역사와 함께 시작되었다. 세계 곳곳에 퍼 음식점이 생겨났는데, 베트남 사람들이 가는 지역마다 퍼 음식점이 생긴다는 말이 있을 정도였으니 그 기세를 짐작할 수 있을 것이다. 퍼는 처음에는 베트남 이주민을 따라 프랑스로 건너갔고, 그 후 태평양을 건너 미국에 전파되었다. 캘리포니아는 미국에서 베트남 교민이 가장 많이 살고 있는 지역으로 이곳에 미국 최초의 베트남 음식점이 문을 열었다. 이후 퍼는 미국의 다른 지역으로 확산되었을 뿐만 아니라 영국, 호주, 캐나다 등 여러 나라로 전파되었다. 오늘날 한국에도 수많은 퍼 음식점이 생겨서 많은 사람들이 즐겨 먹고 있다.

하지만 아무래도 외국에서는 '베트남의 혼'이라고 할 수 있는 퍼의 맛을 제대로 구현하지 못하는 게 현실이다. 대부분의 음식점들이 말린 면을 사용하고 있고, 가게에서 대대로 전해 내려오는 육수 맛을 재현하지 못하고, 베트남과 동일한 식재료를 구하기 어렵기 때문이다. 하긴 한 나라의 음식을 타국에서 완벽히 똑같게 만드는 것은 퍼의 경우를 떠나서 어려운 일이기는 하다.

베트남 사람들은 오랫동안 중국과 프랑스의 식민지배를 받아오면서도 그들만의 독특한 전통음식을 개발하고 보존해왔다. 숱한 외래문화의 영향을 받으면서도, 퍼를 베트남만의 정체성을 지닌 음식으로 발전시켜왔다. 이처럼 퍼는 베트남 사람들에게 빼놓을 수 없는 음식의 대명사이자 베트남의 독립과 통일을 달성시킨 에너지원이다. 또한 베트남의 정신을 간직한 음식이자 단결과 통합의 대명사이기도 하다. 신맛, 쓴맛, 단맛, 매운맛, 짠맛이 서로 중화되어 조화로운 맛을 내는 것처럼 오합五合의 음식이라 할 수 있다.

# 입맛을 다시게 하는 바인미깹

베트남에 갔다 온 사람들, 특히 장기간 거주하다가 귀국한 사람들이 베트남 음식을 말할 때 빠지지 않는 것으로 퍼, 바인미bánh mì, 바인쎄오bánh xèo, 분짜bún chả 등이 있다. 바인미는 베트남식 바게트 빵을 의미하지만, 케이크나 빵은 모두 바인bánh이라고 하고, 베트남식 바게트 샌드위치는 바인미깹bánh mì kẹp 또는 바인미랏bánh mì lát이라고 한다. 최근 베트남식 샌드위치인 바인미깹이 세계 음식 전문 매체인 《테이스트 아틀라스Taste Atlas》 독자들로부터 5점 만점에 4.6점을 얻어 세계 최고의 샌드위치로 선정되었다고 보도된 적이 있다. 바인미깹은 채소, 치즈 또는 얇게 썬 고기 등을 빵 중간이나 얇게 썬 빵 조각 위에 넣고 먹는 것인데 손으로 들고 먹기 편하고, 휴대하기가 좋아 세계적으로 보편화된 음식이다.

속에 넣는 재료에 따라 다양한 명칭이 있으며 프랑스 식민지 시대에 프랑스 음식문화가 들어와 생긴 음식으로, 바게트 빵 샌드위치 속에 향신료에 재워 맛을 입힌 구운 돼지고기 혹은 삶은 새우살, 각종 채소를 넣고 위에 매운 칠리소스나 느억맘 등을 쳐서 먹는다. 채소는 고수, 고추, 당근, 무 등이 들어가는데, 매운 고추를 싫어하거나 고수를 먹지 못하는 사람은 주문할 때 넣지 않도록 요청하면 된다. 일반적으로 바게트는 딱딱하다고 생각할 수 있는데, 베트남의 바게트는 생각보다 부드럽다. 금방 구운 빵은 부드럽고 구수하면서 겉면도 바삭하고 맛있다.

가격은 속에 넣는 재료에 따라 다르나 하노이에서는 하나에 1만 2,000~2만 5,000동 정도로 600~1,300원 수준이다. 학생들이 등교하면서, 회사에 출근하면서, 아침을 거른 사람들이 단골로 사서 먹는 음식이다. 오토바이를 타고 가다가 간이 판매대 앞에 잠시 서서 하나씩 사다가 출근 후 사무실에서 아침 식사 대신으로 먹기에 딱 좋은 음식이다. 베트남에 처음 여행 와서 우연히 먹어 본 바인미깹의 맛을 못 잊어 귀국할 때 베트남의 바게트를 몇 개씩 사서 가지고 간다는 여행객이 제법 있다. 장거리 여행에 지침하면 끼니를 해결하는 데 요긴한 음식이다.

바인미는 국립국어원의 베트남어 한글 표기법에 따라 '바인미'로 적어야 한다. 한 교사가 바인미를 시험 문제에 '반미'라고 적어 출제했다가 '반미反美'로 오해를 사고 표기법에 따라 적지 않았다고 학부형으로부터 항의를 받은 해프닝도 있었다.

# 하노이 사람이라면
# 차를 마실 줄 알아야 한다

**이열치열? 한여름에 뜨거운 차를 마시는 이유**

처음 업무차 베트남에 와서 거래 업체를 방문했는데 안 그래도 더운 날씨에 뜨거운 차를 내 오는 걸 보고 당황한 기억이 있다. 이열치열이라고 생각해봤지만 전기도 부족해 에어컨도 작동이 어려운 상황에서 적응하기가 쉽지 않았다. 하루에도 몇 잔씩 차 대접을 받아 마시다 보니 나중엔 잠도 잘 오지 않았다. 더운 날씨 때문인가 싶어 주위에 물어보니 차에 들어 있는 카페인 성분 때문이라며 차 마시는 걸 조금 줄이라고 했다. 차 문화에 적응하는 게 내 베트남 생활의 첫걸음이 된 셈이다.

베트남 민족의 역사는 차 문화와 밀접한 관련이 있다. 생잎 차와 중국차를 마시는 풍습은 기원전인 홍브엉시대부터 현재까지 베트남 음식문화의 기본이 되었다. 차는 갈증을 해소하는 음료수인 동시에회의를 하거나 가정이나 직장에서 손님을 접대하고 환담할 때 교제의 매개체 역할을 했다. 가정에서 차는 아침을 여는 마중물이자 저녁 식사 후에는 온 가족이 모여 하루를 정리하는 마감재이다. 또한 차는 명절뿐만 아니라 절이나 사당에서 복을 구할 때, 청혼할 때, 남에게 부탁할 때에도 선물로 활용되었으며, 제례, 신앙 행위의 수단으로 애용되었다.

차의 역할은 수없이 많다. 몇 가지 열거해보자면 차는 산을 푸르게 하는 환경 보호원이며, 수출 상품으로 유력한 외화 수입원이고, 인간의 뇌 활동을 돕고, 몸에 카페인을 공급하고, 약리적 성분을 함유한 건강 약초이며, 시, 서예, 단가와 함께 예술성을 풍부하게 하는 예술인들의 벗이자, 베트남의 독립과 구국 항쟁의 의기를 높이는 윤활유 역할도 해왔다. 차는 물 다음으로 사람들이 많이 마시는 음료로서, 세계 인구의 절반 이상이 매일 마신다. 중국의 후한시대에서 삼국시대 사이에 지어졌다는 《신농본초경神農本草經》은 차에 대해 이렇게 기록하고 있다.

> 신농은 백초를 맛보고 72종류의 독초를 발견했는데, 차를 마시니 즉시 해독된다. 차 맛은 쓰나, 마시면 정신이 맑아지고, 적게 눕게 되고, 몸이 가벼워지고 눈이 맑아진다.

초창기에 차는 고관들의 약재로 사용됐다. 기원전 1606년 진나라 주무왕은 파촉(오늘날의 쓰촨)에 군대를 보내 정벌하고, 차와 꿀을 조정에 공납하게 했다. 760년 당나라의 육우陸羽는 세계에서 최초로 차에 관한 연구서인 《다경茶經》을 편찬했다. 차는 점차 보편적인 해 갈 음료가 되었고 중국 사람들의 일상생활에 중요한 7대 요소의 하 나가 되었다. 7대 중요 요소란 장작, 쌀, 기름, 소금, 장, 식초, 차를 말한다.

차는 661년에 한반도로, 729년에는 승려들에 의해 일본으로 전 파되어 차도로 발전되었다. 실크로드를 따라 아랍과 중동지방으로, 그리고 상선을 타고 온 포르투갈 상인들에 의해 영국, 프랑스, 독일, 네덜란드로 전파되었다. 또한 몽골로 전파되어 낙타 상인들에 의해 러시아로 전파되었고, 유목민들의 말과 교환되기도 했다. 이렇게 많 은 나라가 중국의 차 문화에 영향 받았듯이 중국의 지배를 받은 베트 남 사회 역시 차 문화가 짙게 녹아 있다. 베트남에서 차는 단순한 음 료 이상의 사회적·문화적인 가치를 지니고 있다.

### 차를 권하는 것은 의리 있는 사람의 도리

베트남은 54개 민족으로 구성된 다민족국가이며, 각 민족은 서 로 다른 문화권에 거주하고 있다. 서북 지방, 북부 지방, 토속 북부 지방, 중부 해안 지역, 서부 고원 지역, 남부 델타 지방이 각기 다른 문화권을 형성한다. 하지만 이렇게 구별되는 문화권에 사는 54개 민 족의 공통되고 오랜 식습관은 바로 차를 음용하는 것이다.

1773년 레 왕조의 레꾸이돈은 《번다이로아이응우雲臺類語》에서 처음으로 베트남 차에 대한 기록을 남겼다. 레꾸이돈은 당나라의 명 의였던 육우의 《다경》을 참고하여, 타인호아 지방의 차 음용에 대한 풍속을 소개했다. 그는 여기서 차를 권하는 사람을 의리가 있는 사람으로 표현하고 있다.

맛있는 차, 떫은 물 권하노니,
조국 산천이여, 차 권하는 사람의 의리는 잊지 마세.

또한, 베트남 민요에 '탕롱 사나이의 세 가지 자격'에 관한 구절이 있다. 베트남식 화투인 또똠 놀이와 차를 마시는 일, 베트남의 문학 걸작 《쭈엔끼에우》를 몇 구절 암송할 줄 알아야 하노이 사나이 자격이 있다는 것이다. 호방하면서도, 여유를 즐기고, 인본을 아는 사람을 하노이 사람으로 인정하는 것이다.

모름지기 사내는 또똠을 할 줄 알아야 하고,
만하오차를 마시고, 쭈엔끼에우를 읊조릴 줄 알아야 할지니.

이외에도 베트남 사람들의 차를 권하는 정감을 노래한 시들이 있다.

집은 초가삼간이나
마음은 넓어
솥에 밥은 설익어도
녹차 한 잔 나누며 앉아
서로의 심정을 즐거이 나누네.

이 차에 대한 시들을 몇 구절이라도 암기해놓는다면 베트남 사람들에게서 박수를 받을 날이 있을 것이다. 여기에 《쭈옌끼에우》 3,254구절 가운데 좋아하는 몇 구절을 암송할 줄 알면 금상첨화일 것이다.

이상하게도 저쪽이 부족하면, 이쪽이 풍족한 것은
조물주도 미인을 시샘하기 때문이라.

재주 있다고 재주를 너무 믿지 말 것이니,
재才와 재災는 같은 운韻이라.

사람은 업보를 타고나는 것이니,
하늘이 가깝다 멀다 탓하지 말지어다.

낙화는 물에 흐르고, 부평초 떠다니는 게 정해진 것이고,
내 인연이, 운명이 그런 것이라면 그뿐인 것을!

길흉화복은 하늘의 도일지니,
그 근원은 인간의 마음에서 연유하는 것이라.

이처럼 베트남에서는 차를 권할 줄 알아야 한다. 그래야만 의리가 있는 사람이고, 사나이 자격이 있다고 과거의 문헌에서부터 말하고 있다. 다시 말해 베트남에서 차를 같이 마시지 않겠다는 것은 그

사람과의 사회적인 관계를 단절한다는 것을 의미한다. 베트남에서 차를 같이 마시는 것은 인간관계 형성에 대단히 중요한 사회적인 활동이다.

### 베트남 차 산업의 역사

전 세계에 차 종자가 80개가 있는데 그 가운데 60여 개가 중국 종자라고 알려져 있다. 1753년 스웨덴의 식물학자 칼 폰 린네가 세계 최초로 차나무에 학명을 부여하고, 홍차와 녹차 두 종류로 분류했으며 중국을 세계 차의 원산지로 공인했다. 차의 원산지에 대한 주장은 많은 논쟁이 있었으나, 현재 보편적으로 차나무의 원산지는 중국 윈난성雲南省으로 인정하고 있다.

이것이 쓰촨성을 통하여 동쪽으로 전파되어 기후의 영향으로 소엽종小葉種 차나무로 변화되었다. 또한 남부와 서남쪽으로 전파되어 인도, 미얀마, 베트남의 대엽종大葉種 차나무로 변화되었다고 알려져 있다. 차나무가 널리 분포되어 있는 지역은 중국 윈난성 남부, 베트남, 라오스 북부, 미얀마 북부, 인도 북부 지역을 비롯한 동남아 계절풍 지역이다.

기원전부터 약 11세기 동안 중국의 지배를 받은 베트남은 중국 차 문화의 영향을 받아 왔고, 베트남 민족 또한 오래전부터 차를 음용해 왔다는 기록이 남아 있다. 19세기에 프랑스가 베트남을 점령하고 나서 차를 상품화하는 데 관심을 갖게 되었는데, 당시 프랑스 사람들에게 아시아의 차는 매우 귀한 상품이었다. 그러나 기후 조건이 차를 재배하기에 적합하고 노동력이 풍부했음에도 베트남의 차 생산

량은 저조했다.

베트남 사람들은 일반적으로 텃밭에 다른 농작물을 심고, 과일나무와 차를 섞어서 재배했던지라 차의 품질이 낮고, 이를 개량하기 위한 노력보다는 전통적인 제조법으로 만든 차만 마셨기 때문이다. 즉, 생잎 차를 따서 즉석에서 우려내 마셨다. 잎을 따서 끓는 물에 넣어 마시거나 비비거나 찧고, 가볍게 발효시키거나, 햇볕에 말리거나 부엌 천장에 걸어 연기로 건조시키는 등 그 기법이 단순한 수준에 머물렀다. 가정에서의 소비에 그치지 않고, 시골 장이나 도시로 팔 때는 덖어서 팔았고, 산악 지방에서 평야 지대로 팔 때는 고리 모양으로 엮거나 빵이나 둥근 수레바퀴 모양으로 만들어 팔았다. 차를 덖는다는 것은 뜨거운 솥에서 타지 않을 정도로 볶아주는 것을 말한다. 이처럼 베트남인들은 대개 전통적인 재래식 방법으로 차를 자급자족하는 수준에 그쳤다. 게다가 가공 기술도 낮아서 차밭 또는 차 재배 단지라고 부를 만한 수준에 이르지 못했다. 그나마 도시 상류층 사람들은 중국 윈난성이나 푸젠성의 우롱차를 주로 마셨다.

중국 사람들은 차를 독점하여 이득을 챙겼고, 생산 기술을 비밀에 부쳐 베트남 사람들에게 전수하지 않았다. 식민지 시기에는 프랑스 사람들이 주도해 국내외에서 차를 연구했다. 영국이 스리랑카에서, 네덜란드가 인도네시아에서 익힌 차 재배 및 가공 방식을 연구해 중국의 녹차 제조법을 배웠다. 그 결과, 영국과 네덜란드의 시장에서 팔리고 있는 차보다 우수한 품질의 차를 생산했고, 중국의 녹차와 대등한 품질의 차를 생산하기도 했다. 하지만 프랑스 또한 영국과 네덜란드가 하는 것처럼 대규모로 시설을 갖출 만큼 자본이 충분하지는 않았으며, 더구나 프랑스 사람들은 차보다 커피를 즐겨 마셨으므로 커피 재배에 투자를 더 많이 했다.

베트남이 프랑스로부터 독립을 선언한 뒤에는 30여 년에 걸친 전쟁으로 설비 투자를 할 여력이 없었고, 판로도 개척하지 못했다. 제조 설비도 프랑스 자본가가 사용하던 것을 그대로 사용하느라 한동안 베트남의 차 산업은 낙후되는 것을 면치 못했다.

하지만 오랫동안 침체되었던 차 산업은 1986년 도이머이정책 도입 이후 회복되기 시작했다. 보급경제체제에서 시장경제로 전환되고, 경제 단위별로 생산성을 향상시키고 경비를 절감하고, 기술 향상에 힘을 모으기 시작했기 때문이다. 1987년 9월 비나티VINATEA가 설립되어 차 수출입과 투자를 전담하고 생산, 제조, 소비를 총괄하게 되어, 차 산업의 모든 영역이 체계적으로 이루어지게 되면서 비로소 본격적인 발전이 시작됐다.

현재 베트남은 세계 7위의 차 생산국이자 5위의 수출국으로, 34개 성의 차 재배 면적이 1,300제곱킬로미터로 연간 백만 톤 이상을 생산하여 그 가운데 약 14만 6,000톤 이상을 수출함으로써 2억 3,700만 달러를 벌어들이는 등 차는 베트남의 수출 효자 상품이다. 또한 쌀과 커피에 이어 중요한 경제 작물이다. 향후, 베트남의 차 산업은 설비와 가공 기술을 선진화하고 품질이 향상되면서 베트남의 주요 수출 산업으로 성장하게 될 것이다.

이처럼 차를 마신 역사가 유구하고, 생산하고 즐기는 차의 종류가 다양한 베트남의 차 문화를 이해하고, 차를 통해 속마음을 소통하는 것은 사람들과 원만한 대인관계를 형성하는 데 매우 중요한 요소다.

## 베트남 사람도 스타벅스에 간다?

이렇게 차에 대한 사랑이 넘쳐나는 베트남 사람들이지만 이쯤이면 이런 의문이 들 만하다. 그럼 베트남 사람들은 커피는 마시지 않는지 말이다. 물론 그렇지는 않다. 세계 여느 나라가 커피를 사랑하듯 도이머이 이후 젊은이들 사이에서 커피 음용은 새로운 문화로 자리 잡아가고 있다. 최근에 와서는 전통 차보다 스타벅스 커피를 즐기는 분위기가 확산되고 있고, 커피 종류도 그에 못지않게 다양하다. 특히 코코넛 커피나 소금 커피는 한국에서 보기 힘든 커피인지라 베트남에 온 한국 여행객들이 즐겨 마신다. 아메리카노를 즐기는 한국과는 달리 베트남 사람들은 에스프레소에 얼음을 타 마시는 것을 즐기고, 연유 넣은 커피도 좋아한다. 상황이 이런지라 베트남의 커피 마니아들은 한국 커피를 먹어보고는 너무 싱거워서 맛이 없다고 한다. 에스프레소 위주로 진하게 먹다가 상당한 양의 물을 섞어 희석하는 아메리카노는 맛이 없을 수밖에 없는 노릇이다.

미국의 다국적 커피 전문점 스타벅스는 2013년 2월에 호찌민시 1군 푸동의 육거리 근처 뉴월드호텔에 처음으로 문을 열었다. 10년 정도 지난 현재 전국적으로 매장은 100여 개로 늘어났고, 직원 수도 1,000명에 가깝고, 커피 마스터도 200여 명을 상회한다. 스타벅스는 베트남 토종 커피 브랜드인 하이랜드Highlands, 더 커피하우스The Coffee House, 푹롱Phúc Long, 쭝응우옌 레전드Trung Nguyên Legend와 시장 쟁탈전을 벌여 지역적 경계를 넓혀가고 있다.

현재까지 베트남에서 스타벅스의 가장 큰 시장은 호찌민시이고 최근에는 외국인 여행객이 늘고 있는 호이안에도 매장을 열었다. 남부의 빈즈엉, 관광지로 부상하고 있는 중부의 꾸이년도 시장 전망이 좋은 지역으로 조사되어 스타벅스 매장은 점점 증가할 것으로 예상 된다.

스타벅스는 매장 위치 선정을 기가 막히게 해서, 피크 타임에는 앉을 자리가 없을 정도로 장사가 잘 된다. 또한 실내 디자인이 깔끔 하고, 주문 절차도 현대화되어 젊은이들의 취향에 맞고, 직장인이나 고소득층을 주요 고객으로 삼아 가격도 베트남 토종 브랜드보다 비 싼 편이다. 국내 브랜드 커피가 2만 5,000~6만 동인 반면 스타벅스 는 6만~10만 동 수준이다. 하지만 스타벅스를 선호하는 고객은 이 러한 비싼 가격도 마다하지 않는다. 외국인 기업 등의 선호 직장에 다니는 고소득층이 스타벅스를 소비함으로써 자신의 경제력을 뽐내 고 자부심을 가질 수 있기 때문이다.

# 문화적 아웃사이더, 무슬림

## 중부의 짬바니 이슬람과 남부의 짬 이슬람

베트남은 다민족국가로 서양과 동양, 동북아와 동남아의 문화가 교차하는 중간 지대에 위치해 있다. 베트남은 응오꾸옌이 남한南漢의 군사를 물리치고 독립 왕조를 세울 때까지, 무려 천 년 이상을 중국의 지배를 받아 그 영향을 깊이 받았다. 그러나 다낭을 중심으로 한 중남부에 존속했던 찌엠타인 占城국은 소수민족 가운데 하나인 짬족이 주요 거주민이었는데, 이들은 이슬람을 신봉하고 인도 문화의 영향을 깊게 받은 민족이다.

　종족의 기원이나 신체상의 특징으로 볼 때, 짬족은 인도네시아 혈통이다. 그 바탕 위에 서양과 북인도의 요소가 유입되었고 이것들이 인종적·문화적으로 혼합되었다. 16세기 이후 베트남 조정의 지속적인 남진 정책으로 찌엠타인은 베트남에 병합되고 말았다. 프랑스가 인도차이나 3개국인 베트남, 캄보디아, 라오스를 식민통치하던 19세기 중반 이후, 캄보디아에 거주하던 짬족 무슬림들이 메콩강 유역으로 많이 이주했고, 이것이 남부 베트남에 무슬림 공동사회가 발전하게 된 요인이 되었다.

　현재 베트남의 이슬람족들은 지리적 여건, 전파 경로, 이슬람 세계와 짬족의 교류 조건에 따라 두 그룹으로 구분된다. 베트남 중남부의 닌투언과 빈투언 지역을 중심으로 한 짬바니 이슬람, 베트남 남부의 안장, 떠이닌, 빈즈엉, 빈프억, 동나이, 호찌민시를 중심으로 하는 짬 이슬람으로 나뉜다.

짬바니 이슬람은 베트남의 토착 종교와 미신적 생활 요소가 혼합되어 정통 이슬람과는 거리가 멀다. 이들은 모계사회, 농업의 주기와 의식, 풍습에 부합하게 변화했다. 타국 이슬람과의 교류도 없었기 때문에 이들은 베트남에만 존재하는 독특한 이슬람이라고 할 수 있다. 현재 베트남의 54개 민족 가운데 짬족은 약 9만 9,000명 정도로 대부분이 무슬림이지만, 이들의 인구 점유율이 미미하기 때문에 베트남에서는 이슬람교의 영향력이 크지 않으며, 대중의 주목을 받지 못하고 있다.

## 베트남 가정의 이슬람 문화

고대의 짬족은 모계중심사회였다. 반드시 어머니를 따라 살아야 했고, 가정을 이루고 나면 처가 근처에서 살았다. 처가에서 제공하는 대지에 새로 집을 짓고 살았는데 만약 처가가 가난하면 신랑 집에서 집을 짓는 데 도움을 줄 수 있다.

이후 사위가 죽으면 자식들은 어머니와 함께 살며, 부인이 죽으면 처가에서 사위에게 부인의 여동생을 소개해준다. 사위가 처제와 재혼을 받아들이면, 자녀들과 함께 그대로 살 수 있지만, 그렇지 않을 경우 자녀들은 외조부모와 함께 산다. 이럴 경우 사위는 더 이상 처가에 있지 못하고 친부모에게 돌아가 함께 사는데, 부모가 세상을 떠났다면 막내 여동생 집에 가서 살았다. 만약 사위가 떠나야 할 처지라면 부인과 함께 일구었던 전답은 처가의 몫이 되며, 자녀 양육권도 처가가 갖는다.

고대 짬족 사회는 여성의 권한이 강했다. 특히 막내딸의 권한이 가장 강하고, 남자는 부모의 재산을 상속 받을 수도 없었다. 부모가 아들을 사랑해서 개간한 땅을 일부 주었다 해도 아들이 죽으면 그 땅은 도로 여동생에게 되돌려줘야 했다. 외삼촌이나 이모가 아들에게 재산을 물려주는 것에 대한 거부감도 가지고 있었다. 이처럼 막내딸은 누구보다도 부모의 재산을 가장 많이 상속받을 수 있다. 그런데 여기에는 나름의 이유가 있다. 언니들은 이미 출가하여 다른 집에서 사는데, 막내딸은 부모와 함께 살면서 봉양하느라 고생했기 때문이다.

하지만 이처럼 여성의 권한이 강했던 짬족이지만 기본적으로 이슬람교의 교리는 이와 거리가 멀다. 이슬람교에서는 부자간의 혈통이 중시되므로 아버지의 권한이 매우 크다. 자녀들은 아버지에게 순종하고 존경해야 한다. 특히 딸은 더욱 그러했다. 혼인을 시킬 때도 원칙적으로 딸의 의사를 타진할 필요가 없다. 전통 이슬람 풍습에 따르면 무슬림 여성은 수동적 지위에 있기 때문에 남성에게 순종해야 한다. 이런 영향으로 오늘날 짬족 여자들은 사회적인 지위가 낮아 사회활동에 참여하는 경우가 드물다. 주로 집안일을 하거나 길쌈을 하거나 상업에 종사하여 가계에 보탬이 되는 일을 한다. 미혼 여성은 오후에만 문밖을 나설 수가 있으며, 외출할 때에는 항상 머리에 수건을 둘러야 하며, 어른이 뒤따라가며 다른 남성과의 접촉을 막았다. 최근에는 짬족 무슬림 역시 남성들과의 회합에 참석할 수 있게 되었으나 외출 시에 두건을 두르고, 어른이 뒤따라가면서 감시하는 것은 변함이 없다.

그러나 도시에서는 남성과 여성의 분별이 농촌처럼 철저하지 않다. 농촌의 짬족 마을은 협소하고, 집들이 가까이 붙어 있어 서로 밀접한 관계를 맺고 있기 때문이다. 도시 생활은 방송과 인터넷 등 최신 정보에 쉽게 노출되어 있어 이러한 전통적인 풍습을 지켜나가기가 쉽지 않을 따름이다.

하지만 짬족은 아직도 모계사회의 전통을 비교적 잘 유지하며 살고 있는

편이다. 여성의 권위나 권한은 짬족 무슬림 사회에 아직도 남아 있다. 이슬람 교리에 따르면 능력이 허락한다면 남성은 부인을 4명까지 얻을 수 있지만, 짬족의 경우는 그런 경우가 거의 없다.

## 일상생활과 금기

짬족 무슬림들은 주방용기를 다른 사람들과 함께 사용하지 않는다. 앉아서 소변을 보고 글씨는 오른쪽에서 왼쪽으로 써나간다. 의복은 헐렁한 긴 치마와 바지를 입고, 머리에는 여러 가지 색깔의 두건을 두른다. 또한 짬족은 길에서 어른을 만나면 공손하게 인사한다. 여성이 찾아오면 주인 남자가 마중을 나갈 수 없다. 그러나 사원이나 각종 회합에서는 나중에 온 사람이 먼저 온 사람에게 인사해야 한다. 낯선 집을 방문하거나 사원과 같은 성스러운 장소에서는 신발을 벗고 소리가 나지 않도록 걸어야 한다. 위치는 출입문 바로 앞이 상석이다. 이처럼 특이한 관습과 생활양식을 갖고 있지만 의상이나 외부 모습만으로는 말레이족과 구분하기 쉽지 않다.

이슬람의 경전 코란에 따르면 무슬림은 저절로 죽은 동물의 피, 돼지고기, 소와 양의 기름, 날개를 가지고 있으면서 네발로 기어다니는 짐승, 갈고리 발톱을 가지고 있으면서 동족을 잡아먹는 날짐승, 수중 생물 등은 먹어서는 안 된다. 짬족 무슬림들은 좀 다른데, 염소, 양, 닭, 오리 같은 가축을 잡을 때에 코란 구절을 3~7회 암송하고 동물을 잡는다. 술은 코란에서 금지하고 있음에도, 결혼식처럼 짬족 무슬림들 간에 술이 필요한 자리이거나 주류 제조업에 종사하는 사람들의 경우 약간씩 마시는 것은 용인한다.

### 짬족 이슬람인의 의상

짬족과 다른 소수민족과의 구별은 생김새가 아니라 의복 문화로 가능하다. 중부 베트남의 짬족 여성들은 검은 천을 머리에 두르지만, 무슬림 짬족은 면으로 된 수건을 두른다. 무슬림 짬족 사회에서 반드시 필요한 일이다. 물론 피부가 햇볕에 타는 것과 얼굴에 주름이 생기는 것을 막는 목적도 있다.

무슬림들은 외출할 때는 반드시 수건을 착용한다. 남성들은 보통의 무슬

① 안장 지방에 있는 베트남 최대 규모의 모스크와 ② 그 지역의 회교도 여인들

림들이 쓰는 카피야를 착용한다. 짬족 여성들은 들에 나가 일할 때나 부엌에서 음식을 만들 때, 베트남의 전통의상인 아오자이를 입지만 무슬림 짬족 여성들은 간편한 파자마 형태의 옷 바바를 즐겨 입는다. 이처럼 짬족 내에서도 무슬림과 비신자들은 의상을 통해 구분이 가능하다.

## 자신들만의 이슬람 교리를 지켜나가는 사람들

서남부 지역의 짬족 무슬림들은 이슬람교 규율에 따라 사원을 만든다. 통상 두 종류의 건축물이 있는데, 하나는 모스크로 신도들은 메카를 향해 무릎 꿇고 절하도록 동쪽에서 서쪽으로 향하게 만든다. 다른 하나는 기도의 집으로 이는 기도, 식사, 모임 등의 용도로 사용하기 때문에 모스크처럼 방향이 중요하지는 않다.

이슬람 규칙에 따르면 신도들은 하루에 5회 기도를 드려야 한다. 하지만 짬족 무슬림은 하루 3회만 기도하는 식으로 전통적인 방법과 결을 조금 달리한다. 정오에 드리는 주흐르 예배, 오후 4시쯤에 드리는 아스르 예배, 저녁 8시쯤에 드리는 이샤 예배, 이렇게 세 번에 걸쳐 예배를 드린다. 장소는 이슬람 관습대로 사원이나 개인의 집이며 정결한 장소라면 어느 곳이든 무방하다.

중남부 베트남 지역의 짬족은 금식에 관해서도 그들만의 법칙이 있다. 신도들의 대표는 일정 기간 동안 사원에서 코란을 공부하고 율법에 따라 먹고 마셔야 하지만, 일반 신도들은 라마단 기간 중에 식생활의 조화만 지키면 된다. 즉, 물소고기, 돼지고기, 오리고기만 피하고, 낮에 새우, 게, 생선은 먹어도 무방하다는 것이다. 반면, 서남부 지역의 짬족은 이슬람 관습에 좀 더 충실하여, 라마단 기간 중에 밤이 되면 되도록 이샤 예배에 참여하려고 노력한다. 그것도 20~24회나 말이다. 예배 후에는 코란 구절을 100번 읽는다.

무슬림들에게 성지 순례는 매우 중요한 가치를 갖지만 베트남 무슬림들에게는 쉽지 않은 일이다. 제2차 세계대전과 남북 통일전쟁, 이후 사회주의 국가 체제로의 변환을 거치면서 정부가 국민들의 해외여행을 제한하고 있으며, 비용을 조달하기도 어려워서 성지 순례를 다녀오는 사람은 많지 않다.

이처럼 무슬림이면서도 일반적인 교리와는 다른 그들만의 문화를 갖게 된 데에는 이유가 있다. 베트남은 중국 문화의 영향을 받아 유교문화의 뿌리가 깊기 때문에 무슬림들 또한 유교문화에 동화되어 살고 있는 형편이다. 프랑스와의 독립전쟁과 제2차 인도차이나전쟁을 겪으면서 무슬림들은 여러 지역으로 흩어졌고, 이는 정통 이슬람과는 다른 모습, 베트남만의 특징을 갖춘 모습을 갖추게 했다. 무슬림사회의 정통 의례는 짬족 무슬림들 사이에서는 제대로 지켜지지 않는다. 오랜 세월 외부 무슬림과의 접촉이 거의 없었던 것도 큰 이유 중의 하나다.

베트남에서 소수민족인 짬족이 신봉하는 이슬람의 교세는 크지 않다. 소수민족의 전통문화를 유지하는 차원에서 정부가 이들을 보호하긴 하겠지만 전체 인구에서 짬족이 점유하는 비율이 워낙 적은지라 앞으로도 베트남의 무슬림은 문화적으로 영원한 아웃사이더로 남게 될 것으로 보인다.

# 전통의상,
# 아오자이와 논

## 베트남 민족을 상징하는 옷, 아오자이

여러분은 베트남이라는 단어를 들으면 어떤 이미지가 가장 먼저 떠오르는가? 아마도 많은 사람들이 전통 의상인 아오자이를 입은 베트남 여인의 모습을 떠올릴 것이다. 한국을 홍보하는 영상에 한복이 등장하는 것처럼 베트남과 관련된 행사나 관광 상품에 아오자이가 자주 등장하기 때문일 것이다. 또 한 가지 빼놓을 수 없는 것이 논이라는 모자다. 그 나라를 알려면 그곳의 전통의상을 들여다보라는 말이 있다. 아오자이와 논은 그야말로 베트남 사람의 상징이라 할 수 있다.

　인류에게 가장 중요한 것이 의식주라고 할 때, 먹는 것 다음으로 중요한 게 바로 입는 것이다. 옷을 입는다는 것은 환경에 대응하는 것 이외에도 커다란 사회적 의미를 갖는다. 옷은 입고 있는 사람의 사회적인 지위, 직업, 출신 지역을 나타내기 때문이다. 베트남의 전통의상이 다른 나라의 복식과 혼동될 수 없는 것은 의상 자체가 베트남의 요소를 담고 있기 때문이다.

오늘날 사람들은 일상생활에서 전통의상을 입지는 않는다. 그보다는 특별한 의식이나 축제가 있을 때 아름다운 전통의상을 꺼내 입는다. 베트남 사람들도 축제 때 아오자이를 꺼내 입는데, 남성들은 보통 어두운 빛깔의 천으로 얇게 짠 아오테템이라는 옷을 입는다. 속에는 주머니가 2개 달린 짧은 상의인 아오응안을 입는다. 북부에서는 이를 아오까인이라 하고, 남부에서는 아오바바라고 한다. 이처럼 아오자이는 남녀의 복식에 따라, 남과 북 차이에 따라 명칭이 조금씩 다르다.

여성의 아오자이는 네 자락으로 나뉜 아오뜨턴과 다섯 자락의 아오남턴으로 구분되는데, 아오뜨턴이 좀 더 보편적이다. 아오뜨턴은 네 자락의 천을 이어 만들고, 두 개의 뒷자락이 등뼈를 따라 연결되고, 앞쪽은 단추가 없고 자연스럽게 서로 여며지도록 묶는다. 아오남턴은 아오뜨턴과 동일한 방식으로 만들지만 왼쪽 앞자락이 오른쪽 너비의 2배인 두 자락의 천으로 이루어져 있다. 밧까라고 하는 왼쪽 앞자락이 오른쪽 자락을 덮으며, 오른쪽 자락은 밧꼰이라 한다.

아오남턴은 왼쪽 자락이 오른쪽보다 크고, 왼쪽 자락이 위에 덮이게 입는데 이는 오른쪽보다 왼쪽을 중요하게 여기는 남방문화의 전통이다. 오행에 따르면 왼쪽은 동쪽이며, 오른쪽은 서쪽이다. 동남쪽은 농업문화, 서북쪽은 유목문화의 전형적인 방향을 나타낸다. 그런 이유로 고대 베트남에서는 전통적으로 왼쪽에 단추를 달았으며,

이를 좌임左衽이라고 한다.

베트남은 남쪽, 즉 양陽의 위치에 있어 음陰적인 경향을 나타내는 문화적인 전통이 있다. 때문에 축제 때도 어두운색(음의 색)의 옷을 입었다. 하지만 응당 의식과 축제는 즐거워야 하고 양의 성향을 갖고 있으므로, 이러한 음과 양의 모순을 다스리는 방법이 필요했다. 이에 베트남 사람들은 어두운 빛깔의 아오자이 속에 노란색, 레몬 색, 연꽃잎 색, 복숭아 색, 하늘색 등의 화려한 빛깔의 아오융안을 보일 듯 말듯 받쳐 입는 것으로 해결했다. 목을 가리고, 가슴에는 흰색 혹은 붉은 색의 옘을 입었다. 또한 잘 드러내지 않고 미묘하고 비밀스럽게 하는 전통 때문에 여성의 아오자이는 보통 넓게 만들며 허리를 가려서 몸매의 아름다움을 감춘다. 그럼에도 베트남 여성들은 허리를 묶는 띠를 사용하여, 아오자이를 단정히 보이게 함과 동시에 여성의 신체적인 아름다움을 드러냄으로써 음과 양의 조화를 이루었다.

하지만 서구화의 영향으로 20세기 초부터 전통적인 아오자이는 점점 개량되며 모습을 바꾸었다. 색상이 좀 더 다양해졌고, 몸에 달라붙어 신체의 실루엣이 두드러지게 하고 허리 부분이 꼭 맞도록 만들어졌다. 옆구리의 트임이 좀 더 커져 갈비뼈 부분이 드러나게 되었다. 또한 어두운 색상에서 벗어나 밝은 색을 많이 사용하고 꽃문양이나 장식을 사용해 화려함을 더했다.

### 논, 머리에 착용하는 장신구

베트남인의 복장을 이야기할 때, 머리에 착용하는 장신구도 빼놓을 수 없다. 이 또한 햇볕이 뜨겁고, 비가 많이 내리는 열대 지역의 특징을 잘 반영하고 있다. 옛날에 여성들은 머리를 길게 길렀고, 긴 천을 사용해 머리카락을 말아 머리 위에 감아 올렸는데, 이를 번똑이라 불렀다. 이때, 귀 옆의 머리카락을 약간 밖으로 나오게 했는데, 이 모습이 마치 닭의 꼬리 같다고 하여 '똑 두오이 가'라고 했다. 베트남 민요에서는 '똑 두오이 가' 머리를 한 여성을 최고로 아름답다고 한다.

추운 날씨에는 칸부옹이라고 하는 사각형의 천을 번똑 위에 덮었다. 마귀 주둥이 모양으로, 앞쪽은 뾰족한 부리 모양을 하고 있고, 턱 아래로 천의 양 끝을 동여 메었다. 더운 계절에는 천의 양 끝을 머리 뒤쪽으로 묶었다. 일을 하러 나갈 때, 남자들은 칸 더우 지우라는 도끼날 모양의 천을 감았고, 예의를 갖추어야 할 때에는 칸쎕이라는 천을 둘렀다. 남부 사람들은 보통 칸잡이라는 얼룩무늬가 있는 천을 둘렀다. 이처럼 수건 대신 비와 햇볕을 막기 위해 사용하는 원뿔형의 갓을 바로 논이라고 한다.

아오자이가 그러하듯이 논도 마찬가지로 명칭이 다양하고, 그 모양새에 따라 사용자의 직위와 직업을 알 수가 있다. 논매는 낡고, 태가 없으며 꼭지 부분에 구멍이 나 있는데 이는 가난한 사람들이 일을 하러 나갈 때 썼다. 논매를 쓰고 이삭을 줍거나, 우렁을 잡거나, 소를 몰았다. 인력거 씩로를 모는 사람들은 3전짜리 싸구려 논인 논꾸리바쑤를 썼고, 나이가 많은 여성은 논응에, 논니톤, 논바텀을 썼다. 스님들은 대나무와 잎을 엮어 만든, 폭이 넓고, 속이 깊은 논뚜로를 썼다. 프랑스 식민시대의 병사들은 접시를 머리 위에 뒤집어 놓은 것처럼 생긴 논린 또는 논저우를 썼다.

지식인이나 관료층이 사용하는 논도 종류가 다양했는데, 마을 우두머리나 지방의 관리들은 작은 파인애플 잎을 섬세하게 짜서 만든 논즈어를 썼다. 상위 직급의 관리들은 거위 깃털 등으로 만든 논을 썼는데 꼭지에 광이 나고 폭이 넓은 명주 끈을 달았다. 높은 관직에 있는 사람들은 꼭지가 금으로 된 논롱짱을 썼으며 여성 문인들은 가볍고, 고상한 느낌이 나는 논즈어후에를 썼다. 이처럼 사용하는 사람들에 따라, 모양과 쓰임새에 따라 논은 다양한 얼굴을 가졌다.

베트남에는 '아름다운 논은 끈을 묶는 사람에게 달렸고, 아름다운 얼굴은 논의 틀에 달렸다'는 속담이 있다. 이 속담에서처럼 논을

오늘날 베트남 남성들이 혼례나 축제 같은 특별한 날에만 아오자이를 입는 것과 달리 여성들은 일상복으로도 입는다. 이렇게 아오자이를 입은 여성의 이미지는 외국 사람들에게 깊이 각인돼 베트남의 상징으로 자리 잡았다.

제작하려면 반드시 틀이 있어야 한다.

한 개의 논은 보통 16~20개의 둥근 둘레 틀이 모여 이루어진다. 틀이 완성되면 논의 겉 부분을 매끄럽게 덮기 위하여, 능숙하고 숙련된 사람의 손으로 야자수 잎이나 파인애플 잎사귀들을 둥근 둘레 틀에 이어 연결시킨다. 이러한 작업은 항상 꼭지 부분에서 아래로 내려오면서 이루어진다.

예전에는 논을 제작하는 유명한 곳이 많이 있었지만 오늘날에는 하노이 외곽의 랑쭈옹에서만 매년 천만 개 정도의 논이 생산되고 있다. '흰밥에는 반드시 잉어 반찬이 있어야 하고, 좋은 논을 쓰고자 한다면 랑쭈옹의 것을 선택한다'는 말이 있을 정도로 논은 랑쭈옹 장인들의 손에서 만들어지는 과정을 필수적으로 거쳐야 한다.

### 논의 다양한 용도

논은 그 용도가 매우 다양하다. 논에 거울을 달아 쓰고 다니면서 용모를 점검하기도 하고, 나무 그늘 아래서 휴식을 취할 때에 부채가 되기도 한다. 우물가에서는 물그릇 대용으로 물을 담아 얼굴이나 손발을 씻는 용도로도 사용한다. 바람 부는 날씨에는 가리개가 되어 성냥불을 켜 담뱃불을 붙일 수 있도록 막아주기도 한다. 밖에서 잠을 잘 때는 눈을 가려서 눈이 부시는 것을 막아주고, 과일, 생선, 채소 등을 담을 수 있는 그릇 대용으로 사용되기도 한다. 심지어 다리가 피곤할 때에는 논을 깔개로 삼아 앉을 수 있고, 들판에서 용변을 볼 때는 가리개로 사용된다. 윗부분이 경사지고, 머리 부분이 뾰족한 논은 고온 다습한 열대 지방에 거주하는 사람들의 얼굴과 목을 따가

운 햇볕과 비바람으로부터 보호하기 위한 것이다. 베트남은 강우량
이 많고 햇볕도 강해서 사람들은 밭일을 나갈 때, 시장에 갈 때, 축제
에 참가할 때 어느 때에나 논을 쓴다. 물론 논은 사람들을 아름답게
하는, 미적 기능 또한 갖고 있다. 때문에 논은 값비싼 물건은 아니지
만 남녀 모두에게 선물로, 기념품으로, 실내 장식용으로 널리 사용되
는 생활용품이다. 외국인들도 즐겨 사는 관광상품이기도 하다.

### 베트남의 문화적 상징, 아오자이와 논

일반적으로 전통의상은 행사 때나 특별한 날에 입는 것이고, 실
용성은 떨어진다고 인식되고 있다. 그러나 아오자이는 오늘날 여학
생 교복으로, 기업체의 유니폼으로도 널리 사용되고 있다. 이처럼
베트남의 상징이라 할 수 있는 아오자이와 논은 시대의 변화에 맞춰
다양한 형태로 발전해왔고, 베트남의 문화적 상징이 되었다. 앞으로
도 베트남의 경제적 성장과 함께 점점 더 많은 이들에게 그 아름다
움을 알릴 소중한 문화적 자산이 되리라 확신한다. 마치 한복이 그
런 것처럼.

# 농경문화가 남긴
# 베트남의 독특한 생활 특성

## 쌀농사를 짓는다는 문화적 동질성

언젠가 한 친구에게서 "중국에 대해 가장 많이 이야기하는 사람은 3박 4일 패키지여행으로 다녀온 사람"이란 이야기를 들은 적이 있다. 어떤 것에 대해 적게 알고 지식이 얕을수록 너무나 쉽게 재단하고 의견을 말할 수 있다는 말이다. 이는 바꿔 말하면 알면 알수록, 경험하면 경험할수록 정보량이 많아서 이야기하기 조심스러워진다는 의미이기도 하다. 유홍준 교수가 베스트셀러 여행인문학 책《나의 문화유산 답사기》에서 했던 말처럼 '아는 만큼 보이는 것'일 테니까 말이다.

그래서일까? 베트남과 오랫동안 인연을 맺어온 나는 이 나라를 특정한 이미지로 떠올리기가 쉽지 않다. 다만 확실한 것은 베트남에 대해 깊이 알수록 친근함이 커져간다는 사실이다. 아마도 한국과 결을 같이하는 유교문화, 쌀농사를 중심으로 한 농경사회라는 공통점이 있기 때문이 아닐까 싶다. 유교문화가 베트남의 정신적 유산으로 작용했다면, 쌀농사를 짓는 도작문화稻作文化는 베트남의 사람들의 생활과 문화 전반에 강한 영향을 미쳤다. 그런 까닭에 이곳 베트남 사람들은 우리 전통사회의 특징과 상당히 비슷한 모습을 갖고 있다. 비록 지금은 현대화로 인해 그 모습이 빠르게 사라져가고 있지만, 그럼에도 여전히 베트남 사람들의 삶을 지배하고 있는 몇 가지 정서를 살펴보기로 하자.

### 첫째, 선물을 주고받는 문화

선물을 싫어하는 사람들이 얼마나 되겠는가마는 베트남 사람들은 유난히 선물을 좋아한다. 남녀노소를 불문하고 때를 가리지 않고 선물 주고받기를 즐긴다. 이들은 선물의 가격이나 가치보다 '주고받는 행위' 그 자체에 더 의미를 둔다. 따라서 아주 작은 선물일지라도 서로 주고받으며, 우의를 다진다. 지위와 나이에 따른 존경, 존중의 문화가 강해 조직의 장은 부하 직원들로부터 선물을 받는 것을 아주 자랑스럽게 여긴다.

이렇듯 선물을 주고받는 것은 베트남 사람들의 띤깜(정감)이 풍부하기 때문이다. 베트남 사람들은 인간관계에서 정감을 중요시한다. 이는 금전적 가치로 환원할 수 없는 것으로, 서로에 대한 관심의 표현이다. 어려운 일을 함께 해결했던 농경사회에서 공동체 구성원들이 서로를 존중하면서 공동체의 안녕을 추구했던 오랜 경험에서 유래한 것이라 할 수 있다.

과거 베트남인들은 높은 자리에 앉기를 좋아했는데, 선물을 많이 받을 수 있기 때문이었다. 마을에서 직급이 높은 사람은 결혼이나 장례식 때 해당 가정으로부터 사례의 선물을 받는다. 자몽, 파파야, 망고 같은 흔한 과일 한 개일지라도 받는 사람이 자부심을 갖게 하고, 정신적인 만족감을 준다. 베트남 사람들에게 선물을 주고받는 행위는 인간관계를 끈끈하게 형성케 하고, 구성원 간의 단결력을 높이는 데 큰 도움을 주었다.

하지만 이러한 선물을 주고받는 문화는 외국인 투자가 증가하면서 청탁이나 뇌물 공여로 부정부패와 연결되어 사회문제가 되고 있다. 해외에서 생활하면서 누구나 당면하게 되는 문제가 체류 비자 문제이다. 코로나로 자유로운 통행이 어려웠던 시절, 한번은 비자 기간 연장을 위해 필요한 서류를 첨부해 신청을 마쳤다. 그런데 감감무소식이었다. 규정에 맞춰 서류를 갖춰 제출했으니 때가 되면 무슨 연락이 오겠거니 기다렸는데 한 달이 지나도 아무런 소식이 없었다. 급기야 담당 직원을 보내 확인해 보니 비자 연장이 안 된 채로 45일이 지나 벌금 4,500만 동을 내야 된다고 한다. 황당했다. 무엇이 잘못되었을까? 알고 보니 담당자가 부정한 돈을 받아 구속되는 바람에 일 처리가 늦어졌고, 그 사이 비자가 만료된 채로 방치된 것이다. 결국은 상급자를 만나 상황을 설명하고, 강력히 항의하고 나서야 해결할 수 있었는데, 규정상 최소한의 벌금 150만 동은 내야 한다고 했다.

이런 경우도 있다. 한국으로 학생들을 유학 보내는 회사가 학교 근처에 있는데 그곳에 차를 한 잔 얻어 마시러 갔다. 가서 보니 어째선지 학생들에 대한 첨부 서류를 떼러 간다면서 부지런히 봉투에 돈을 세어 넣고 있는 게 아닌가. 왜 돈을 넣고 있냐고 물었더니 도장 값이란다. 서류에 도장을 받는 데 봉투를 줘야 일이 쉽게 해결된다는 것이다. 기본이 100만 동으로 한화로 치면 약 5만 원 정도다.

베트남에서는 경찰과 공무원이 인기 직업인데, 이렇게 뒤로 들어오는 돈을 많이 만질 수 있기 때문이다. 어찌 보면 1990년대 한국과 비슷한 상황이다. 앞으로도 베트남 경제가 건강하게 성장하기 위해서는 이러한 부패의 고리를 빨리 끊어내는 일이 시급하다.

한국은 2016년 소위 '김영란법'이라는 이름의 청탁금지법이 시행되었고, 2021년에는 공직자이행충돌방지법이 통과되면서 부정한 청탁을 위한 뇌물 수수 행위 및 공직 윤리에 대한 사회적·법제적 시스템을 보완했다. 하지만 베트남은 아직 이런 제도적인 장치 마련에 대한 움직임이 없고, 부정부패로 법의 심판을 받게 되는 고위 공직자들이 언론에 자주 등장한다. 안타까운 일이다.

명절이나 뜻 깊은 날, 멀리 출장이나 여행을 갔다가 되돌아올 때, 베트남 사람들은 친한 사람들에게 줄 선물을 잊지 않는다. 선물을 주고받는 행위는 여전히 베트남 사람들의 일상생활에서 익숙한 풍습이고, 사람들은 비록 작은 선물일지라도 자신이 존중받고 있다고 느끼기 때문에 큰 기쁨으로 여긴다. 하지만 앞서 말했듯 공직자의 부정부패 문제처럼 띤깜문화의 이러한 부정적인 요소들은 향후 베트남의 선진화에 큰 걸림돌이 될 것으로 예상된다.

### 둘째, 평등주의와 공동체정신

우리 속담에 '모난 돌이 정 맞는다'는 말이 있다. 노동 집약적인 쌀농사를 짓는 사회에서는 공동체의 안녕이 가장 중요한 가치였고,

그러다 보니 눈에 띄는 특출난 개인보다는 집단 전체의 규율을 잘 따르는 평범한 사람을 선호하기 때문일 것이다. 그런 이유로 같은 쌀농사 문화를 공유하는 베트남 사람들은 '함께 일하고, 함께 먹고, 함께 공부하고, 함께 노는' 데  익숙하다. 이런 문화는 비즈니스의 현장에서도 고스란히 드러난다.

1993년 9월 베트남 국경일 연휴가 끝나고 거래처 사장과 식사를 하게 되었다. 비즈니스 오찬으로 식사를 나누며 사업상의 중요한 이야기도 나누는 자리였다. 약속 장소에 먼저 도착해 기다리고 있는데, 시간에 맞춰 나타난 거래처 사장은 양해도 구하지 않고 내가 모르는 한 사람을 더 데려왔다. 살짝 불편했지만, 애써 표정을 감추고 그와 인사를 나누는데, 자신을 사장의 운전기사라고 소개하는 게 아닌가. 이어서 음식이 나왔고, 오찬 미팅 내내 그는 우리와 한 테이블에서 식사했다. 처음엔 무척 놀라웠으나, 이후로도 이와 비슷한 경험을 여러 차례 하게 되었다.

이는 평등주의사상에서 비롯된 베트남 사회의 특징이다. 베트남 사람들은 모두가 전우요, 한 동포로서 지위의 고하를 떠나 함께 어울린다. 그리고 이것이야말로 오늘날의 통일 베트남이 있게 한 원동력이다. 이 같은 정신은 베트남의 국부이자 영웅인 호찌민의 애국 · 애민 · 박애사상에서 강하게 발현되고 있다.

그러면 베트남 사람들은 왜 평등한 관계를 추구하게 되었을까? 베트남 전통사회는 쌀농사를 지으며 쌓인 공동체정신이 오래전부터 발달해왔다. 알다시피 농경사회에서 물은 절대적으로 필요하다. 다행히 베트남은 강우량이 전국 평균 1,800밀리미터에 달할 정도로 비가 많이 내리지만 문제는 대부분 우기에 집중적으로 쏟아진다는 점이다. 따라서 홍수를 막기 위해 둑을 쌓는 일이 절대적으로 중요했다.

하지만 둑을 쌓거나 수로를 만드는 일은 아무리 유능하고 힘센 사람이라도 절대 혼자서 해내기는 불가능하다. 따라서 공동체의 전 구성원이 힘을 모아 대처하지 않으면 마을 전체가 공멸하게 된다. 이 때문에 뛰어난 한 사람의 개인보다는 공동의 안녕을 위해 함께 호흡할 수 있는 평범한 사람, 톡톡 튀지 않는 사람을 필요로 해왔다. 오랜 역사를 거치며 이러한 문화적 특성이 내면화된 베트남인들은 '사람이라면 누구나 같다'는 평등주의 사고방식을 체화하게 된 것이다. 그런 이유로 베트남에서는 총리의 급여와 장관의 급여가 비슷한 수준이며, 대학 교수나 일반 사무직 근로자의 급여 또한 마찬가지다.

이런 공동체문화는 독립과 통일을 달성할 때까지는 분명 좋은 전통으로 작용했다. 하지만 시장경제를 도입하고 경제 건설을 위해 총력을 기울이고 있는 오늘날, 상하관계를 애매하게 하는 측면이 있는지라 평등주의가 긍정적인 역할을 하고 있다고 말하기는 애매해진 측면이 있다. 베트남 또한 머지않아 능력에 따른 인센티브제도와 성과에 따른 보너스 지급 등 외국 기업에서 시행하고 있는 시장경제체제에 부합하는 시스템으로 변화할 것으로 예상된다.

**셋째, 상대방에 대한 존경의 표시로 서로의 가정집을 방문하는 문화**

베트남 사람들은 직장 동료들끼리 상대방의 집에 자주 놀러 다닌다. 만일 부하 직원이 상급자의 집을 방문하면, 상급자는 대단히 좋아한다. 이는 베트남 사람들이 상대방 집으로 방문하는 것을 귀하게 여기는 정감 때문이다. 이들에게 정감이 얼마나 중요한 가치인지는 속담에 잘 나타나 있다. '겉으로는 이치, 속으로는 정'이라는 말이 그것이다. 법과 이치는 포장에 지나지 않고 문제 해결을 위한 실질적인 힘은 사람들 마음속에 있는 정감이라는 의미다. 이렇게 가정집을 방문하는 이유 가운데 하나는 여러 사람이 있을 때 하기 어려운 공적인 이야기를 마음 편하게 하기 위해서이다. 이외에도 잘못을 사과하기 위해서, 서먹서먹한 감정을 해소하기 위해서, 장래를 대비해 관계를 돈독히 하기 위해서 등 다양한 동기와 형태로 상대의 가정집을 방문한다. 하지만 무엇보다 집으로 방문하는 행위는 상대방에 대한 존경의 표시로 이해된다.

하지만 종종 이런 자리가 부적절한 청탁이나 부패의 현장이 되기도 한다. 정감을 중시하는 사회의 그림자라고 할 수 있다. 다행인 점은 이런 풍속도 시간이 갈수록 점차 줄어들고 있다는 것이다. 인간적으로 정감을 나누는 일이 사라지는 것은 아쉬운 일이지만 한편으로 사회가 좀 더 투명해진다는 점에서는 반길 일이기도 하다.

농촌사회 마을공동체에서는 좁은 골목에서 수없이 자주 마주치고, 함께 살아가다 보면 서로의 집을 찾아가게 되는 건 매우 일상적인 일이자 자연스런 수순이다. 서로 간의 정감을 유지하면서도 부정의 원천이 되지 않도록 이러한 전통적인 풍습을 잘 지켜나가기를 바랄 뿐이다.

### 넷째, 좋은 일이 있으면 이웃과 함께 나누는 풍습

베트남 사람들은 더운 지방임에도 뜨거운 차를 마시는 걸 당연하게 여기고, 상대방이 비운 찻잔을 바로 채워주는 인간미가 넘치는 사람들이다. 술 역시 마찬가지다. 상대방이 술잔을 비우기 전에 술을 더 부어주는 것을 꺼리는 한국과 달리 베트남 사람들은 한 모금 마시고 나면 바로 그만큼의 양을 채워준다.

베트남 전통사회에서는 즐거운 일, 심지어 장례와 같은 슬픈 일이 있을 때도 대부분 손님들에게 접대를 해야 했다. 과거시험에 합격한 사람은 모든 마을 사람을 불러 잔치를 베풀어야 했기에 베트남에서 술 권하는 풍습은 일상적인 일이고 자연스럽다. 승진을 해도 한턱, 복권에 당첨되어도 한턱, 시험에 합격해도 한턱을 내는 등 돈을 쓸 일이 많은데, 이렇게 체면을 중시하다 보니 대개 접대에 들어가는 비용이 소득을 넘어버리기 마련이다.

물론 여기에도 이유가 있다. 이처럼 술을 많이 권하고 마시는 풍습은 남부 베트남 사람들이 만든 문화라고 볼 수 있다. 남부는 땅은 넓은 반면 그곳에 살고 있는 인구는 적었다. 인구에 비해 먹을 것이 풍부하니 주민들은 자연과 싸울 필요도 없었고 굳이 절약하거나 먹을 것을 비축할 필요가 없었다. 내일 먹을 것은 내일 다시 쉽게 얻을 수 있었기 때문이다.

여기에 더해 외국인의 투자가 나날이 증가하는 요즈음에는 새로운 스타일의 음주문화가 생겨나고 있는데, 바로 한국식 폭탄주가 등장한 것이다. 한국 사람들을 만나면 건배 구호도 "위하여!"라고 해주는 베트남 사람들을 보고 있노라면 친근감이 더욱 깊어진다.

## 다섯째, 외제를 선호하는 베트남 사람들

베트남은 동남아 한류의 진원지다. 현재까지 약 200편의 한국 드라마가 베트남에 소개되었다. 드라마에 출연한 한류 스타들이 모델을 맡은 한국산 화장품에 대한 인기도 높다. 이뿐만 아니라 결혼식, 화장법 등 한국 스타일을 모방하려는 분위기가 강하다.

하지만 지금 그들의 관심이 한국에 쏠려 있을 뿐, 사실 베트남 사람들이 다른 나라 사람들에게 관심을 갖는 것은 그리 새삼스러운 일은 아니다. 일반적으로 베트남에서는 외국인이 내국인보다 대접을 받는다. 예전에는 러시아 사람이 가장 중시되었는데 이유는 간단하다. 베트남을 가장 많이 도와준 나라였기 때문이다. 오늘날에는 미국을 제일 높이 평가하는데, 나라가 부강하기 때문이다. 한편 스웨덴 사람은 그들의 인도주의적 심성 때문에 존중받는다.

단 며칠일지라도 외국에 나가는 것은 베트남 사람들에게 큰 자부심을 갖게 한다. 방문한 국가가 늘어날수록 자부심은 더욱 커지고 외국에 여행을 다녀오지 못한 사람들로부터 부러움을 산다. 외국으로 유학을 가는 경우에도 그 나라의 수준이 베트남과 비슷할지라도 국내에서 공부한 것보다 높이 평가받는다.

이런 맥락으로 베트남인들은 외제를 선호한다. 어떤 것이든지 외제는 국산보다 좋은 것으로 간주한다. 그래서 베트남은 한국이나 일본과 달리 국산품을 애용하려는 의식이 부족하다. 선물도 외제일 경우 더 높이 평가받는다. 소위 '짝퉁'이라고 하는 가짜 유명 메이커 상품이 잘 팔리는 이유이기도 하다. 베트남을 방문해 보면 ○○여객, ○○교회 등 한글이 그대로 적혀 있는 중고 버스가 시내를 달리는 모습을 쉬이 볼 수 있다. 이 또한 베트남 사람들의 외제 선호사상을 엿볼 수 있는 단면이다. 자국 제품의 품질에 대한 신뢰가 약해 한국산이라는 것을 내세우는 것이다.

1986년 도이머이 개방화정책 이후 베트남에서는 외국에 대한 호기심이 부쩍 커졌다. 이전까지는 외국과의 교류가 거의 없었기 때문에 관심도 없었다면, 개방 이후 외국에 관한 무수히 많은 정보들이 쏟아져 들어왔다. 전쟁의 여파로 공업 발전이 늦어 품질이 열악한 국산 제품들에 비해 뛰어난 품질의 외제 상품은 베트남 사람들을 매료시키기에 충분했다. 앞으로 베트남의 경제가 더욱 발전하고, 국민들의 구매력도 커진다면 언젠가 이러한 외제 선호사상도 서서히 사라지지 않을까 싶다.

# 러브마켓 커우바이 이야기

**물건이 아닌 사랑을 파는 시장**

하장성은 웅장한 산세 못지않게 유명한 것이 있는데 바로 커우바이축제다. 1919년부터 시작되어 100여 년이 넘는 역사를 자랑하는 하장성 소수민족의 축제다. 이 축제는 하장성 매오박현 커우바이면의 커우바이마을에서 열리며, 베트남 국가무형문화재로 등록되어 있다. 매년 음력 3월 27일에 열리는 이 축제가 유명해진 것은 물건을 사고파는 게 아니라 남녀 간의 사랑을 주고받는 시장이 열리기 때문이다. 때문에 커우바이 러브마켓이라고 한다.

하장성은 코로나로 2년 동안이나 열지 못했던 이 축제를 2022년 4월 25일(음력 3월 25일)부터 사흘간 개최한다고 발표했다. 나도 말로만 들었던 이 축제가 궁금해 다녀오기로 했다. 그것도 하노이 미딘 버스터미널에서 출발하는 야간 침대버스를 이용해서 말이다.

축제의 장소 매오박현은 오지 중의 오지로 산세가 험하여 길이 좁고 위험하다. 하장성에는 배낭족들이 선호하는 동반지질공원이 있으며, 이 지질공원 안에 매오박현이 위치해 있다. 원래 이곳에 사는 소수민족들의 축제였던지라 물건을 파는 사람들이 거의 없었으나 최근에 관광객이 몰리면서 음료

커우바이축제에서 춤을 추고 있는 사람들. 이날 열리는 러브마켓에서는 물건이 아닌 사랑을 사고판다.

수나 간단한 먹거리를 파는 상인들이 등장하고, 점차 그 규모가 커지면서 성省 단위의 축제로까지 발전했다.

글을 읽으면서 왜 이 축제를 사랑을 파는 축제라고 부르는지 궁금해할 독자들이 많을 텐데, 지금부터 그 내용을 들여다보자. 커우바이축제는 소수민족에게 만남의 장소를 제공해준다. 기본적으로 이 축제는 지난 1년간 혹은 그 이상 산악 지방에 뿔뿔이 흩어져 살다가 이날 만나 서로의 안부를 묻고, 짝을 찾는 연중행사다. 사랑하는 남녀들에게는 1년 내내 기다려지는 중요한 축제다. 사랑했지만 어떤 이유로든 결혼하지 못하고 헤어진 두 남녀가 만나 옛정을 다시 나누는 기회의 장터가 바로 커우바이 러브마켓이다.

장날이 되면 수많은 부부가 함께 장터로 모인다. 부인은 부인대로 옛 연인을 찾고, 남편도 남편대로 옛 연인을 찾으러 모이는 것이다. 함께 장터에 나온 부부는 상대방이 옛 연인을 만나 사랑을 나누어도 질투하지 않는다. 부인의 남자 친구를 남편이, 남편의 여자 친구를 부인이 용인하고 존중해준다. 이렇게 하는 것이 각자의 정신적인 삶에 대한 책임이자 본분이며 신성한 행동이라고 여기는 것이다. 배우자의 옛정을 인정하고 이날만큼은 간섭하지 않고 용인해주는 것이다. 이렇게 대중에게 이름을 알린 축제는 점점 상업화가 되어 각종 상품을 사고파는 것은 물론이고, 다양한 프로그램으로 관광객들에게 볼거리를 제공하고 있다.


### 베트남판 견우와 직녀, 혹은 로미오와 줄리엣?

이 러브마켓이 생기게 된 데에도 재미있는 전설이 있다. 옛날에 바라는 이름의 청년과 웃이라는 아가씨가 살고 있었다. 바는 커우바이마을에 사는 눙족 출신으로 용모가 준수하고 노래를 잘 불렀고, 피리도 잘 불었으나 집이 몹시 가난했다. 웃은 타고난 미모에 신분이 높은 지아이 족장의 딸이었다. 두 남녀는 서로 사랑했으나, 지아이족 족장은 바를 사윗감으로 탐탁지 않아 했다. 가난한 데다가 종족이 달라 사는 풍습이 다르니 함께할 수 없다는 게 이유였다.

결국, 부모의 반대로 혼사가 막힌 두 남녀는 몰래 집을 떠나 커우바이산에 있는 동굴에서 살게 되었다. 이에 격노한 지아이 족장은 부족을 동원하여 총과 활을 어깨에 메고 청년의 집으로 찾아가 횡포를 부리고 돌아갔다. 이에 청년의 집에서도 총, 몽둥이, 칼로 무장하여 여자의 집으로 찾아가 강력하게 항의했다. 급기야 두 집안 간에 싸움이 붙어, 많은 사람들이 피투성이가 되어 싸웠고, 두 종족은 원수지간이 되었다.

산에서 이를 안타깝게 내려다보고 있던 두 사람은 할 수 없이 헤어지기로 했다. 두 사람은 산에서 내려오기 전에 다음 생에서 만나 부부의 연을 맺기로 피의 맹세를 했다. 대신 매년 음력 3월 27일에 커우바이로 돌아와 서로에게 노래를 들려주고, 1년간 마음에 담아 두었던 이야기를 하기로 했다.

그렇게 바와 웃은 매년 한 번씩 다시 만나 정을 나누고, 못다 한 이야기를 들려줬으며, 사흘째 되는 날 아침에 각자의 일상생활로 돌아가곤 했다. 그러다가 나이가 들어 이번 생에 마지막 만나는 날이 되었고, 두 사람은 숲을 찾아 옛날에 함께 피의 맹세를 했던 바위에 걸터앉았다. 한참 동안 정을 나눈 두 남녀는 부둥켜안고 그대로 바위 아래로 몸을 던졌다. 두 사람이 헤어지기로 약속했고 해마다 다시 만났던 음력 3월 27일이었다. 이를 안타깝게 여긴 마을 사람들은 두 남녀의 사랑을 기리기 위하여 그들이 숨진 자리에 파묘婆廟와 옹묘翁廟라는 사당을 세워주었고, 이는 오늘날까지 이어져오고 있다.

한국의 전설에도 이와 비슷한 이야기가 있다. 누구나 알고 있는 견우와 직녀의 이야기다. 하지만 두 이야기 사이에는 유사함 못지않게 대비되는 점도 있다. 견우와 직녀는 옥황상제가 두 사람을 은하수 동쪽과 서쪽으로 갈라놓았고, 두 남녀가 애타게 그리워하는 모습을 보다 못한 까치와 까마귀들이 매년 7월 7일 밤 옥황상제 몰래 머리를 맞대어 다리를 놓아 두 사람을 만나게 해주었다고 한다. 반면 베트남의 두 남녀는 양쪽 집안의 싸움을 막고자 스스로 내린 결정에 의해 헤어졌고, 그들 스스로 정한 날짜에 다시 만나 회포를 풀었다. 즉 모든 것을 스스로 결정해 헤어지고 다시 만났다. 어찌 보면 견우와 직녀의 이야기보다 훨씬 현실성이 두드러지는 측면이며, 이는 베트남 사람들의 속마음을 엿볼 수 있게 해준다. 메밀이 온 산천을 신록으로 물들이고, 세계 최고 수준의 계단식 논이 눈길을 끄는 아름다운 하장성에서, 이토록 아름다운 사랑의 이야기를 배경으로 삼아 열리는 커우바이축제는 앞으로도 세계의 관광객을 유혹할 것이다.

6장

# 한국과 닮은 나라

# 오래된 새 친구, 베트남

## 30년 만에 사이좋은 이웃나라로

한국과 베트남이 국교를 수립한 지 벌써 30년이 지났다. 한때 총부리를 마주하고 피를 흘리기도 했지만, 아픈 과거를 뒤로하고 사이좋은 이웃관계로 지낸 지 한 세대가 지난 것이다. 그사이 두 나라 사이의 관계는 극적으로 가까워졌다. 베트남은 동남아시아 한류의 진원지가 되었다. 한류, 특히 K-팝에 매료된 20~30대 젊은 층을 중심으로 한국어와 한국 문화의 열기가 뜨겁다. 베트남의 60여 개 대학에 한국어와 한국 문화 관련 학과가 개설되어 있을 정도이며, 인기가 많고 입시 경쟁률이 높다. 이뿐만 아니라 한국어가 제1외국어로 채택되어 초등학교 3학년부터 한국어를 배우는 이들이 많다. 어쩌면 해외에서 한국어가 가장 대접받고 있는 나라가 베트남일지도 모른다. 이와 더불어 갈수록 긴밀해지는 경제 협력은 앞으로 포괄적 전략 동반자 관계

**2023년 하노이대학의 어문계열 전공 입학 점수(40점 만점)**

| 순 위 | 전 공 | 입학 점수 |
|---|---|---|
| 1 | 한국어과 | 36.15 |
| 2 | 중국어과 | 35.75 |
| 3 | 영어과 | 35.39 |
| 4 | 일본어과 | 34.59 |
| 5 | 독일어과 | 33.96 |
| 6 | 프랑스어과 | 33.7 |
| 7 | 스페인어과 | 33.38 |
| 8 | 이탈리아어과 | 32.63 |
| 9 | 러시아어과 | 31.93 |
| 10 | 포르투갈어과 | 31.35 |

를 바탕으로 더욱 증가할 것으로 전망된다.

하지만 한국과 베트남은 지난 30년의 역사보다 30배는 오래된 교류의 역사를 이어왔다. 비록 식민지배를 거치면서 잠시 교류가 끊기고, 세계사의 격랑으로 서로 적대한 시간도 있었지만, 한국과 베트남 두 민족은 무려 900여 년이나 교류를 이어 온 오래된 이웃나라라 할 수 있다. 지금부터 그 역사를 들여다보기로 하자.

**네 가지 측면에서 사촌 관계인 한국과 베트남**

먼저 한민족과 베트남 민족의 관계를 살펴보면, 네 가지 측면에서 사촌 관계라 볼 수 있다. 첫째는 정신적인 사촌, 둘째는 지정학적인 사촌, 셋째는 역사적인 사촌, 넷째는 혈연적인 사촌이다.

먼저 정신적인 측면에서 사촌이라는 말이 무슨 의미인지 알아보자. 베트남은 전통적으로 유교문화권에 속해 있어서 우리와 같이 끈끈한 가족주의와 장유유서의 문화가 있고, 관혼상제의 전통적인 의례를 갖고 있다. 이는 두 민족 모두 중국의 《주례》, 《의례》, 《예기》 3권의 책을 근간으로 하여 의례의 기본으로 삼았기 때문이다. 또한, 한민족은 고려 광종 때인 958년에 과거제도를 도입하여 관리를 선발했고, 베트남은 한민족보다 117년 늦은 1075년부터 과거를 실시해 프랑스 식민지가 되기까지 인재를 등용하는 방법으로 삼았다. 이처럼 두 나라는 정신적인 뿌리를 공유한다고 볼 수 있다. 나라에 충성하고, 부모에 효도하며, 친구 간에 신의를 지키는 정신적인 가치관이 서로 같다. 두 나라 사람들이 서로의 문화에 이질감을 크게 느끼지 않는 것은 바로 이러한 이유 때문이다.

다음으로 지정학적인 측면은 한반도와 베트남의 지도를 보면 한눈에 알 수 있다. 남북으로 길게 뻗어 있는 국토의 모양이 S자 형태로 비슷하고, 양국 모두 북으로 중국과 연접해 있다. 일본이 역사적으로 대한민국의 영토인 독도의 영유권을 주장하고 있는 것처럼, 베트남도 이웃 국가들과 호앙사제도와 쯔엉사제도에 대한 영유권 다툼을 겪고 있다. 우리가 동쪽 바다를 '동해'라고 부르고, 일본은 이곳을 '일본해'로 부르듯이, 베트남의 동쪽 바다를 베트남은 '동해'로, 중국은 '남중국해'로 칭하는 것도 닮았다.

여기에 더해 두 나라는 역사적인 측면에서도 사촌이라 할 수 있다. 두 민족 모두 반만년의 역사를 간직하고 있으며, 중국대륙으로부터 수많은 침략을 받았고, 이를 물리친 역사를 공유한다. 평화를 위해 중국에 사신을 보내 조공을 바친 역사적 경험도 같다. 프랑스로부터 78년, 일본으로부터 5년 동안 지배를 받은 베트남처럼 우리도 일제에게 35년간 지배를 받은 것 역시 닮은꼴이다. 뿐만 아니라 남북으로 분단된 역사도 같다. 수많은 외침 속에서도 민족 전통문화를 간직하면서 독립 국가를 이루어낸 강인하고 끈질긴 민족성 역시 같아 역사적인 사촌이라 하기에 충분하다.

끝으로 혈연적인 측면에서 사촌이라고 할 수 있다. 먼저 한국과 베트남 사이에는 두 가지 혈연의 뿌리가 존재하는데, 하나는 베트남이 한반도에 내린 혈연의 뿌리이고, 또 다른 하나는 한민족이 베트남에 내린 혈연의 뿌리이다.


## 베트남이 한국에 남긴 혈연의 흔적

우선 베트남 민족이 한반도에 내린 혈연의 뿌리는 대략 세 갈래로 알려져 있다. 특이한 것은 모두 고려 때의 일이라는 점이다. 먼저 첫째는 12세기에 고려로 망명한 리즈엉꼰 왕자이며, 둘째는 13세기에 역시 고려로 정치적 망명을 한 리롱뜨엉 왕자다. 마지막으로 14세기에 고려를 방문한 막딘찌莫挺之의 후손에 대한 기록이다. 리즈엉꼰과 리롱뜨엉은 각각 정선 이씨와 화산 이씨의 시조가 되었으나 막딘찌가 고려에 후손을 남겼다는 기록은 한국의 문헌에는 남아 있지 않아 그 이후의 자취를 알 길이 없다.

앞에서도 살짝 언급하긴 했지만 먼저 리즈엉꼰 왕자가 고려로 귀부하여 정선 이씨를 열게 된 사정을 알아보자. 리 왕조의 4대 년똥은 56년간 재위하면서 베트남 최초로 과거를 통해 인재를 등용했고, 국자감을 설치하여 왕권을 강화하는가 하면 송나라를 공격해 영토를 확장하는 등 큰 업적을 남겼다. 하지만 그는 적자嫡子 없이 세상을 떠났고 이에 양자로 들어온 세 왕자가 왕위를 두고 다툼을 벌이면서 정국이 혼란스러워졌다. 이러한 난국을 피해 리즈엉꼰은 고려로의 정치적 망명을 택했고, 정선 이씨의 시조가 되었다.

13세기에는 리롱뜨엉 왕자가 다시 고려로 망명했는데 그 경위는 앞에서도 언급한 바와 같이 베트남 역사의 유일하고도 마지막 여왕인 찌에우호앙의 고달픈 역사 때문이기도 하다. 리 왕조의 8대 왕 후에똥은 병약했던지라 7세밖에 되지 않았던 둘째 딸 펏낌, 즉 찌에우호앙에게 왕위를 물려주었다. 이에 당시의 실권자인 쩐리의 사촌 동생 쩐투도가 그 왕권을 빼앗으려 했다. 그는 8세의 당질 쩐까인을 펏낌과 결혼시킨 뒤, 펏낌이 남편에게 왕위를 넘기게 만들었다. 리 왕조가 망하고 쩐 왕조가 들어선 것이다.

이에 6대 왕 아인똥의 아들인 리롱뜨엉 왕자는 남송과 금나라를 거쳐 1226년에 고려의 황해도 옹진군 화산리에 도착했다. 이들은 옹진군 지역에 침략해 오는 원나라 군사를 막아내는 데 큰 역할을 하였고, 이에 고려 고종은 리롱뜨엉에게 화산군이라는 칭호와 함께 30리의 토지와 2,000명의 백성을 하사해 그곳에 살게 했다. 그렇게 리롱뜨엉은 화산 이씨의 시조가 되었다. 현재 경북 봉화군에는 임진왜란 때 18세의 나이로 문경전투에서 싸우다 전사한 화산 이씨 13대 후손 이장발李長發을 기리기 위해 세운 충효당忠孝堂이 남아 가문의 역사를 기억하고 있다.

마지막으로 막딘찌는 1308년 쩐 왕조 민똥明宗 때 원나라에 사신으로 갔다가 황제로부터 '양국장원兩國壯元'이라는 칭호를 받은 인재였다. 그는 고려에 방문해 4개월간 개성에서 머물면서 고려 사신의 조카딸과 결혼하여 아들과 딸을 얻었다. 본국으로 돌아가면서 처가에 아이들을 맡겼다가 이후 다시 고려로 와 아들 하나를 더 얻어 2남 1녀의 자녀를 두었다는 기록이 《대월사기전서》에 남아 있다. 하지만 한국에서는 이와 관련된 기록을 찾을 수가 없어 그의 후손이 누구인지 지금으로선 알 길이 없다.

### 한민족이 베트남에 남긴 혈연의 흔적

베트남에 한민족이 혈연의 뿌리를 내린 것은 비교적 최근의 일이다. 먼저 일제 강점기에 중국으로 이주했다가 베트남에 정착했거나 제2차 세계대전 때 일본군에 징용되어 베트남으로 끌려갔다가 일본이 패망한 후 한국으로 돌아올 배편이 없어서 그대로 눌러살며 후손을 남긴 경우가 있다. 다른 하나는 제2차 인도차이나전쟁, 흔히 말하는 베트남전 때 한국인 기술자들과 베트남 여인들 사이에서 후손이 생긴 경우다. 소위 '라이 다이한'이라고 하는 한국인 2세들이다.

두 나라의 수교 전후로 종교단체와 자선단체를 중심으로 라이 다이한에 대한 수많은 설왕설래가 발생했다. 한국이 너무 이들에게 무관심하다는 의견, 민간 차원에서라도 도움을 줘야 한다는 의견, 아버지를 찾아줘야 한다는 의견, 기술 교육 등 여러 지원을 해야 한다는 의견 등이 고개를 들었다.

이 문제는 혼란한 전쟁 와중에 일어난 일로 관련된 사연도 각양

각색이며 이들에 대한 통계도 정확히 남아 있지 않다. 다만 베트남 정부는 그들 역시 베트남 국민이기에 다른 나라에서 관심을 가질 일이 아니며 자국에서 해결할 일이라는 입장을 취했다. 라이 다이한이라고 불리는 이들은 1992년 수교 당시 이미 가정을 이루고 경제 활동에 참여할 수 있을 정도로 장성한 데다가 이들을 정책적으로 차별하거나 불이익을 주지도 않았기 때문에 베트남 국내에서는 그리 큰 문제가 되지 않았다.

다만 한국이 확고한 선진국으로 발돋움하기 위하여서는 나름대로의 책임을 다하려는 자세는 필요해 보인다. 베트남에 투자한 기업들 중심으로 라이 다이한 가정이 행복하게 살아갈 수 있도록 도움을 주는 일도 필요할 것으로 보인다. 더불어 정부에서는 한국군과 치열한 전투를 벌였던 지역에 병원, 학교, 상수도시설 등 사회간접자본을 확충하는 일에 관심을 갖고 지원해야 할 것이다.

하지만 오늘날, 한국과 베트남은 이를 넘어 '사돈의 나라'가 되었다. 최근 한국과 베트남에 약 8만여 가구가 한·베 다문화가정을 이루고 있다. 국내에도 두 나라 남녀의 결혼으로 다문화가정이 많이 생겨나고 있지만 베트남에도 전국적으로 수천여 세대의 다문화가정이 있다. 베트남인 어머니가 한국어와 한국 문화를 가르칠 수가 없어 교육에 어려움을 겪거나 대체로 경제적 문제를 갖고 있는 가정이 많다. 여기에 더해 하노이시와 호찌민시에 있는 한국인학교의 수용 능력이 현저히 부족하고, 그나마 지역에는 이조차도 없어 일반 베트남 학교에 다니는 다문화가정 자녀들이 많다. 이들은 한국어와 베트남어 모두 서툴러 친구들로부터 따돌림을 받거나 심지어 ADHD 증상을 보이기도 하지만 그대로 방치되고 있는 형편이다.

'오래된 새 친구' 관계가 앞으로도 오래오래 유지되려면 이처럼 역사 속에 앙금으로 남아 있는 부분들을 말끔하게 정리하는 일이 필요하다. 또한 이와 같은 불행한 역사가 되풀이되지 않도록 상처받은 이들의 마음을 다독이는 노력이 수반되어야 할 것이다.

# 베트남과 조선의 사신은
# 어떻게 교유했을까

## 일찍이 시작된 두 민족의 교류

네 가지 측면에서 사촌 관계에 있던 두 민족의 눈에 띄는 교류는 일찍이 고려시대부터 시작되었다. 베트남 리 왕조의 두 왕자가 한반도에 정착한 것은 이미 말했거니와 그 외에도 고려 공민왕 때 붓두껍에 목화씨를 숨겨 온 것으로 알려진 문익점과의 일화도 빼놓을 수 없다.

공민왕은 즉위 초부터 배원排元 정책을 폈고, 친원파를 제거하면서 두 나라 간의 관계가 악화되었다. 이에 원나라 황제 순제는 공민왕을 폐위하고 덕흥군을 고려왕으로 책봉했다. 공민왕은 자신의 복위를 위해 여러 차례 사신을 파견했고, 1363년 사신단에 문익점이 서장관書狀官[15]으로 파견되었다. 문익점은 '불사이군不事二君'의 기개로 덕흥군을 고려 왕으로 책봉하는 건 부당하다고 주장하여 순제의 노여움을 샀고, 사형당할 위기에 처했으나 그의 재능을 아까워한 원나라 대신들의 간청으로 사형을 면하고, 3년간 교지交趾 즉 베트남으로 귀양을 가게 되었다. 1367년 그가 귀양에서 풀려나며 갖고 온 목화 씨앗이 한민족의 복식문화에 큰 변화를 가져왔다는 것은 주지의 사실이다. 이 목화씨가 베트남으로부터 유입된 것임을 생각해보면 두 민족의 교류사에 매우 중요한 사건이었다고 할 만하다.

이 밖에도 두 민족은 중국에 사신으로 간 당대의 지식인들끼리도 교류했다. 최초의 사례는 1460년 조선의 사신 서거정과 레 왕조의 양여곡梁如鵠과의 만남이었다. 이후 15세기에만 모두 세 차례에 걸쳐 사신들의 교류가 있었다. 1870년 범희량과 이용숙이 만난 것이 마지막 기록이다. 이들이 교류한 흔적은 총 16회에 걸쳐 126편의 시와 17편의 글로 남아 있다. 그중에서도 그들이 주고 받은 필담은 당대의 품격 높은 교류를 엿볼 수 있는 대목이다.

### 16~17세기의 교류

베트남 레 왕조의 빙극관馮克寬이 1596년과 1597년 조공사절로 명나라 연경(베이징의 옛 이름)을 방문했다. 그가 마침 그곳에 와 있던 조선의 사신 이수광과 금화일사金華逸士를 만나 필담을 나눈 기록이 남아 있다. 이들이 만나 주고받은 39편의 시와 대담, 발跋, 후後, 식識 9편 등 총 48편의 기록이 전해지고 있는데, 그 안에 다음과 같은 구절이 있다.

---

15　사행 기간 동안 보고 들은 정보를 기록하여 국왕에게 보고하고, 사행단의 비리나 부정을 감찰하는 임무를 맡는 직책이다.

예로부터 온 천하가 모두 형제라 했으니, 古云四海皆兄弟

한 배로 강을 건너고, 수레에 함께 오르리라. 相濟同舟出共車


두 민족의 선조들이 만나 주고받은 "온 천하가 모두 형제"라는 말은 이후 대대로 한국과 베트남의 우호 협력관계의 상징이 되었다.

17세기에는 사신들의 교류 외에도 조선인이 당시 베트남인 안남에 가거나, 안남인이 조선의 땅을 밟는 일이 있었다. 첫 번째는 조완벽의 사례인데, 그는 문익점에 이어 한민족으로서는 두 번째로 베트남 땅을 밟은 인물이다.

진주 출신의 선비 조완벽은 정유재란이 일어난 1597년에 왜군의 포로가 되어 일본으로 잡혀갔다. 이후 조완벽은 일본 상인들에 의해 강제로 안남으로 끌려갔는데, 그곳에서 생소한 문화와 사물을 보고 배웠으며, 여송(필리핀)과 유구국(류큐국)에도 다녀왔다. 1604년부터 2년 동안 안남국을 왕래했던 조완벽이 조선 사람이라는 이유로 환대를 받았다는 기록이 이수광이 쓴 〈조완벽전〉에 남아 있다. 이후 1607년 회답사 여우길 일행은 일본에게 조완벽을 본국으로 보내달라고 요청하였고, 덕분에 조완벽은 10년 만에 조선 땅을 다시 밟을 수 있었다.

두 번째는 안남국 상선의 제주도 표착 사건이다. 《광해군일기》에 의하면 1611년에 안남국의 상선이 제주에 떠내려 왔다. 제주 목사 이기빈과 판관 문희현은 재물이 탐나서 선원과 상인을 술자리로 유인하여 몰살하고 배는 불살라 수장시켰다. 그러고는 조정에 왜구를 잡았다고 장계를 올려 포상을 받았으나, 사헌부에 고발되어 귀양을 갔다.

세 번째, 조선 숙종 때인 1687년 음력 9월에 제주 목사가 진상하는 말 세 필을 싣고 있던 선박이 추자도 앞에서 풍랑을 만났다. 이 일로 아전과 제주도 주민 24명이 31일간이나 표류하다가 안남국 호이안에 도착했다. 앞서 제주 사람들이 표류한 안남국 사람들에게 몹쓸 짓을 저질렀던 것과 달리 안남국 사람들은 이들에게 거처를 마련해주고 식량을 지원했다. 이듬해인 음력 7월에 24명 중 병으로 사망한 1명을 제외한 전원이 중국 상선을 타고 귀국했다고 《숙종실록》은 적고 있다. 조선으로 돌아갈 배가 마련될 때까지 이들에게 거의 1년간 숙식을 제공해준 것이다. 양국 간 외교관계도 없었고, 통신이 원활하지 못했던 시대에 조선인 난민들이 어떻게 고향으로 귀환활 수 있었는지 그 자세한 과정에 대해서는 추가적인 연구와 고증이 필요하다.

## 두 나라 최고 학자들 간의 교류

18세기에도 두 나라 지식인 간의 교류는 이어졌다. 베트남 봉건 시대 최고의 학자인 레꾸이돈黎貴惇은 청나라에 사신으로 파견되었다. 그러던 중 1760년 12월 그곳에서 조선의 사신 홍계희, 조영진, 이휘중을 만났다. 조선의 사신들은 그에게 붓, 한지, 설화지(흰 종이) 등의 선물을 주었고, 시를 지어 주고받았다. 다음은 레꾸이돈이 조선 사신에게 건넨 시의 한 구절이다.

영해 동쪽과 남쪽이 각각 일방인데瀛海東南各一方
같이 추창하여 상궐로와 천왕께 절했다네.齊趨象闕拜天王
산원은 대개 송산이 빼어난 것을 닮았고傘圓概似松山秀

압록은 이수가 긴 것에 응하여 한 가지라.鴨綠應同珥水長

육적[16] 이래 학문이 많고六籍以來多學問

구주[17] 이후 문장이 바뀌었다.九疇而後更文章

나그네가 군의 주신 부채를 접어 품었다가旅懷摺疊如君扇

춘풍을 새로 대할 때 드러내어 펴서 보리라.新對春風為展揚


또 다른 만남은 판후이익潘輝益과 조선 사신들과의 만남이다. 판후이익은 '베트남의 서희'라 할 만큼 레 왕조, 떠이선 왕조, 응우옌 왕조에 이르기까지 여러 조정에서 봉사한 베트남 외교사의 거장이자 대문장가다. 떠이선 왕조의 응우옌후에는 1788년 10월 침략해 온 청나라 군사를 무찌르고, 이후 복잡한 청나라와의 외교 업무를 판후이익에게 맡겼다. 또한 1790년 2월 청나라 건륭제의 팔순 잔치에 자신을 대신하여 가짜 왕인 팜꽁찌를 파견하면서 판후이익이 수행하게 했다. 판후이익은 응오반서 등 사신단 일행과 함께 가짜 왕을 완벽하게 수행했다.

이때, 판후이익은 청나라에서 조선의 사신인 황병례, 서호수, 박제가, 이백형과 만나 교류했는데 당시 판후이익이 조선 사신단에 화답한 시는 아래와 같다.

---

16  중국의 6개 경서 역경易經, 서경書經, 시경詩經, 춘추春秋, 악기樂記, 예기禮記를 말한다.

17  중국 하나라 우왕이 남겼다는 정치 도덕의 9개 원칙. 즉 오행, 오사, 팔정, 오기, 황극, 삼덕, 계의, 서징 및 오복과 육극이다.

사는 곳이 바다로 동과 남으로 떨어져 있으나居邦分界海東南

멀리서 수레를 타고 명당을 향했네.向明堂遠駕驂

문장에 밝고 유학에 밝은 이들 여기에 있으니文獻夙徵吾道在

깊은 성은에 모두가 머리를 조아리네.柔懷全仰聖恩覃

풍속도 같고 천년 의관도 여전한데同風千古衣冠制

우연히 조선 사신 손잡고 수일간 담론을 했네.奇遇連朝指掌談

단아한 품격이 옛날의 빙극관과 이수광을 회상케 하니騷雅擬追馮李舊

교분을 나눔이 향기로운 술맛보다도 좋구나.交情勝似飲醇甘

## 신뢰와 우호에 기반을 둔 양국 관계를 위해

결론적으로, 한민족과 베트남 민족의 교류는 리 왕조의 왕자가 한반도에 정착한 12세기부터 시작되었고, 그 이후로 많은 인적 교류가 있었다. 사신들의 만남은 당대 최고 지성들의 교류였고, 이러한 두 민족의 역사를 되짚으며 앞으로도 민간 차원의 교류가 상생하는 길이라는 사실을 확인할 수 있다.

이는 오늘을 사는 우리가 나아갈 방향성을 제시한다. 지성인과 문화인의 교류는 두 민족 간의 우의를 다지는 길을 열 것이고, 두 나라 간 민간 차원의 교류는 서로를 살리는 데 큰 역할을 할 것이다. 한국과 베트남은 모두 5천 년 역사를 자랑하는 문화민족이다. 장구한 역사에 축적된 문화를 서로 잘 이해하는 것이 양국을 끈끈한 포괄적 전략 동반자 관계로 승화시켜 나가는 첩경이 될 것이다.

깊은 신뢰와 우호에 기반을 둔 양국 관계는 앞으로도 정치, 외교, 국방, 경제, 사회, 문화 등 전방위적으로 확대되고 심화되어 나갈 것이다. '온 천하가 모두 형제'라는 믿음은 두 민족의 선조들이 가꾸어 온 교류의 기본 정신이다. 역사를 돌아보고 그 정신을 오늘에 되살릴 필요가 있다.

# 레 왕조의 응우옌턴 장군

## 왕을 대신해 목숨을 내놓은 역사 속 충신들

한국, 중국, 베트남 세 나라 모두의 역사에 왕을 대신하여 목숨을 바친 충신들이 있다. 이른바 위왕대사爲王代死의 충신들이다. 그들의 충의 정신을 기리고, 후세에 전하는 것은 어느 국가이든지 필요한 일이다. 충의가 살아 있어야 바른 나라가 되기 때문이다.

먼저 한국의 역사를 보자. 한민족 역사에서 두 번째 통일의 위업을 달성한 고려 태조 왕건을 대신하여 목숨을 초개와 같이 버린 이가 있으니 바로 500년 고려사 중 최고의 공신, 신숭겸申崇謙 장군이다. 그는 궁예가 건국한 태봉국의 기병 대장군으로서, 전남 곡성군에서 태어났다. 신 장군은 918년 궁예를 몰아내고 왕권을 추대하면서 고려의 개국공신이 되었다. 927년에 왕건이 대구 공산전투에서 후백제 견훤의 군대에 포위당해 죽을 위험에 처하자, 왕건의 갑옷으로 바꿔 입고 장렬히 싸우다 전사했다. 신숭겸이 어의를 입고 위장술을 펼치는 동안, 왕건은 견훤의 포위망을 벗어나 구사일생으로 목숨을 구했다. 왕건은 후일 그에게 장절공壯節公이라는 시호를 내린다. 신숭겸의 기지로 목숨을 건진 왕건은 936년 삼국 통일의 대업을 달성했으며, 고려 500년의 왕업을 이어갈 수 있었다.

이보다 앞서 일찍이 한나라 때에 한 고조 유방劉邦을 대신하여 위왕대사한 기신紀信 장군이 있다. 기신은 전한 초기 때 장수로서 초나라와 한나라의 전쟁에서 유방이 항우項羽의 군사에게 포위되었을 때 자청하여 왕의 옷을 입고 나가 허위로 항복하여 적의 이목을 집중시킨 뒤 유방을 탈출시켰다. 이로 인해 그는 항우에게 화형을 당해 죽었다.

## 왕을 대신하여 목숨을 버리고 레라이라는 이름을 얻다

13세기에 세 차례에 걸쳐 베트남의 쩐 왕조를 침략한 몽골군은 쩐흥다오 장군이 이끄는 군대에게 모두 패했다. 외세의 침략을 훌륭하게 극복해낸 베트남 사람들이었지만 전쟁의 피해는 엄청나게 컸다. 농민들이 전쟁에 장기간 동원되면서 모내기와 추수를 제때 못한 탓에 식량이 절대적으로 부족했다. 또한 짬빠국의 침략이 이어지면서 경제가 파탄 났고 왕위 계승 문제로 벌어진 극심한 갈등, 가뭄과 홍수, 병충해가 겹쳐 백성들의 생활은 극도로 궁핍해졌고, 정치는 혼란에 빠졌다. 이러한 혼란을 틈타 호꾸이리가 쩐 왕조를 폐하고 호 왕조를 세웠지만 명나라의 침략으로 겨우 7년 만에 무너지고, 다시금 중국의 지배가 시작되었다. 이에 각 지방에서는 이에 항거하는 민중봉기가 일어났다.

그러던 중 1418년 타인호아 지방에서 레러이라는 사내가 자신을 평정왕으로 칭하고 군사를 일으켰다. 그는 명나라와 치열한 전투를 벌였는데 하이즈엉성 찌린에서 명나라 군대에 포위되어 생명이 위급하게 되었다. 이때, 그의 부하 응우옌턴 장군이 나서며 자신이 어의를 입고 코끼리를 타고 나가 명나라 군사와 대적할 터이니, 그 틈을 이용하여 피신하여 후일을 도모하라고 간청했다.

응우옌턴 장군의 기개와 충의에 감동한 레러이 왕은 하늘에 고하기를

"응우옌턴 장군이 짐을 대신하여 죽기를 각오하고 있으니, 향후 짐은 물론 짐의 후손들이 장군의 공을 행여 망각한다면, 궁궐을 황폐화하고, 옥새를 쇳덩이로 만들어버리고, 예리한 칼날이 짐을 향하여 반역하게 하소서!"라고 했다. 그리고 자신의 성씨인 레를 응우옌턴 장군에게 하사하고, 이름도 라이라고 부르게 했다. 이리하여 새로운 이름으로 태어난 레라이가 황룡포를 입고 나가 싸우니, 명나라 군사는 그를 레러이로 알고 일거에 달려들어 사로잡았다. 사로잡힌 레라이는 명나라 군사에 의해 극형에 처해졌다.

이후 천신만고 끝에 레러이는 명나라 군사를 물리치고, 베트남 역사상 가장 오래 지속된 레 왕조를 창건했다. 그는 레라이를 군사를 총괄하는 직책인 태위에 사후 추증하고, "내가 죽거든 나보다 하루 먼저 레라이 장군의 제사를 지내라"고 했다. 이로 인해 레러이 왕의 기일은 음력 8월 22일, 레라이 장군의 기일은 음력 8월 21일이 되었으며 후손들은 레라이가 남긴 충의 정신을 기리고 되새겼다. 그런 역사가 베트남 국민들의 가슴속에도 울림으로 남아서일까. 오늘날에도 민간에서는 "21일은 레라이요, 22일은 레러이다"라는 말이 구전되고 있다.

# 양국의 미래를 위해
# 넘어야 할 과제

**과거를 딛고 미래로 나아가자는 베트남**

베트남은 미국의 무역 봉쇄와 전후의 어려운 경제적 여건을 탈피하기 위한 묘안을 찾았고, 그에 대한 답으로 1986년 12월 제6차 베트남 공산당 전당대회에서 도이머이정책을 채택한다. 이는 시장 기능에 의존하는 사회주의 시장경제로의 변환을 의미하는 대사건이었다. 베트남 정부는 이를 통해 외국인의 투자를 유치하고 경제를 발전시켜 국민의 먹거리를 해결하겠다는 의지를 다졌다. 기존의 보급경제 체제로는 국민의 배고픔을 해결할 수 없었다.

이는 시작일 뿐이었다. 그로부터 몇 년 뒤인 1992년에는 한국과의 외교정상화를 이뤘고, 1995년에는 미국과의 외교관계 또한 수립했다. 이후 한국과 베트남은 30여 년이라는 짧은 외교사에도 불구하고, 괄목할 만한 성과를 달성했다. 이러한 성과 뒤에는 두 민족 정치

지도자들의 고뇌에 찬 결단이 있었다. 미래를 향한 현명한 선택을 하는 데는 새로운 관계의 정립이 필요했다. 각각 반대의 이념과 명분으로 제2차 인도차이나전쟁에서 적으로 싸웠기 때문이다. 전후 통일 베트남은 경제 개발이 필요했고, 우리는 새로운 시장이 필요했다. 적과 동침할 것인가? 아니면 화해하고 친구로 지낼 것인가?

베트남은 이 의문에 다음과 같이 답했다. "옛 원수를 새로운 친구로, 원수를 친구로, 과거를 닫고 미래로 향하자." 한마디로 원수였던 한국을 친구로 삼기로 했다는 말이다. 하지만 원수를 친구로 삼는다는 것은 말처럼 쉬운 일이 아니다. 베트남은 과거의 어두움을 닫고 밝은 미래를 선택하기로 결정한 것이다. 매우 큰 용기가 없이는 불가능한 일이다.

이러한 관계의 변화는 한국 기술로 생산한 'Made in Vietnam' 제품을 미국으로 수출하는 것에서 시작해 점차 발전해나갔다. 생산에 필요한 원·부자재가 한국에서 베트남으로 수출되어 교역 규모가 기하급수적으로 증가했다. 오늘날 베트남에서 생산한 삼성 제품 수출량이 베트남 전체 수출량의 17.5%를 차지할 정도이니 말이다. 누이 좋고 매부 좋듯이 두 나라는 공동 번영의 꽃을 피우고 있다. 이제 한국에게 베트남은 중국과 미국에 이은 세 번째 규모의 교역 국가가 되었고, 양국은 유사 이래 가장 우호적인 관계를 유지하고 있다.

**유튜버들이여, 베트남에 대한 모함을 멈춰라!**

이런 상황에서, 한국과 베트남 두 나라의 관계에 찬물을 끼얹는 일부 몰지각한 유튜버들의 이간질이 자행되고 있어 안타깝다. 베트남에 대한 가짜뉴스는 코로나19 발생 이후 더욱 극성을 부리고 있다. 2020년 코로나19 발생 초기 한국 항공기를 회항시킨 일로 인하여 일부 유튜버들과 언론에서는 '한국을 배신한 베트남'이라는 자극적인 제목을 짓고, 삼성이 베트남에서 철수한다는 있지도 않은 일을 기정사실인 양 퍼트리는 가짜뉴스를 유포했다.

최근 유튜브에서 '베트남'이라는 단어를 검색해보면 '삼성, 베트남 직원 40만 명 일괄 해고', '베트남 국가 파산 사태 선언', '기재부, 한국 기업에게 베트남 철수 권고' 등의 황당한 내용의 게시물이 노출된다. 베트남에서 자동차 판매량 1위를 달리고 있는 현대자동차가 현지에서 철수하기로 결정하자 베트남 노동자들이 사장실을 점거하며 시위를 했다는 동영상의 조회 수가 70만을 훌쩍 넘고 있다. 조회 수를 올려 이익을 취하려는 유튜버들의 장난질에 불과하지만 문제는 이러한 거짓말이 베트남에 진출한 한국 기업과 20만 명에 달하는 교민들의 경제 활동에 악영향을 끼치는 것은 물론, 어렵게 쌓아 올린 양국 국민 간의 우호적인 감정까지 해치고 있다는 사실이다.

일본과 중국의 각축장이 된 동남아시아에서 한국의 영향력이 막강한 나라가 베트남인데, 이런 허무맹랑한 가짜뉴스로 인해 두 나라의 관계가 악화된다면 어부지리로 이득을 보는 나라는 일본과 중국이 될 것이다. 지리적으로 멀고 통신이 발달하지 않았던 시대에는 한국과 베트남이 연대해 중국을 견제하는 건 불가능했다. 하지만 5천년 역사에서 초강대국 중국에게 대항하고 자주의식을 표출했던 건 한민족과 베트남 민족뿐이었다. 이 두 민족이 연대할 수 있다면 그 위력은 우리가 상상하지 못할 정도로 강력할 것이다.

한국과 베트남 양국이 함께 힘을 합쳐 과거를 닫고 미래를 향해 나아간다면 양국의 공조는 정치, 외교, 국방, 경제, 사회, 문화 등 전 방위적으로 확대되고 심화·발전될 것이다. 베트남 외교사에 우뚝 선 판후이익이 조선 사신단에게 화답한 시에서 양국의 관계를 '향기로운 술맛'이라고 표현한 것 이상으로 더 좋은 결과를 낳게 될 것이다.

가짜뉴스는 나라를 망친다. 이들은 한국과 베트남 간의 우호 협력관계를 악화시켜 이득을 보려는 세력의 부추김을 받았을지도 모른다. 아니면 단지 클릭 장사를 통해 금전적 이득을 보려는 매국노들일지도 모른다. 표현이 좀 과격하게 들리겠지만 그만큼 이들이 양국 관계에 미치는 부정적 영향은 지대하다. 앞으로도 한국과 베트남 간의 우호 협력관계를 발전시켜 나가기 위해서는 두 나라 간의 이간질을 일삼고 혹세무민하는 몰지각한 유튜버들을 강력히 제재해야 한다고 생각한다.

### 베트남 기술인력을 국내에 취업시키자

이런 유튜버들의 행동을 막는 것 이외에도 양국의 생산적인 발전을 위해 눈여겨봐야 할 문제들이 있다. 먼저 베트남 전문 인력이 한국에 체류하면서 국가 경제에 이바지할 수 있도록 비자 정책을 재검토할 필요가 있다. 한국에 체류 외국인은 2023년 8월 기준으로 243만여 명인데, 이 가운데 단기 취업이나 계절 근로, 결혼 이민, 비전문 인력을 빼고 숙련 전문 인력으로 활용할 만한 비자를 받은 외국인은 유학생(D-2 비자) 16만여 명, 일반 연수자(D-4 비자) 7만여 명을 합쳐 23만여 명이다. 그러나 국내에서 기술 연수를 받은 전문 인력

대다수가 비자 문제로 취업 길이 막혀 불법체류자로 전락하거나 자국으로 돌아간다. 유학이나 연수를 마치고 한국에 남아 취업하고 싶지만, 체류 자격 변경의 문턱이 높고 이에 대한 적절한 안내도 없어 비자 변경 시기를 놓치기 일쑤다.

일반 연수 비자를 받은 외국인은 국내 상장기업이 설립하거나 기업과 연계한 전문기술 교육기관, 또는 대학 부설 전문기술 교육기관에서 배운 사람들이다. 국내 사업장에서 숙련공으로 일할 만한 자질을 갖추었고, 생산 현장에서 충분히 활용할 만한 고급 인력임에도 일반 연수자의 41%인 2만 6,852명이 불법체류자로 전락했다.

이들이 한국에서 취업하기 위해서는 전문학사 또는 학사 학위와 기술 연수 20개월 이상, TOPIK 4급 이상, 국내 기술 자격증 취득 등 4개 요건을 모두 충족해야만 한다. 그래야만 국내에서 취업이 가능한 비자로 변경하는 게 가능하다. 이 기준을 충족하지 못해 출국 조치되거나 불법체류자로 전락하는 것이다. 20년 이상 베트남 유학생을 관리하고 한국어를 가르쳐온 영산대학교의 이상률 교수는 외국인 전문인력을 교육하는 제도는 존재하지만 체류 자격 변경 문제로 이들이 취업 길이 막혀 있는 상태라고 말한다. 그 결과 용접과 도장 분야의 전문 기술인력이 부족해 산업 현장은 인력난에 허덕이고 조선소에서는 수출 선박의 납기를 맞추기가 어려워 지체보상금을 물어줘야 할 지경에 이르고 있다. 심각한 문제다.

여기에 추가하여 법무부가 검토 중인 유학생 부모 계절 근로 초청 제도를 지자체와의 MOU를 통해 진행한다면 결혼 이민자의 친인척뿐만 아니라 한국어와 한국 문화에 친숙한 유학생의 부모까지 그

범위를 넓힐 수 있다. 이를 통해 한국은 국내 인력난을 해소하고 베트남 사람들은 해외에 일자리를 얻음으로써 취업 문제를 해결할 수 있다. 양국 모두가 함께 그 혜택을 공유함으로써 분명 양국의 관계가 더욱 발전하는 데에도 디딤돌이 될 것이라 생각한다.

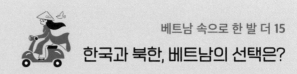

베트남 속으로 한 발 더 15
## 한국과 북한, 베트남의 선택은?

### 북한에서 공부하고 돌아온 함흥 유학파들의 모임

외국어를 배우는 것은 가슴에 제2의 고향을 심는 것과 같다. 그 나라의 언어
를 통해서 문화를 익히고, 나아가 교류하게 되면서 정을 나누고 자연스럽게
그 나라 문화의 전도사가 되기 때문이다.

2022년 11월 27일, 하노이 교외의 한 단독주택에서 북한으로 유학을 다녀
온 베트남 사람들이 유학 50주년을 자축하는 모임이 있었다. 이른바 함흥 유
학파들의 모임이었다.

북한은 베트남이 가장 어려울 때 도와준 우방국이다. 북한은 호찌민 주석
이 1945년 독립을 선언하고 건국한 베트남민주공화국을 중국과 러시아에 이
어 세계에서 세 번째로 승인했다. 북한과 베트남은 1950년 1월 31일 수교했
고, 그해 10월 25일 대사관을 교환 개설했다. 한국전쟁이 일어났던 해에 북
한은 베트남에 대사관을 만든 것이다. 또한 베트남이 전쟁으로 어려움을 겪
을 때 북한은 현금 및 물자를 지원했다. 제2차 인도차이나전쟁 때 203명의
병력이 베트남에 파병되었고, 그중 14명이 전사했다.

호찌민은 전쟁을 수행하면서도 우수한 학생들을 선발하여 해외로 유학
을 보내 종전 후 나라를 이끌어갈 인재를 육성했고, 그러한 계획하에 북한에
도 베트남 유학생이 파견되었다. 소련으로 떠난 유학생의 수가 가장 많았고,

그다음이 북한, 중국, 쿠바 순이었다. 북한으로 유학을 다녀온 베트남 유학생들은 양국의 우호 관계를 증진하는 데 주축이 되었고, 1992년 한국과 베트남의 외교관계가 정상화된 이후에는 이들의 통역 활동이 초창기 한국 기업이 베트남에 진출하는 데 큰 도움을 주었다.

이날의 모임은 1967년에 북한으로 유학을 가 1972년에 귀국한 이들이 졸업 50주년을 기념하고자 모인 것이다. 장소는 유학생 가운데 사업으로 가장 성공한 한비코 회장 팜반뚜언의 자택이었다. 그의 회사는 침구류를 생산 및 판매하며 미얀마에도 공장을 둘 정도로 제법 규모가 있는 업체로 성장했다. 그는 베트남 문학의 걸작 《쭈옌끼에우》의 저자 응우옌주의 고향이 있는 하띤성 출신이다. 하여 응우옌주의 인본주의를 경영철학으로 내걸로 승부를 걸었다. 조상을 모시는 일, 사람이 사람답게 살도록 사람을 모시는 일을 경영의 중심으로 삼았다.

유학 50주년 자축연에는 몸이 아프거나 출장으로 참석이 어려운 경우를 제외하면 북부 베트남에 있는 회원들이 거의 다 모였다. 회식에 앞서 악대의 연주와 가수의 노래가 번갈아가면서 진행되었는데, 첫 곡은 〈아리랑〉이었다. 시인이라는 회원은 자작시를 낭송했는데, 함흥해변의 아름다움이 눈에 어리니 언제 다시 가보고 싶다고 옛날을 그리워하는 내용이었다. 한국 주재 베트남 대사를 역임한 즈엉찐특 선생이 참가자들의 건강과 단결을 기원하는 축사도 있었다. 그는 함흥이 아닌 평양 유학파이지만 특별 손님 자격으로 초대되었다.

파티 음식은 베트남 음식을 기본으로 삼고 한국식 김치와 고추장, 된장, 푸른 고추 등이 곁들어 있었다. 김치는 베트남인 팜응옥까인 씨와 결혼한 북한 여성 리영희 여사의 솜씨였다. 리 여사는 함흥 아낙네의 손맛으로 김치를 매콤하게 담가 왔다. 남편 팜응옥까인 씨는 양복 왼쪽 옷깃에 김일성 배지를 자랑스럽게 달고 있었다. 이 두 사람에게는 듣는 사람들로 하여금 가슴이 뭉클해지게 만드는 사연이 있다.

팜응옥까인 씨는 18세가 되던 1967년에 고등학교를 졸업하고 낯선 북조선 함흥으로 유학을 떠났다. 몇 년 후, 대학교 3학년 때에 흥남시 소재 비료공장에 실습을 나갔다가 실험실에 근무하는 리영희 씨를 우연히 만나 미래를 약속하는 사이가 되었다.

그러나 안타깝게도 이들은 첫 만남 이후 31년이 지나서야 결혼식을 올릴수 있었다. 북한 당국이 2002년에야 겨우 리영희 씨가 외국인과 혼인하는 것을 허락한다는 문서를 정식으로 발급해줬기 때문이다. 2002년 혼인 당시 신랑은 53세, 신부는 54세였다. 이들은 북한 여성과 베트남 남성이 가정을 꾸린 다문화가정 1호가 되었다. 너무 늦게 결혼하여 슬하에 자녀도 없다. 두 사람은 이제 결혼 22주년을 맞았다.

## 유학파들에게 북한은 영원한 제2의 고향

이날 모인 회원들은 너 나 할 것 없이 북한 유학생활의 애환을 반추하며 이야기꽃을 피웠다. 50년이라는 긴 세월이 지났음에도 북한에서의 추억을 되새기는 노인들의 얼굴에서는 미소가 떠나지 않았다. 지금은 모두 은퇴했지만 이들은 한때 모두 국가의 수재들이었고, 조국의 부름을 받았다는 자부심과 애국심으로 가득 찼던 젊은이들이었다. 그 시절을 회고하는 그들의 눈빛은 모든 것이 자신만만하던 야심 찼던 과거의 그때처럼 활기를 띠고 있었다. 그 광경을 보고 있던 내게 김책공업대학교 광산학과를 나왔다는 한 분이 말을 걸어왔다.

"안 선생! 한 가지 물어봅시다. 조선, 아니 한국은 언제 통일할 거요? 빨리 통일하시라요. 한 민족인데 같이 힘을 합쳐야디요."

이들에게는 '한국어'보다는 '조선어'가, '한반도'보다 '조선반도'가 더 익숙한 용어다.

북한으로 유학을 다녀온 사람들은 그 수가 많지 않고 이미 70대를 훌쩍 넘긴 고령층인 데다가 이제 더 이상 북한으로 유학을 떠나는 베트남 학생은 없다. 오늘날 한국과 북한의 경제력 차이는 비교가 불가한 수준이며, 한국은 베트남 제1의 투자국이며, 한국 기업이 베트남 경제 발전을 견인하고 있다고 해도 과언이 아니다. 하지만 아무리 그래도 베트남에서 남조선, 조선반도, 조선어라는 단어가 완전히 사라지기는 쉽지 않을 것이다. 북한에서 공부하고 온 이들의 마음속에는 언제나 북한이 제2의 고향으로 자리 잡고 있기 때문이다.

# 베트남의 미래는
# 어디를 향해 가고 있는가

**베트남, 아시아의 '네 마리 용' 가운데 하나가 될 수 있을까?**

베트남의 수도 하노이의 옛 이름은 승천하는 용이라는 의미의 탕롱昇
龍이다. 역사와 전통이 살아 숨 쉬고 있는 인구 1억 명의 나라, 동남
아의 중심 국가 베트남은 정말 승천하는 용이 될 수 있을까? 결론부
터 말하자면 베트남의 미래는 장밋빛이다. 특히 한국과의 관계는 매
우 희망적이다.

한국과 베트남은 보완적 관계 속에서 상호의존도가 높기 때문이
다. 교역 규모만 보더라도 베트남은 한국의 3위 수출국이고, 한국은
베트남의 4위 수출국이다. 2010년대 초만 하더라도 베트남은 한국의
10위 수출국이었다. 더욱 놀라운 것은 여기서 그치지 않고 2030년엔
양국 간 교역 규모가 1,500억 달러가 될 것으로 예상된다는 점이다.
엄청난 변화다. 이러한 상호의존관계의 심화는 베트남에 대한 한국

의 외국인 직접투자 확대에 따른 것이다. 이는 양국 모두의 중국 의존도를 낮추는 데 기여하고 있다.

　오늘날 베트남은 '아시아의 네 마리 용' 또는 '아시아의 네 마리 호랑이' 가운데 하나로 자리매김해가고 있다. 이 용어는 1970년대 후반부터 1980년대까지 널리 쓰였는데, 일본의 뒤를 이어 고도 경제 성장을 이룩한 아시아의 신흥공업국 한국, 타이완, 홍콩, 싱가포르 4개 국가를 지칭했다. 한국이 나머지 3개국과 체급이 달라지면서 요즈음은 사라진 표현이지만 향후 베트남이 그 위치를 물려받게 될 것이다. 베트남이 국가 주도의 외국인 투자 유치, 국가권력에 의한 통제, 자유무역협정을 통한 시장 개방 등 한국의 경제 발전 경험을 모델로 삼아 '홍강의 기적'을 꿈꾸고 있기 때문이다.

　그 가능성은 베트남의 풍부한 양질의 노동력, 높은 교육열과 근면한 국민성에서 찾을 수 있다. 베트남 노동자들은 손재주가 좋고, 업무에 대한 이해도가 높고, 책임감이 강하며 상급자와 조직에 대한 충성도가 높다. 이러한 성실한 노동자를 베트남만큼 저렴한 임금으로 구할 수 있는 나라는 찾기 어려울 것이다. 또한, 베트남은 국내 정치 상황과 사회가 안정되어 있다. 보급경제에서 시장경제로 전환한 국가들은 대체로 사회가 불안정했지만, 베트남은 질서가 잘 잡혀 있으며 정치적인 혼란도 없다. 베트남이 보유한 풍부한 자원도 베트남의 미래를 밝게 해준다. 중국에 이어 세계에서 두 번째 희토류 보유국이며, 석탄, 보크사이트, 석회석, 니켈, 망간 등 광물자원이 풍부하고, 천연고무와 석유는 물론 천연가스도 생산한다. 쌀과 커피는 세계 제2위 수출국이다.

## 베트남의 미래를 위한 네 가지 과제

하지만 이러한 무궁무진한 가능성을 가진 베트남이 진정으로 국제사회에서 제 목소리를 내고 '승천하는 용'에 한 걸음 성큼 다가가기 위해서는 극복해야 할 문제들도 있다.

첫째, 부정부패 척결이 시급하다. 베트남의 선물 주고받는 풍습과 '끼리끼리' 동료의식, 비효율적인 관료주의, 토지 인허가와 관련된 각종 부정부패는 외국인 투자를 유치하는 데 가장 큰 장애 요소다. 이러한 문제는 사회주의국가에서 공통적으로 발견되는 문제점이다. 사회 구석구석에 크고 작은 뇌물이 만연하다. 수출 기업은 통관 업무를 적기에 맞춰 납기를 지키는 일이 무엇보다 중요한데, 정작 이를 다루는 관련 공무원들에게는 남의 일일 뿐이다. 이 핑계 저 핑계 대가며 트집을 잡으니 신속한 업무 처리를 위해 뇌물을 바칠 수밖에 없는 노릇이다. 소방서, 출입국사무소, 노동국 할 것 없이 가리지 않고 모두가 부정부패의 온상이 되고 있다. 코로나19의 전 세계적인 확산으로 심각한 경제적 어려움에 직면했을 때도 부정부패는 여전했다. 코로나 백신, 마스크, 자가진단키트 등의 공급과 수입 관련 부조리로 각 지방의 보건 의료 담당 간부들이 줄줄이 구속되기도 했다.

둘째는 도로, 철도, 항만, 공항, 통신망 등 사회간접시설 확충이 시급하다. 2021년 11월 처음으로 운행이 시작된 하노이 도시철도는 승객이 별로 없다. 아직 별다른 노선이 없고, 오토바이 위주의 교통 환경에서 관련 연계 시설이 준비되어 있지 않기 때문이다. 현재 하노이에서 호찌민시까지 1,730킬로미터에 이르는 거리에 기차로 소요되는 시간은 무려 34시간 정도다. 하루빨리 이를 고속열차로 바꿔 물류

비를 대폭 개선해야 한다.

호찌민시의 떤선녓국제공항도 도심과 좀 더 가까운 동나이성 롱타인 지역으로 하루빨리 이전해야 하며, 호찌민시와 공항 사이의 40킬로미터 구간에 고속철을 건설해 여행객과 화물 운송량 증가에 대비해야 한다. 또한 항만의 화물 상·하역 시설을 현대화하고, 대형 선박 접안 시설을 확충해야 한다. 이처럼 사회간접시설을 현대화하고 확충하는 일이 시급함에도 불구하고 재정적인 어려움으로 지체됨으로써 경제 발전의 걸림돌이 되고 있는 것이 현실이다.

셋째는 대도시와 농어촌 간, 남북 간, 계층 간 커지고 있는 빈부 격차 해소 문제다. 2022년도 베트남의 1인당 평균 GDP는 4,162달러로 세계 117위를 기록했다. 동남아에서는 싱가포르(7만 9,426달러), 브루나이(4만 2,939달러), 말레이시아(1만 3,108달러), 태국(7,631달러), 인도네시아(4,691달러)에 이어 베트남이 6위를 기록하고 있다. 베트남 내에서는 빈즈엉성, 하노이, 호찌민시, 동나이성, 하이퐁, 다낭, 박닌성 순서로 높다. 주로 외국인 투자가 활발한 지역의 평균 GDP가 높게 나타나는데 문제는 소수민족이 주로 거주하고 있는 산악 고지대 및 농어촌과 소득 격차가 심해 양극화가 심화되고 있다는 점이다. 대도시 내에서도 소득 불균형과 인구 집중에 따른 주택, 교통 문제는 베트남이 풀어나가야 할 과제다.

넷째, 중국과의 동해 영유권 문제 해결이 관건이다. 역사적으로 베트남은 세계에서 중국 문화의 영향을 가장 많이 받은 나라이기도 하다. 베트남 사람들에게 중국은 우방인 동시에 적이다. 1979년에 발생한 중국과의 국경전쟁은 제3차 인도차이나전쟁으로 확대되었으며,

2016년에는 동해상의 영유권 문제로 충돌이 일어날 뻔했다. 이 문제는 21세기 베트남이 풀어야 할 가장 큰 과제가 되었다. 중국은 1974년 1월 남부 베트남 정부가 관할하던 호앙사군도를 침공하여 지금까지 점유하고 있으며, 구단선을 선포하고 쯔엉사군도까지 자국 영토화하고 있다.

두 나라는 상호 교역 규모도 크지만 기본적으로 상호보완관계가 아니라 경쟁 관계여서 늘 긴장 상태에 있게 마련이다. 중국의 일방적인 규제, 사회의 불안정성과 미래의 불확실성을 피해 외국 기업이 베트남으로 이전하는 것은 베트남이 양질의 노동력, 인건비, 시장성, 법제도 면에서 중국에 뒤질 게 없다는 방증이다.

결론적으로 베트남은 정치가 안정되어 있고, 사회도 얼핏 봐서는 질서가 없는 듯하지만 타국에 비하면 안정적이다. 1995년 미국과의 관계 개선은 베트남의 경제를 도약시키는 데 큰 힘이 되었다. 만연한 부정부패를 일소하고, 풍부한 양질의 노동력과 자원을 바탕으로 외국인 투자 유치를 더 많이 이끌어내고, 베트남에 진출한 한국 기업과 함께 기술 혁신을 도모하고 수출 역량을 키워나간다면 베트남은 선진국의 문턱으로 성큼 다가설 것이다. 앞서 열거한 수많은 문제를 해결하고 극복해낸다면 용의 후손 베트남이 '승천하는 용'이 되어 '홍강의 기적'을 이룩할 날이 머지않아 올 것임이 분명하다.

# 베트남어 한글 표기법

| 자모 | 한글 | | 보기 |
|---|---|---|---|
| | 모음앞 | 자음앞 어말 | |
| **자음** | | | |
| b | ㅂ | — | Bao 바오, bo 보 |
| c, k, q | ㄲ | ㄱ | cao 까오, khac 칵, kiêt 끼엣, lăk 락, quan 꽌 |
| ch | ㅉ | ㄱ | cha 짜, bach 박 |
| d, gi | ㅈ | — | duc 죽, Dương 즈엉, gia 자, giây 저이 |
| đ | ㄷ | — | đan 단, Đinh 딘 |
| g, gh | ㄱ | — | gai 가이, go 고, ghe 개, ghi 기 |
| h | ㅎ | — | hai 하이, hoa 호아 |
| kh | ㅋ | — | Khai 카이, khi 키 |
| l | ㄹ, ㄹㄹ | — | lâu 러우, long 롱, My Lai 밀라이 |
| m | ㅁ | ㅁ | minh 민, măm 맘, tôm 똠 |
| n | ㄴ | ㄴ | Nam 남, non 논, bun 분 |
| ng, ngh | 응 | ㅇ | ngo 응오, ang 앙, đông 동, nghi 응이, nghê 응에 |
| nh | 니 | ㄴ | nhât 녓, nhơn 년, minh 민, anh 아인 |
| p | ㅃ | ㅂ | put 뿟, chap 짭 |
| ph | ㅍ | — | Pham 팜, phơ 퍼 |
| r | ㄹ | — | rang 랑, rôi 로이 |
| s | ㅅ | — | sang 상, so 소 |
| t | ㄸ | ㅅ | tam 땀, têt 뗏, hat 핫 |
| th | ㅌ | — | thao 타오, thu 투 |
| tr | ㅉ | — | Trân 쩐, tre 째 |
| v | ㅂ | — | vai 바이, vu 부 |
| x | ㅆ | — | xanh 싸인, xeo 쌔오 |
| **모음** | | | |
| a | 아 | | an 안, nam 남 |
| ă | 아 | | ăn 안, Đăng 당, măc 막 |
| â | 어 | | ân 언, cân 껀, lâu 러우 |
| e | 애 | | em 앰, cheo 째오 |
| ê | 에 | | êm 엠, chê 쩨, Huê 후에 |
| i | 이 | | in 인, dai 자이 |
| y | 이 | | yên 옌, quy 꾸이 |
| o | 오 | | ong 옹, bo 보 |
| ô | 오 | | ôm 옴, đông 동 |
| ơ | 어 | | ơn 언, sơn 선, mơi 머이 |
| u | 우 | | um 움, cung 꿍 |
| ư | 으 | | ưn 은, tư 뜨 |
| **이중 모음** | | | |
| ia | 이어 | | kia 끼어, ria 리어 |
| iê | 이에 | | chiêng 찌엥, diêm 지엠 |
| ua | 우어 | | lua 루어, mua 무어 |
| uô | 우오 | | buôn 부온, quốc 꾸옥 |
| ưa | 으어 | | cưa 끄어, mưa 므어, sưa 스어 |
| ươ | 으어 | | rươu 르어우, phương 프엉 |

6가지 키워드로 읽는

## 오늘의 베트남

**초판 1쇄 발행** 2024년 5월 30일
**2쇄 발행** 2024년 7월 15일

**지은이** 안경환
**펴낸이** 오세인 | **펴낸곳** 세종서적(주)

**주간** 정소연
**편집** 이경민 | **표지디자인** thiscover.kr | **본문디자인** 김진희 | **삽화** 김규준
**마케팅** 유인철 | **경영지원** 홍성우 | **구성** 김장환
**인쇄** 탑 프린팅 | **종이** 화인페이퍼

**출판등록** 1992년 3월 4일 제4-172호
**주소** 서울시 광진구 천호대로132길 15, 세종 SMS 빌딩 3층
**전화** (02)775-7012 | 마케팅 (02)775-7011 | 팩스 (02)319-9014

**홈페이지** www.sejongbooks.co.kr | 네이버 포스트 post.naver.com/sejongbooks
**페이스북** www.facebook.com/sejongbooks | 원고 모집 sejong.edit@gmail.com

ISBN 978-89-8407-319-7　03910

## 오늘의 이웃 나라 시리즈

오늘날 우리와 밀접한 이웃 나라는 새롭게 발견되어야 한다. 생각과는 사뭇
다른 리얼한 역사와 지정학, 비즈니스와 문화까지 생생하게 알아가 보자.

1 오늘의 이스라엘                2 오늘의 베트남              3 오늘의 인도(예정)

7가지 키워드로 읽는
# 오늘의 이스라엘

최용환 지음 | 388쪽

## 전 이스라엘 대사가 최초로 밝히는 '리얼 이스라엘'

이스라엘은 오랜 역사와 종교와 정치가 씨줄날줄로 얽혀 있는 매우 특별한
나라이다. 이 책은 이스라엘에 관해 우리가 그동안 잘 몰랐거나 별로 드러나
지 않은 이야깃거리들을 7가지 키워드-'분쟁, 디아스포라, 군대, 스타트업,
유대교 전통, 유대인, 미국과의 동맹'으로 흥미롭게 펼쳐놓는다. 성경 속의
이스라엘이나 유대인의 성취에 관한 이야기만이 아닌, 현실적 이해를 바탕으
로 신생국가 이스라엘의 실체를 파헤친다!